Bernhard Martin
Touch of Charme

Hatje Cantz

Bernhard Martin
Né en 1966 à Hanovre
Vit à Berlin

Laurence Gateau, Director of the National Centre of Contemporary Art Nice and exhibition curator

Alexia Nicolaïdis, Artistic mediator

La Villa Arson est heureuse de contribuer à la parution de ce catalogue et de témoigner de l'intérêt que l'institution porte au travail de Bernhard Martin. En 2003, la Villa Arson a accueilli l'artiste en résidence pendant une période de quatre mois. Il a bénéficié d'une bourse, d'un atelier ainsi que de la mise à disposition des équipements techniques de l'Ecole nationale supérieure d'art. En 2005, le Centre national d'art contemporain propose une exposition personnelle (26 février-22 mai). Pour ce projet, Bernhard Martin renouvelle les cabinets de curiosité de l'époque baroque par la collecte, l'appropriation d'objets, de fragments et d'images. Ce principe de recherches formelles s'applique également aux conditions d'accrochage. Il ajoute à la présentation de son travail sa collection personnelle d'œuvres de Gerhard Richter, Sigmar Polke, Frank Nitsche, etc. Dans ses objets comme dans ses peintures, Bernhard Martin réunit l'ancien et le nouveau, le banal et le précieux éprouvant la nécessité d'atteindre une totalité. Il propose une iconographie liée à la société de consommation, aux loisirs, au sexe et à la drogue. L'histoire de l'art lui offre un vaste champ d'investigation. Il adapte les canons académiques du portrait, de la peinture de genre ou de paysage. Sur une même toile, techniques et procédés picturaux de style et d'époque différents s'entremêlent créant une composition labyrinthique et énigmatique. Les surfaces colorées sont maculées, léchées, brossées, striées et fonctionnent comme une invitation à la flânerie. Plutôt que de rendre compte de l'exposition, cette publication présente les peintures et dessins de ces quatre dernières années.

Le peintre comme vagabond: les sources itinerantes dans le travail de Bernhard Martin

Mark Gisbourne
Jeudi, 16 décembre 2004

Je me méfie de tous les partisans d'un système et les évite. La volonté d'adhérer à un système est un manque d'intégrité.
FRIEDRICH NIETZSCHE[1]

Rien n'a davantage trompé l'homme comme imagination de la vie qu'un système qui peut être entièrement vécu d'une façon ou d'une autre.[2] Il s'agit là d'une idée qui peut être en grande partie associée à l'analogie de l'homme en tant que machine. En effet et à tout moment, la sensibilité première pour l'art et sa mise en pratique a souvent fait appel à l'esthétique visuelle comme étant le moyen d'ordonner les affections de la vie humaine.[3] A d'autres époques, l'art est allé encore plus loin et a adopté les suppositions pessimistes d'un système esthétique qui suggère que les arts soient une évasion volitionnelle du monde.[4] L'utilisation par Martin d'un panel de motifs ambulants de ce qui dans le passé pourrait avoir été distingué comme haut ou bas, fait qu'il penche plutôt pour la célébration que vers le regret.[5] Aucun de ces points ne s'applique vraiment au peintre Bernhard Martin dont le travail a tendance à être polyphonique plutôt que monophonique, ce qui veut dire que ses peintures délivrent beaucoup de chansons et révèlent beaucoup de sources d'inspiration.[6]
Pour la monophonie, on aura toujours tendance à tendre vers une exposition simple, un moment axial, un point central et une interprétation imprégnée d'un récit monoculaire. Parfois ceci est formellement discuté en termes de théorie sociale ou politique comme un grand récit, une exposition d'une réalité sous-jacente qui suppose à son tour une ontologie dominante ou les moyens de trouver la connaissance systémique. Dans ce contexte, la conscience ne devient rien de plus que le cheminement chimique complexe par lequel de telles fins sont atteintes. Et, par conséquent, l'imagination de l'homme est fréquemment subornée par la détermination de la raison dominante.
Maintenant, pourquoi devrais-je préfacer cet essai avec un jeu si polémique de suppositions? Il s'agit, peut-être, d'une tentative pour conjurer l'accusation d'éclectisme dans le travail de Martin, ou plus important encore, d'une tentative pour déclarer qu'une vie humaine moderne puise la source de sa compréhension autant aux juxtapositions du marché aux puces que de l'encyclopédie bien qu'un examen minutieux de ce dernier révèle rapidement la démence de la juxtaposition créée par la tabulation alphabétique arbitraire.[7] Ce qui est discuté ici est que l'imagination humaine est le plus souvent vagabonde et ambulante, possédant une tendance à dérégler le monde autant que dans la création d'une cohésion particulière. De là l'aphorisme de Nietzsche cité au début de cet essai. Bernhard Martin, lui-même, ne nierait jamais être un vagabond ambulant, ce qui a formé sa vie jusqu'à présent car en effet, il accepterait que son imagination soit gouvernée par la motilité. Car dans ses peintures il ne donne la préférence à aucune source par rapport à une autre, que ce soit Rembrandt ou Hans Baldung Grien, Picasso ou Warhol, l'utilisation de tissus vernaculaires, de motifs publicitaires et conceptuels populaires, ou bien le livre scolaire d'un enfant. C'est pourquoi rien n'est enchaîné à une hiérarchie prédestinée dans les peintures de Martin. Par conséquent, cela signifie que ce n'est pas une question de renvoi à une iconographie particulière ou une herméneutique; à un motif provenant de la détermination passée dans son utilisation présente. Mais au contraire, il s'agit de la maîtrise de l'interactivité de leur utilisation présente dans un travail - l'interactivité étant par définition, dynamique et mobile.
Depuis le début, le peintre Bernhard Martin a expliqué comment il utilise des sources éclectiques: « vous savez que ceci provient de la présence insistante des choses dans le monde, à un niveau je n'aime pas les êtres humains et les choses dans le monde, mais à un autre niveau je les adore. Et, je travaille seulement sur les sujets que j'adore. Je suis donc dans un état constant de changement, chaque année, ou même chaque mois je peux apparemment changer mon avis définitivement ».[8] Ceci est évident lors du développement de son premier travail, qui recouvre des modèles architecturaux (il a toujours été intéressé par les installations spatiales qui conservent intactes le sens de l'espace) au travers des illustrations médicales, ou même des prises de courant et des avertisseurs d'incendie.[9] Le pseudo ou les organes oniriques dans des œuvres comme *Lasterorgan* (1992) et *Traumorgan* (1993), peuvent, soit refléter un phallocentrisme ou une fantaisie vaginale-tubaire-utérine, soit être des abstractions complètement fictives. En effet, ces œuvres exécutées à l'huile et sur toile, bois, avec des vis, doivent autant aux anciens surréalistes qu'aux illustrations des manuels médicaux qui leur ont servi de point de départ.[10] Ce flux caractéristique de métaphores réalisées a toujours été présent chez Martin, parce qu'il ne cherche jamais un simulacre en tant que tel; ainsi les peintures à petite échelle, comme *Feuermelder* ou *Lichtschalter* (1990) sont des interventions environnementales discrètes et non pas destinées à être des illusions en *trompe-l'œil* des objets eux-mêmes.[11]
C'est sur la base d'une pluralité de références que nous devons comprendre un travail comme *Bild Ohne Eigenschaften* (1994), une peinture qui nous apparaît comme s'il s'agissait d'un collage géant réconciliant entre-elles des images tirées du fatras quotidien du monde moderne.[12] Ce à quoi nous sommes en fait confrontés est un rhizome latéral d'assimilation post-moderne, une peinture cubiste à côté d'une photo d'une fille en tee-shirt, à côté d'une machine à laver à côté des gratte-ciel d'une ville, ou un verre de bière à côté d'une soucoupe volante, des organes humains en vrac à côté des dessins d'enfants, sans qu'aucune image en particulier ne soit mise en valeur ou occupe une position privilégiée.[13] Les images peuvent être kitsch ou impartiales, informationnelles et documentaires, privées et personnelles, des projections de désir caché et-ou d'objets de grande consommation - la cacophonie visuelle de notre monde quotidien. Donc, tandis que la peinture apparaît comme un hommage aux conventions du collage (et de temps en temps l'artiste utilise la technique du collage), en réalité c'est une peinture qu forme une litanie ou une addition.[14] Pour Bernhard Martin, une peinture achève une image d'une manière que le collage ne peut pas réaliser.[15]
Une peinture comme *Bild Ohne Eigenschaften* (comme son titre le suggère: *Image sans qualités*) et *Futterstadl* qui lui est largement postérieure (2000/2001), nient délibérément n'importe quel privilège qualitatif d'un contenu spécifique, et pour la même raison, elles ne sont plus dressées que la voie suivie dans les expériences de la vie quotidienne de l'artiste. Et bien que comme *l'Atlas* de Gerhard Richter (1989) elles révèlent n'importe quelle figure des sources d'inspiration du travail de Martin, elles diffèrent dans le sens que le maître, plus ancien, expose l'application schématique et systématique de ses idées et de ses motifs, tandis que Martin souligne la nature arbitraire de l'expérience visuelle contemporaine. Ce n'est pas un arbitraire dévergondé, cependant, qui consiste à dire que cela pourrait être aléatoire pour être aléatoire, mais plutôt que les pièces de rebut quotidiennes du hasard et leur découverte ont un effet profond sur l'artiste. De là mon analogie au vagabondisme et aux marché aux puces, où les références de la grande culture et de la culture de masse se retrouvent librement côte à côte, souvent reproduites par les médias.
Comme suggéré, c'est le principe de peinture qui guide

Bernhard Martin, indépendamment des autres matériaux référents qu'il peut utiliser, que ce soit la tapisserie sur canevas, le dessin, les meubles, la photographie, des installations ou la sculpture comme de la peinture. Ainsi, ce qui le fascine le plus, c'est l'élasticité de la peinture et sa puissance de référence par rapport aux autres médias. Il se voit tout à fait spécifiquement comme testant les limites de la peinture. Des travaux comme *Schrank* et *Torso* et dans *Waschmaschine* (1994), exécutés à l'huile, sur toile et en marqueterie, préságent une similitude avec le grain du bois peint dont les précurseurs se retrouvent dans les *papiers collés*[16] des cubistes et chez Magritte. Bien qu'ils ne soient pas utilisés dans des buts de référence iconographique ou de citation de prédispositions historiques, mais réalisés, bien que l'on pourrait en discuter, parce qu'ils étaient littéralement capables d'être peints. Dans la double lisibilité que la peinture possède, qu'il s'agisse des images d'un écran de télévision, ou les images des pixels d'un ordinateur, deux mondes sont créés, celui de la source et celui de leur déplacement dans une peinture. Le fait que la peinture peut piéger des choses du monde, les représenter, les mélanger et les rassembler est la raison pour laquelle il s'agit là du moyen le plus persuasif pour le peintre. Dans ce cas, les peintures d'objet ont été liées à une installation spécifique, dans laquelle les peintures se dressent autant comme des objets de référence que comme des peintures et voilà ce qui l'intéressait le plus par rapport à l'organisation et à la planification de l'espace de l'exposition.[17] L'exposition *Closets* (2000), révèle aussi un autre aspect de l'art de Martin, quelque chose qui s'allie avec deux thèmes répandus du (des) vécu(s) personnel(s) et de l'expérience publique partagée du plaisir et du divertissement. Par bien des côtés, ces thèmes reflètent le rapport entre la haine et l'amour, ces deux aspects secondaires de Bernhard Martin auxquels j'ai fait précédemment allusion. Nous saisissons là l'intention de l'artiste de retourner dans l'imaginaire et le monde personnel que seul l'atelier peut produire et fournir, et à l'opposé l'excès de célébration recherché et fourni par le monde autour de lui. Dans *Closets* il a utilisé des meubles du type que l'on pourrait trouver à IKEA ou MFI, mais qui une fois installés dans la galerie suggèrent un pseudo-minimal esthétique. Quand on ouvre ces meubles et que l'on y pénètre, on est alors confronté à un monde complètement différent. Dans *Single Disco - Whisper Club* (1999) et *Kings Corner* (2000), nous sommes immergés dans le monde des boîtes de nuit Disco, ou celui des GO-GO girls et des "lap danseurs", tandis que dans la moitié des unités de *Private Beach*, il s'agit d'une plage avec un éclairage différencié et un intérieur digitalisé représentant une scène de plage. Par certains aspects, nous avons là une réminiscence de travaux antérieurs réalisés par Raysse Martial, *Private Beach* joue de la même façon avec les frontières poreuses entre l'imaginaire et le réel, puisque cette œuvre contient également un matelas de plage et une serviette réels.[18] Plus récemment encore l'artiste a créé un bar dénommée *Hasenbar* (2002) comme partie de projet du festival et tandis que l'extérieur ressemblait à des ruches ou à des petits gâteaux de chocolat, il a de la même façon avec l'é ision travaillé entre la dimension et la surface - la dimension sculpturale et la forme plate d'une surface peinte.[19]

Tous ces présages - comme cela a déjà été exposé - forment le thème central de cet essai, à savoir que les peintures ne sont toujours qu'un cache derrière lesquelles l'artiste s'exprime vraiment. Et, il est vrai que durant ces cinq dernières années Martin s'est essentiellement consacré par-dessus tout à la peinture. Tandis que l'utilisation qu'il fait d'autres types de médias est mise en application, ces médias souvent englobés dans les limites investigatrices auxquelles il est confronté dans la peinture. Dans une peinture comme *Smoking Area* (2003) nous voyons la pleine application de ce qui a été discuté en ce qui concerne les matériaux des sources d'inspiration. Le panneau de droite est un véritable kaléidoscope de références, partant à gauche d'une construction cubiste en imitation bois semblable à une œuvre de Gris pour rejoindre, peut-être, vers la droite, des hachures croisées à la Richter tandis que se trouve au centre la tête blonde d'un fumeur kitsch et sentimental. Au contraire, le panneau gauche présente un plat de spaghettis et un torchon à vaisselle dont les fleurs ressemblent à un grattage d'Ernst à gauche, une forme principale noire étrange avec des ouvertures dont la forme reproduit des yeux carrés et rectangulaires et la forme inversée verte du cœur au sommet de la tête. Il est important de noter que la pluralité de fabrication de marques que l'artiste à l'habitude d'employer pour articuler les formes, permet de souligner comment l'artiste utilise une myriade de marques différentes pour refléter la diversité des formes et des références qu'il utilise. Des films comme *Qui a tué Roger Rabbit* et *Mary Poppins* nous viennent immédiatement à l'esprit. Il y a là des solutions formelles de planéité et de densité de la peinture qui font que la surface de ses peintures donne une sensation de tension. Ou bien encore dans une œuvre comme *Movie* (2004) où le rhinocéros (tout en forme et en texture), apparaît à mi-hauteur derrière une demoiselle à la Balthus, peinte à l'aérographe, lisant en position allongée, avec au premier plan à gauche un jeune homme peint, décontracté et nu, dont les mains sont enterrées dans la surface faite de pixels d'une sculpture en sable, nue directement placée à travers l'espace du premier plan. La peinture inclut aussi une désignation à caractère indexical, un homard sur un bâton porté par un autre mâle nu, dont le corps est enduit de peinture, l'esquisse de la partie supérieure d'un torse masculin poilu, un feu, une explosion, une silhouette, des yeux dans l'obscurité. En bref, c'est une cacophonie de fragments juxtaposés sans avoir de récit, ou tout au moins un tel récit serait formé par des coupures et des chutes d'archives de film. Voilà bien là l'aspect essentiel de la peinture, car nous pénétrons dans un monde d'assimilation non-linéaire émergeant dans un monde post-narratological composé d'un méli-mélo d'événements sensoriels. Les conventions familières de la signification symbolique ont disparu et ont été remplacées par un jeu ouvert-fermé de figures qui « pointent » en direction de quelque chose, mais ce qu'elles indiquent a tendance à être un résultat non défini que l'on ne peut jamais clairement connaître.

Une définition facile ou partagée de la lecture et de la signification est principalement ce qui est sous-entendu par les peintures de Martin, une fois qu'un élément est identifié, il se dissocie immédiatement du site de son iconographie originale qui l'accompagnait. Nous aimerions dire que ce procédé se réfère au Pop Art, au Surréalisme, à la peinture informelle, ou classique et à l'iconographie de la Renaissance, et ainsi de suite. Mais les peintures de Martin ne permettent jamais de rester facilement à la même place et tel le caractère d'un nomade rétif à s'établir, elles se déplacent toujours vers l'avant. Le monde de Hodgkin dans une peinture comme *Schnupfen* (2003) semble bien loin de celui d'une peinture comme *Heroïne* (2004) et on n'est pas entièrement sûr que ces deux œuvres soient du même artiste. *Schnupfen* est une peinture comme une fenêtre, avec une lampe stylisée posée sur l'appui de la fenêtre et un nez abstrait placé à gauche qui justifie le titre de ce tableau. Le grand nez fait allusion à une sévère grippe dont l'artiste a souffert immédiatement après son arrivée à Nice et renforce seulement l'argument de l'utilisation de Martin utilisant des éléments personnels qui deviennent étrangement intégrés à d'autres types de sources de matériaux. *Heroïne* est une peinture onirique et accrocheuse, un monde fantastique d'auras et d'hallucinations, de stylismes et de projections imaginaires. La dichotomie peut apparaître initialement comme un type de schizophrénie visuelle, mais il s'agit en fait une forme de nomadisme esthétique.[20] Le nomade esthétique construit un environnement immédiat autour de lui, ce sont explicitement des chasseurs d'images prenant immédiatement ce qui est disponible, la mémoire humaine est son accumulation, mais son aspect ambulant est seulement réalisé par la motilité et par le processus de fabrication.

Aucun de ces éléments ne sape ou ne porte atteinte au fait que des peintures spécifiques peuvent posséder une tonalité de contenu, ou qu'elles peuvent être liées de façon spécifique. La peinture *Wunschvorstellung vom Idealzustand* peut être reliée avec *Toulouse* (2004), non seulement parce qu'elles partagent le même contenu à la Goya et que leur toile est de même dimension, mais parce que les sensations évoquées sont putativement les mêmes. Mais il devient alors difficile de connecter la scène nocturne à la transition d'arrière plan de *Fred the Bear* (2002) avec les peintures plus récentes. *Fred the Bear* (ou la peau d'ours) est un espace intérieur dont la partie frontale est envahie par de grandes fleurs peintes au pochoir, ce qui doit moins au monde de Goya et davantage à celui de Matisse - deux artistes qui ne seraient pas normalement assis confortablement ensemble. Et, deux peintures comme *Entrée* et *Le Garçon de la Maison 34* (2004), peuvent partager le même thème de la réunion fait de fête et de sociabilité du café culture (aussi bien que les aspects de l'exécution) mais deviennent bientôt très différentes l'une de l'autre quand vous examinez leur contenu. Cette dernière œuvre représente une Eve moderne (qui n'est pas sans rappeler les œuvres de Hugo van der Goes ou de Cranach) montrant du doigt un couple dans le café, derrière lequel se tient un garçon de café de dessin animé, tel que vous pourriez le trouver dans un dessin d'enfant. Une Madonne nue et située à l'arrière-plan surplombe l'ensemble tandis qu'une figure peinte au pochoir et revêtue d'un bikini se tient au premier plan. Au contraire, *Entrée* est un espace intérieur plein d'éléments de pseudo-conception avec une femme (que nous supposons ivre) en lévitation ou suspendue à mi-hauteur et plein centre, débouchant et vidant une bouteille de vin. En fait c'est seulement en regardant mieux que nous voyons le léger contour d'un mâle invisible dont la main est posée sur la jupe de la fille.

Le regroupement de références figuratives définissables avec des figures de dessin animé et un graphisme contemporain est un procédé que l'on retrouve dans de nombreuses peintures récentes de Bernhard Martin. Dans *Tag der Röcke* (2003) une cafetière de dessin animé (on n'est pas loin d'une plaisanterie de Duchampian) marche à grands pas de la droite vers la gauche en passant par le centre comme le ferait un yogi, tandis qu'au premier plan nous trouvons une tête d'un roux parfait au sommet d'un réservoir et une mini-jupe soufflant des bulles. Un homme et une femme, torse nu, jouent de la guitare sur un sofa placé à mi-hauteur à droite, tandis que derrière eux une autre figure de dessin animé se tient l'estomac. La peinture représente autant le rêve que la réalité, deux mondes visuels entrent en collision mais de la même manière que dans certains films où le mélange de tels genres différents est maintenant devenu banal. Dans *Wohngemeinschaft* (2003), nous trouvons une résonance semblable, avec une représentation de Jim Morrison grattant sur sa guitare électrique derrière un fantôme de dessin animé en train de bailler tandis qu'une femme aux contours flous, en mini-jupe, dont on distingue à peine le pubis, tapote de la même façon à côté d'un coffre à linge et devant une figure de Miro étrangement perchée représentant un peintre et un décorateur. L'enfant sentinelle de cette famille atomisée des post-années 60 se tient au premier plan, à hauteur des yeux du spectateur. S'agit-il là de l'enfant jugeant l'homme, l'enfant comme figure du réel immergée dans le pays des rêves du(des) souvenir(s) de ses parents ? Il serait dangereux de faire de telles suppositions. Mais il est clair est que les conventions simples de la composition de cette peinture sont classiques et que c'est seulement l'inclusion de thèmes non immédiatement informatifs qui sont la cause de son effet embarrassant. Les mêmes commentaires pourraient s'appliquer à des peintures comme *Il Fratello del Giardiniere* (2002) et *WG 2* (2003), qui toutes les deux se caractérisent par le même sens de collision visuelle et de contradiction.

Dans un travail appelé simplement *Indicazione geografica tipica* (2003), la partie centrale est un dessin d'un enfant dans un monde sous-marin accompagné par un dessin de hippies ou de rockers, un globe céleste flottant au dessus. Cela devrait nous rappeler que Martin a non seulement illustré des livres de gymnastique pour enfants, mais qu'il possède encore beaucoup de ses propres dessins de sa petite enfance - c'est un artiste qui, malgré les aspects nomades de sa vie adulte, ne jette rien ou très peu de ce qui se rapporte à l'imagination visuelle. En fait Martin ne comprend vraiment le monde qu'en regardant des objets. L'enfant dans l'adulte est un thème textural récurrent que l'on retrouve tout au long de son œuvre. Mais cet enfant n'est pas un innocent, il a été plutôt été formé par les drames baroques auxquels Martin a d'abord été confronté dans les musées de son enfance, le premier dessin qu'il a fait étant d'après un portrait de Rembrandt. Une peinture *Blue Eyes, Red Nose* (2004) où il peut imposer une tête en forme de goutte peu détaillée et un nez biomorphique semblable à une œuvre d'Arp, dépeignent aussi une réminiscence brutale et meurtrière de la naissance du réalisme au dix-neuvième siècle comme événement principal. Et c'est bien là le paradoxe que nous trouvons au cœur de nombreuses peintures de Martin. Ce que nous voyons comme étant très post-moderne dans la manière d'utiliser des éléments sans rapport le sujet, est en même temps une manière extrêmement traditionnelle et même folklorique de l'approche des moyens mis en œuvre.

L'application interchangeable d'éléments habituellement associés à un média, des pochoirs ou des ruptures par exemple, trouve en fin de compte sa signification pour lui dans la peinture. Un travail comme *Unterholz* (2003), suggère que ceci doit être fait par un collage précis de telle sorte que toutes les parties reflètent une technique de rupture semblable à celle d'une scie à chantourner. Cependant, une rupture simple n'admettrait pas la liberté de transition subtile dans les parties élémentaires que seule la peinture permet. Et Martin se sent moins à l'aise en exécutant simplement un collage puis en peignant ensuite par dessus, quoiqu'il ait déjà tenté ce genre d'expérimentation. Les différents types différents d'application de peinture, déjà mentionnés nécessitent également un nouveau développement et un examen minutieux. Leur variété est véritablement stupéfiante. Dans une peinture comme *Quartier de la Gare* (2003), inspirée par le monde des prostituées autour de la gare de Francfort (cette translation de motifs se retrouve souvent dans son travail), vous trouvez un travail à la brosse, par touches fermes et étalées comme le font Hoffmann ou Richter, surmontant cela, sur un vaste champ bleu, le graphisme provenant en grande partie de l'intérêt que Martin porte à l'art pratiqué par les enfants, leur utilisation des matériaux, des peintures à la cire et des impressions avec des pommes de terre. Par grattage, et / ou par application épaisse et légère, ce langage forme une polyphonie de moyens expressifs qui rendent hommage à la pluralité diverse des motifs qu'il utilise. De la même façon les genres entrent en collision d'une manière qui pourrait être pseudo-folklorique dans une peinture comme *Acker* (2004), ou peut être simplement ironique comme dans *La Bocca de la Veritá* (2004). Dans cette dernière œuvre, un vagabond solitaire est assis, effondré, devant une ouverture de tunnel, le titre du jeu de parc d'attractions agit comme une analogie faisant simplement référence de manière classique à une entrée de grotte ou une fontaine. S'il s'agit de la bouche de la vérité alors cet homme ivre ne l'a pas certainement pas trouvée et s'éloigne vers la gauche en direction de l'extérieur. De telles lectures sont toujours spéculatives étant donné ce que j'ai déjà exposé sur la manière dont Bernhard Martin extrait ses images du monde, car les connotations peuvent être personnelles ou publiques dans la différence des respects. Cependant, comme Louis Aragon l'était l'habitude, si l'on en croît les Surréalistes, Martin est un « chasseur d'images », un traqueur et un chercheur d'images aussi bien élitistes que banales. Dans une peinture comme *These Wonderful Ten Minutes Alone* (2002) nous sommes confrontés au couloir d'une galerie d'art, avec une fenêtre, deux amants sensuellement esquissés par de grandes envolées appliquées à la brosse et au premier plan, à gauche, nous avons d'étranges plantes à la Triffid, assistant à l'accouplement. La banalité, le fantastique, les conventions des images dans des images, le tapis récessif, une gradation récessive de la couleur murale donnent à la peinture un flux sensuel. Il s'agit là d'un monde d'indices, d'allusions et de références à une peinture toujours présente dans le processus de devenir d'une peinture. Ceci est peut-être finalement la raison pour laquelle Martin est essentiellement et passionnément un peintre, parce que ses peintures sont toujours en avance par rapport à lui-même comme quelque chose devant être fait et refait. Le vagabondage visuel avec lequel il poursuit ses processus quotidiens et sa pratique sont étroitement accordés avec la réalité qu'il vit et on pourrait discuter sur le thème général de la manière dont nous percevons notre monde contemporain. Les approches systémiques du modernisme ont vu cette peinture comme une fin en soi (pour en finir), voici sûrement une incompréhension totale de la pensée du peintre. Martin dirait que la réalité vraie de la peinture pour le peintre consiste en ce qu'il s'agit toujours là de son commencement.

1 FRIEDRICH NIETZSCHE, 'MAXIMS AND ARROWS', *TWILIGHT OF THE IDOLS*, ENG. TRANS., R.J. HOLLINGDALE, HARMONDSWORTH, 1968; APH. 26, P.25 (L'ORIGINAL EN ALLEMAND A ÉTÉ PUBLIÉ SOUS LE TITRE DE *GÖTZEN DÄMMERUNG*, 1889).

2 "L'HOMME EST UNE MACHINE TELLEMENT COMPLIQUÉE QU'IL EST IMPOSSIBLE DE SE FAIRE À L'AVANCE UNE IDÉE CLAIRE DE LA MACHINE ET PAR CONSÉQUENT IL EST IMPOSSIBLE DE LE DÉFINIR, "(JULIEN OFFRAY DE LA METTRIE, *L'HOMME MACHINE*, 1748); CETTE TRADITION CARTÉSIENNE EST FORTEMENT CRITIQUÉE DANS LA LITTÉRATURE CLASSIQUE (ET DANS UN TEXTE ACTUELLEMENT REMIS À L'ORDRE DU JOUR) PAR HENRI BERGSON, *L'EVOLUTION CREATRICE*, PARIS, 1907; TRADUCTION EN ANGLAIS, ARTHUR MITCHELL, ' L'ÉVOLUTION DE VIE - MÉCANISME ET TELEOLOGY ' DANS, *CREATIVE EVOLUTION* (1911) DOVER BOOKS, NEW YORK, 1998, PP. 1-97 : L'INTERFACE ACTUELLE ENTRE LA NEUROPHYSIOLOGIE ET LA THÉORIE DE LA CONSCIENCE A NETTEMENT REPRIS EN COMPTE CES DERNIÈRE ANNÉES LES DIRES DE BERGSON, NOTAMMENT PAR LES ÉCRITS DE GILLES DELEUZE.

3 ON POURRAIT DIRE QUE LA TENTATIVE LA PLUS RÉCENTE FAITE DANS CETTE DIRECTION ÉTAIT CELLE CONÇUE PAR LE MINIMALISME (EN PARTICULIER, LES POSITIONS DE DONALD JUDD, FRANK STELLA ET MEL BOCHER), VOIR, LAWRENCE ALLOWAY, « SYSTEMIC PAINTING », MEL BOCHNER « SERIAL ART, SYSTEMS, SOLIPSISM »,, RICHARD WOLLHEIM, « *L'ART MINIMALISTE* », DANS, GREGORY BATTCOCK (LE RÉDACTEUR). L'ART MINIMALISTE : UNE ANTHOLOGIE CRITIQUE, NEW YORK, 1968 (ET ÉDITIONS SUIVANTES)), PP. 37-60, 92-102, 387-399.

4 CECI ÉTAIT CERTAINEMENT LA POSITION D'ARTHUR SCHOPENAUER, DANS *DIE WELT ALS WILLE UND VORSTELLUNG* [1818], 2 VOLUMES, 1844, « QUAND L'IDÉE APPARAÎT, LE SUJET ET L'OBJET NE PEUVENT PLUS ÊTRE DISTINGUÉS EN ELLE, PARCE QUE L'IDÉE, L'OBJECTIVITÉ ADÉQUATE DE LA VOLONTÉ, LE MONDE RÉEL DE LA REPRÉSENTATION, SURGIT SEULEMENT QUAND LE SUJET ET L'OBJET REMPLISSENT RÉCIPROQUEMENT ET PÉNÈTRENT COMPLÈTEMENT L'UN DANS L'AUTRE… » VOIR VOLUME 1, LIVRE 3, PP. 33-38, 52.

5 L'UTILISATION D'UNE MÉTAPHORE MUSICALE PROLONGE SIMPLEMENT LA RÉFÉRENCE DE SCHOPENHAUER CI-DESSUS, *IBID.*

6 L'EXPRESSION « HAUT ET BAS » TELLE QU'ELLE EST UTILISÉE ICI PROVIENT DE KIRK VARNADOE, *HIGH & LOW*, MOMA, NEW YORK, 1990.

7 ORGE LUIS BORGES, 'TLÖN, UQBAR, ORBIS, TERTIUS', IN, OBRAS COMPLETAS, BUENOS AIRES, EMECÉ EDITORES, 1974; TRADUCTION ANGLAISE, *LAYBRINTHS SELECTED STORIES & OTHER STORIES*, NEW DIRECTIONS, NEW YORK & LONDON, 1964, PP. 1-18; CE TEXTE EST AUSSI CITÉ COMME LA SOURCE D'IDÉES POUR, CARLOS BASUALDO, 'THE ENCYLOPEDIA OF BABEL', IN, *DOCUMENTA XI PLATFORN 5_EXHIBITION*, KASSEL, 2002, PP.55-62.

8 INTERVIEW DE L'ARTISTE FAITE EN NOVEMBRE 2004 ET ENREGISTRÉE SUR BANDE MAGNÉTIQUE, ACTUELLEMENT EN POSSESSION DE L'AUTEUR.

9 *BERNHARD MARTIN: EIN BAD IN DER MENGE*, EX. CAT., GALERIE SIEGFRIED SANDER, KASSEL, 199, PP. 28-33. LE DÉVELOPPEMENT DE CONSTRUCTIONS MODÈLES PAR MARTIN, A SERVI LES INTENTIONS DU PEINTRE QUI A INVENTÉ DES BÂTIMENTS PRÉSENTANT DES ASPECTS ARCHITECTURAUX TOTALEMENT DIFFÉRENTS DE CHAQUE POINT DE VUE. DANS SON TRAVAIL, IL FAUT FAIRE LA DISTINCTION AVEC LES MODÈLES SCULPTÉS PRODUITS À LA MÊME ÉPOQUE PAR THOMAS SCHÜTTE, VOIR, *THOMAS SCHÜTTE*, PHAIDON. LONDON, 1998, PP. 44-61.

10 *IBID* PP. 11-17.

11 *IBID* P. 8.

12 IL PARLE DES SOURCES MODERNES ET DES SOURCES TRADITIONNELLES DIVERSES COMME ÉTANT "MON PROPRE JARDIN DES PLAISIRS TERRESTRES DE BOSCH," CONVERSATION ENREGISTRÉE SUR BANDE MAGNÉTIQUE EN NOVEMBRE 2004 DE CONVERSATION, ACTUELLEMENT EN POSSESSION DE L'AUTEUR. VOIR, *BERNHARD MARTIN: SOFTCORE*, EX. CAT., MANNHEIMER KUNSTVEREIN, VERLAG FÜR MODERME KUNST, NÜRNBERG, 2001, ILLS 005-008.

13 GILLES DELEUZE ET FELIX GUATTARI, 'RHIZOME', IN, *ONE THE LINE*, SEMIOTEXT(E), NEW YORK, 1983, PP. 1-68 ; LE TEXTE APPARAÎT AUSSI COMME CHAPITRE D'INTRODUCTION À *A THOUSAND PLATEAUS* (APRÈS) LE RHIZOME EST DISTINGUÉ « DE L'ARBORESCENT », D'AUTANT PLUS QU'IL S'AGIT D'UNE FORME DÉ-CENTRÉE DE LA CROISSANCE ET QUE LE DÉVELOPPEMENT NE REPOSE PAS SUR UN CONCEPT SIMPLE OU UN RÉCIT FONDAMENTAL.

14 BERNHARD MARTIN SE RÉFÈRE FRÉQUEMMENT À L'INFLUENCE DES DÉCOUPAGES DE MATISSE. INTERVIEW ENREGISTRÉS SUR BANDE, NOVEMBRE 2004, EN POSSESSION DU PRÉSENT AUTEUR.

15 LA TRANSFERT DE COLLAGES DANS DES PEINTURES ÉTAIT UN PROCÉDÉ COMMUNÉMENT UTILISÉ PAR L'ARTISTE SURRÉALISTE ALLEMAND MAX ERNST ; VOIR, WERNER SPIES, *COLLAGES*, LONDON, THAMES & HUDSON, 1998.

16 VANESSA JOAN MÜLLER, 'ÜBER DAS HAMSTERN UND VAGABUNDIEREN / ABOUT HOARDING AND VAGABONDISM', IN *BERNHARD MARTIN: SOFTCORE* OP. CIT, NP.

17 EXHIBITION INSTALLATION, GALERIE VOGES + FRANKFURT, 1994. ILLUSTRATED IN *BERNHARD MARTIN: EIN BAD IN DER MENGE*, PP. 24-27.

18 'CLOSETS', SPENCER BROWNSTONE GALLERY, NEW YORK, 2000; ILLUSTRATED IN *BERNHARD MARTIN: SOFTCORE* OP. CIT, NP.

19 MARION PIFFER DAMIANI (ED.), *FEST KUNST*, KATALOG ZUM KUNSTPROJEKT, ALTSTADFEST, BRIXEN, FOLIO VERLAG, WIEN/BOZEN, 2002, PP. 92-99.

20 GILLES DELEUZE & FELIX GUATTARI, 'THE AESTHETIC MODEL: NOMAD ART', IN, *A THOUSAND PLATEAUS: CAPITALISM AND SCHIZOPHRENIA*, ENG. TRANS., BRIAN MASSUMI, LONDON, THE ATHLONE PRESS, 1988 « LES INTERLIENS NE S'APPLIQUENT PAS DANS L'ESPACE AMBIANT DANS LEQUEL LA MULTIPLICITÉ SERAIT IMMERGÉE, CE QUI DONNERAIT DES DISTANCES INVARIABLES : ILS SONT PLUTÔT CONSTITUÉS SELON LES DIFFÉRENCES ORDONNÉES QUI PROVOQUENT DES VARIATIONS INTRINSÈQUES DANS LA DIVISION D'UNE DISTANCE SIMPLE. LES QUESTIONS DE L'ORIENTATION, DE L'EMPLACEMENT, DES LIENS ENTRENT EN JEU DANS LES OEUVRES CÉLÈBRES DE L'ART NOMADE…. » P. 493-494.

Cher Bernhard, je reviens juste de Palerme, où j´ai passé le réveillon avec d´autres réfugiés du nord et j'étais accompagnée d´un ami commun qui aime la vie. Nous espérions tous avoir un peu de soleil, mais il a plu sans arrêt. Nous avions passé trois jours ensemble avec une bande aux personnalités hétérogènes afin d´explorer les attractions de la ville, d'apprécier la Dolce Vita et d´improviser le réveillon de fin d´année. Lors de cette rencontre, il s´agissait aussi de tester les règles du jeu et la notion de groupe comme dans une colocation, cela commençait par les transactions bancaires et se terminait sur des affirmations de couple à propos du bon goût et du savoir. A vrai dire, d´après la vie que le groupe avait mené auparavant, on pourrait penser qu'ils se comportent de manière mondaine, il est en tout autrement, une étonnante étroitesse d´esprit y régnait et plein de préjugés, ils essayaient de vivre dans un monde sophistiqué.
Je devais penser à ce moment là aux photographies de ton appartement en colocation dont j'ai suivi la naissance l´année dernière dans la villa à Nice. Quand j´ai regardé plus tard tes photographies, j´étais complètement déçue, parce qu'elles ne correspondaient pas du tout aux attentes et aux idées que j'avais d'une colocation. Elles étaient marquées par l'idée romantique d'une vie en communauté comme celle de la génération du « Flower Power » ou tout au moins comme celle des titulaires d'une bourse habitant un endroit fabuleux comme Nice. Cette cohabitation définit un moment d'apprentissage des styles de vie et des idées d'autrui auxquelles on ne se confronterait généralement jamais, respectivement dont on ne rechercherait jamais le contact. Cette forme d'étude sociologique dans un microcosme serait intéressante, si il n'y avait pas toujours la pression du groupe qui veut faire ensemble des grillades dans le jardin ou chanter en accompagnant à la guitare. Toute cette petite bourgeoisie romantique qui se veut être jeune et belle, décontractée et libérée sexuellement, adopte cette attitude, mais en revanche le ménage hebdomadaire est effectué selon un plan bien précis et les vêtements sont nettoyés précisément selon les indications de lavage. Pas la moindre anarchie, mais dès le lever, le maquillage est appliqué sur le visage, les corps sont façonnés et le sourire est éclatant. Toujours en évoluant entre sécurité élémentaire et un petit peu d´audace.
Ta réponse était la suivante : « Heike, c'est pourtant comme cela, un monde de petits idéaux de la bourgeoisie, je n'embellis rien et c´est exactement ce qui est charmant ». Et en même temps, tu les embellis et tu aggraves le tout, étant donné qu'elles resplendissent et qu'elles s'imposent dans un environnement iconographique accompagnées du rêve bon marché de la théière Alessi qui ne doit pas manquer dans un jeune environnement. Et par la suite, le tout est toujours autant impudique, avec des filles portant des petites jupes sans culotte, montrant leur beau ventre légèrement bombé et avec un visage innocent, un regard abattu et un teint, dont on ne peut que rêver. C'est un peu comme un genre d'érotisme romantique comme à la David Hamilton. Tes garçons ne font pas bonne figure et incarnent l'idée d'une classe ouvrière, ils ressemblent à de petits employés de bureau ou à des jardiniers. Bien que cela exerce un certain charme sur le monde des femmes, celui de la domination et du voyeurisme sans pitié. Il est tellement direct qu'il varie entre le soulagement et la honte, car il divulgue les petits modèles de vie et les rêves qui sont simplement terriblement banals. Ceux-ci représentant une famille traditionnelle, avec un beau cadre de vie et avec une note sensuelle. J'aurai tant aimé vivre dans une communauté hippy comme au bon vieux temps, non pas comme les étudiants terre à terre de droit et de médecine de mon époque et non pas simplement la divergence que l'on ressent toujours un peu chez toi comme chez les étudiants de mon époque.
Je t'embrasse.
Heike

Que se passe t'il lorsque des personnes se côtoient dans un environnement étranger sur un espace restreint et mangent des fraises même en hiver?

Heike Munder, Director migros museum für gegenwartskunst, Zurich
Zurich, 9.1.2005

01, 2004
29,7 x 21 cm
Bleistift und Collage auf Papier

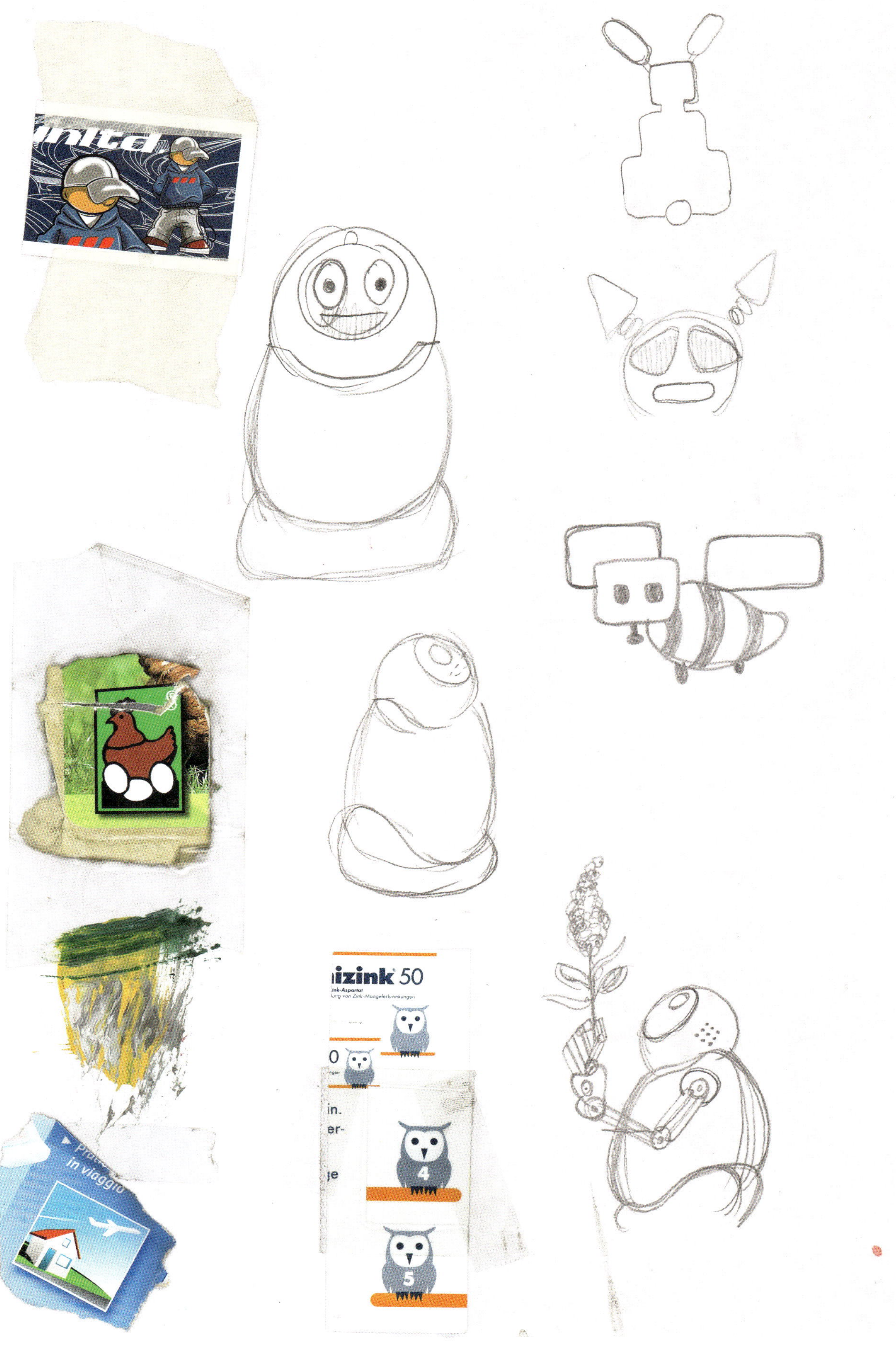
izink 50
in viaggio
4
5

02, ohne Jahr
21 x 29,7 cm
Bleistift und Collage auf Papier

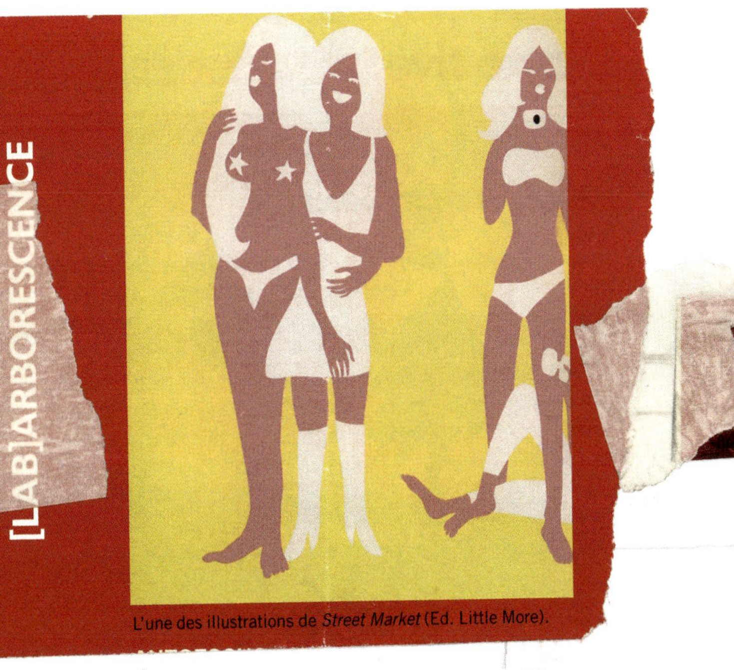

Ylia

BAIN MOUSSANT

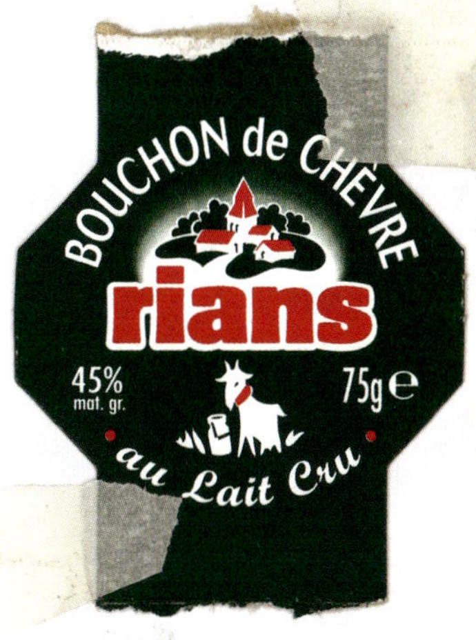

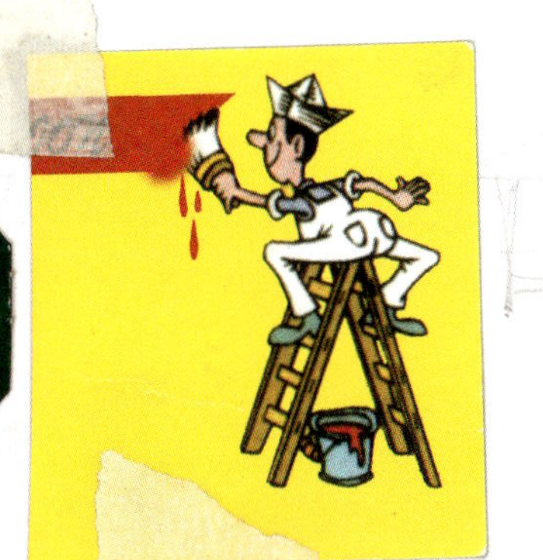

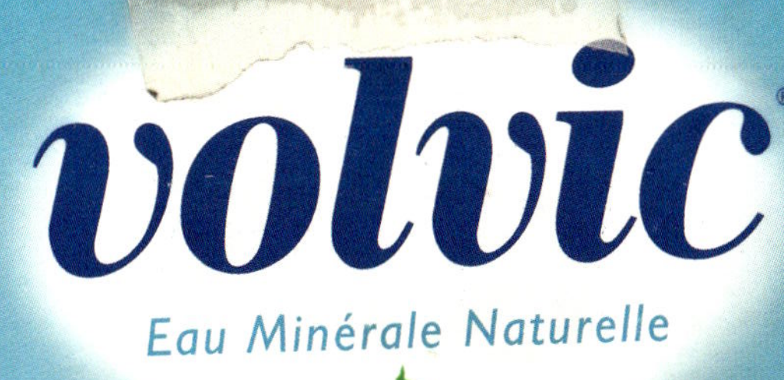

03, 2004
21 x 29,7 cm
Folienstift, Bleistift und Collage auf
Papier

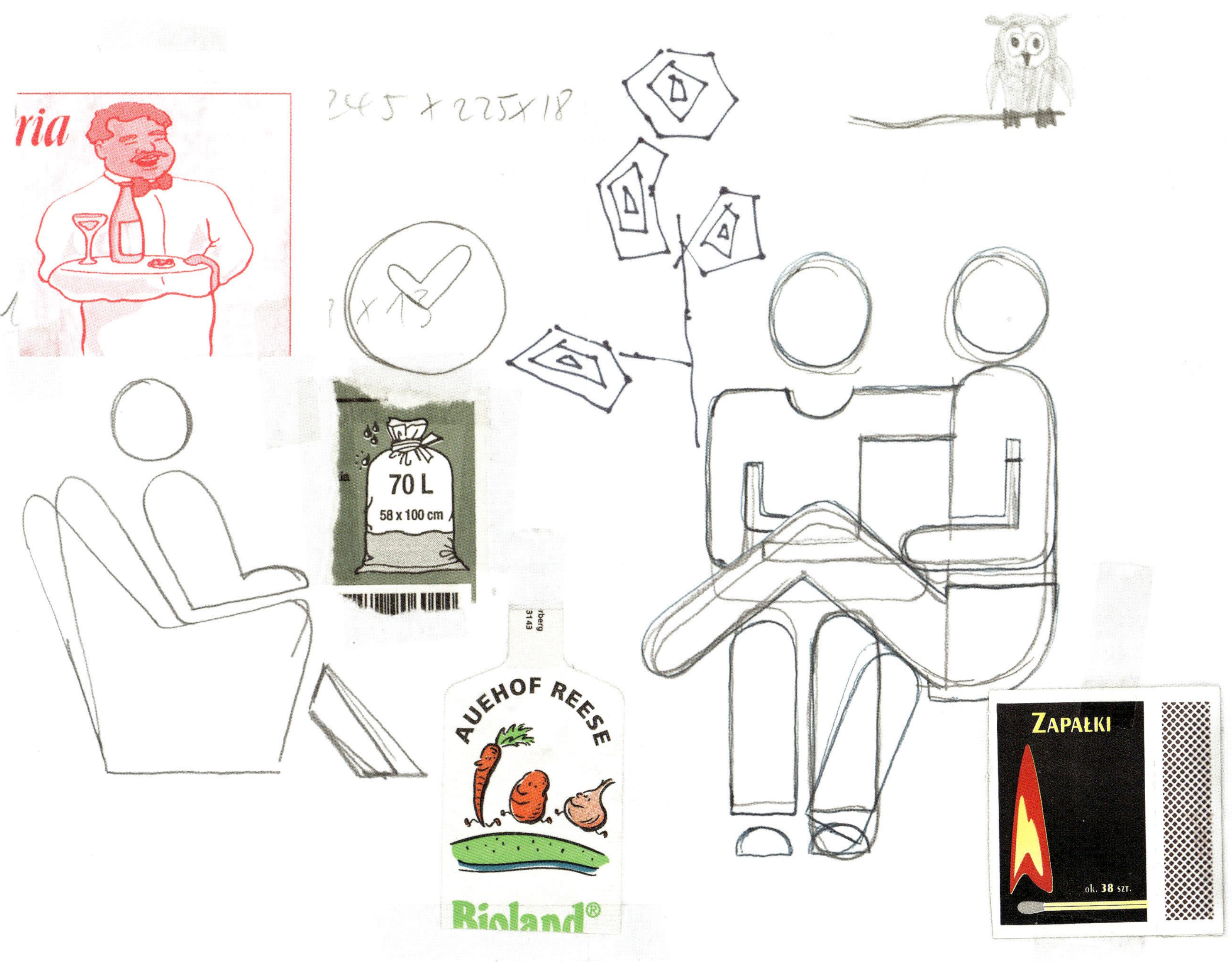
ZAPAŁKI
ok. 38 szt.
AUEHOF REESE
Bioland®
70 L
58 x 100 cm
245 x 225 x 18
ria

04, ohne Jahr
21 x 29,7 cm
Bleistift und Collage auf Papier

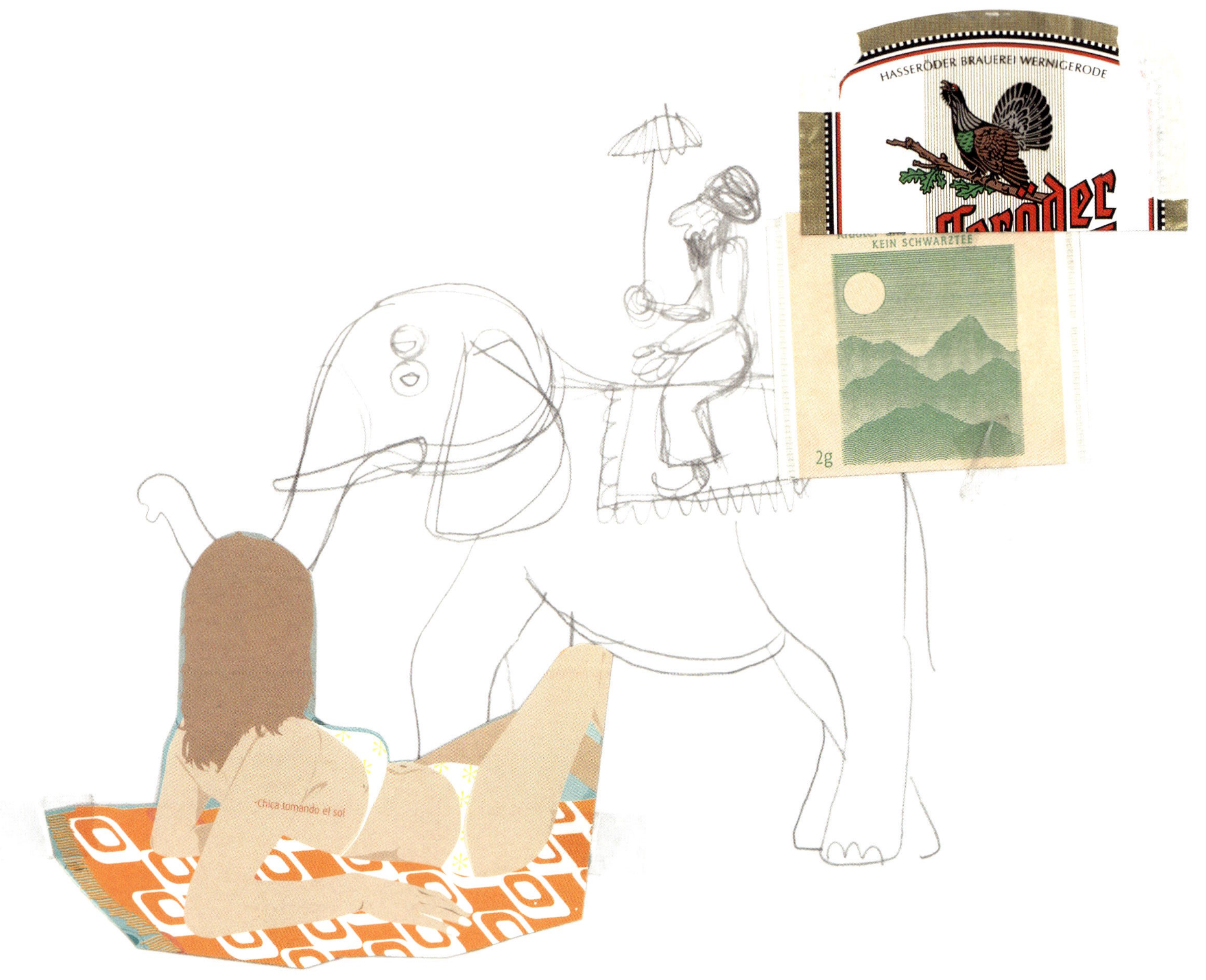
HASSERÖDER BRAUEREI WERNIGERODE
KEIN SCHWARZTEE
2g
-Chica tomando el sol

05, 2004
29,7 x 21 cm
Acryl und Bleistift auf Papier

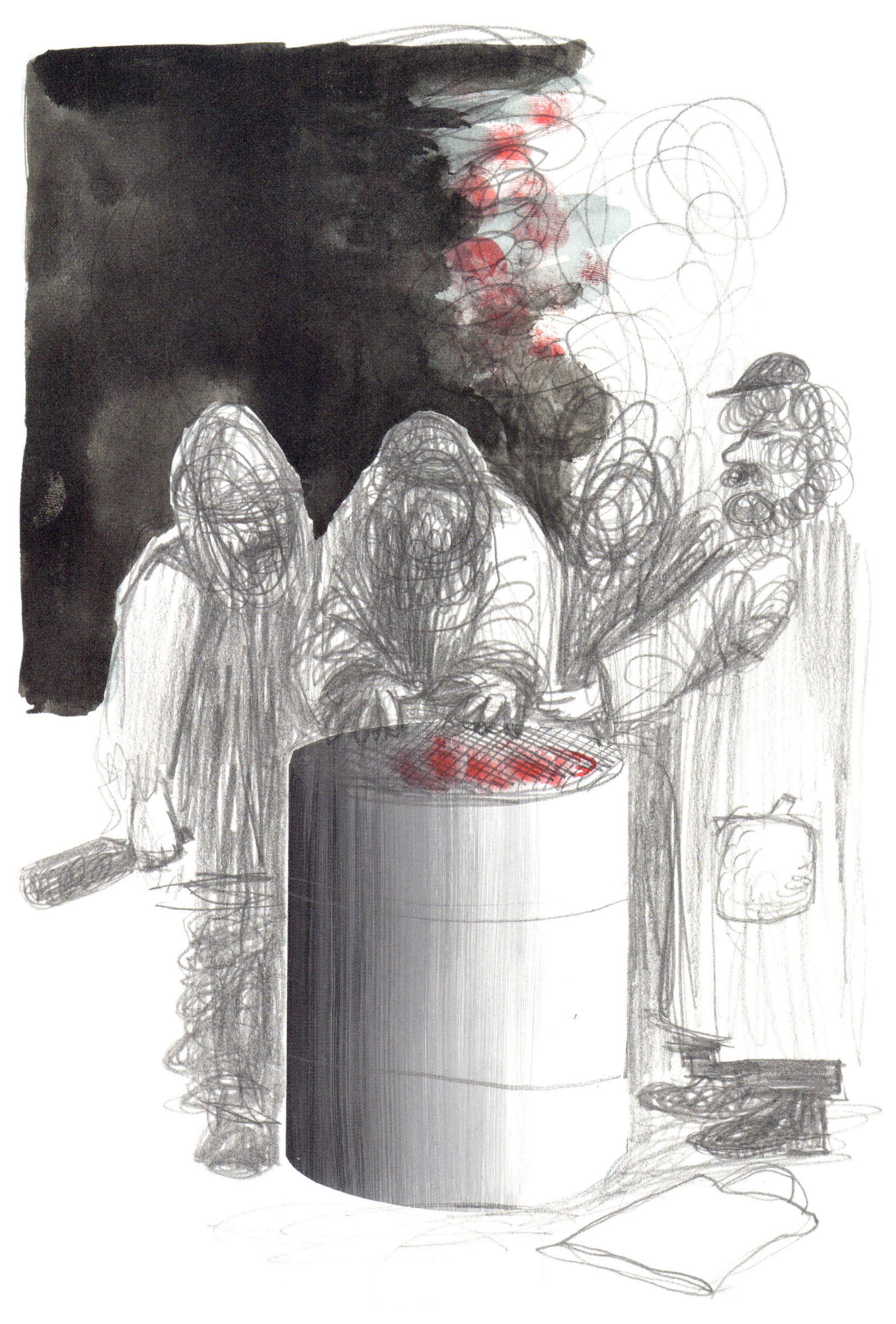

26.1.04

06, 2004
29,7 x 21 cm
Acryl und Bleistift auf Papier

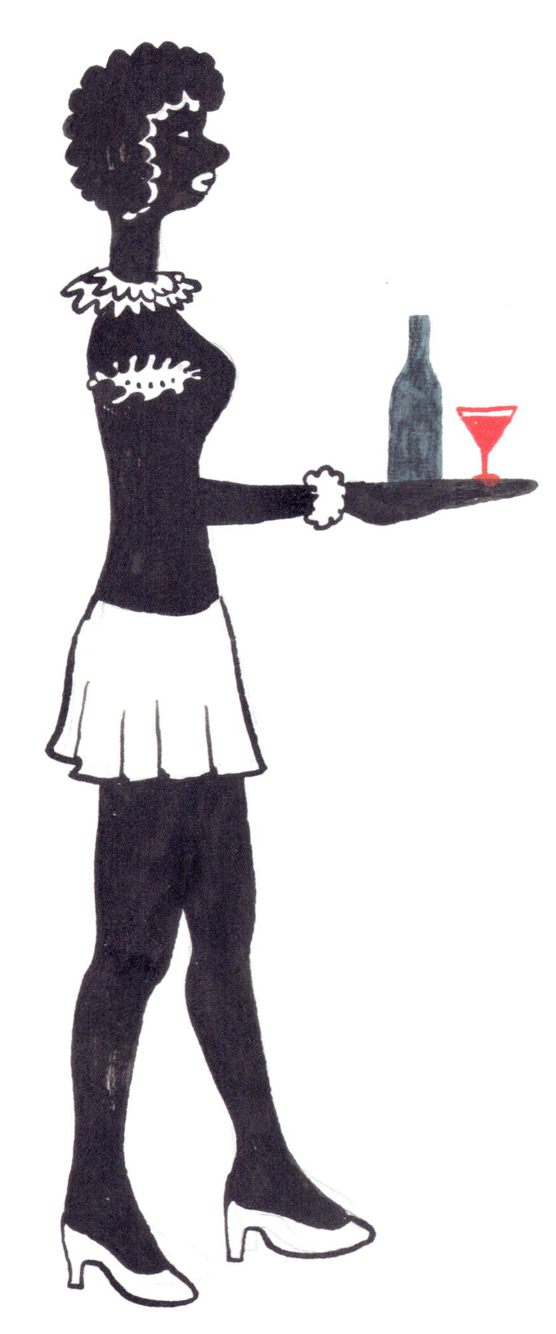

28.1.04

07, 2004
29,7 x 21 cm
Acryl und Bleistift auf Papier

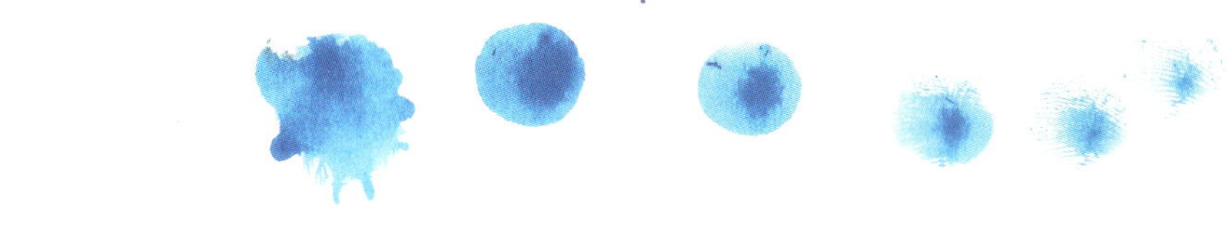

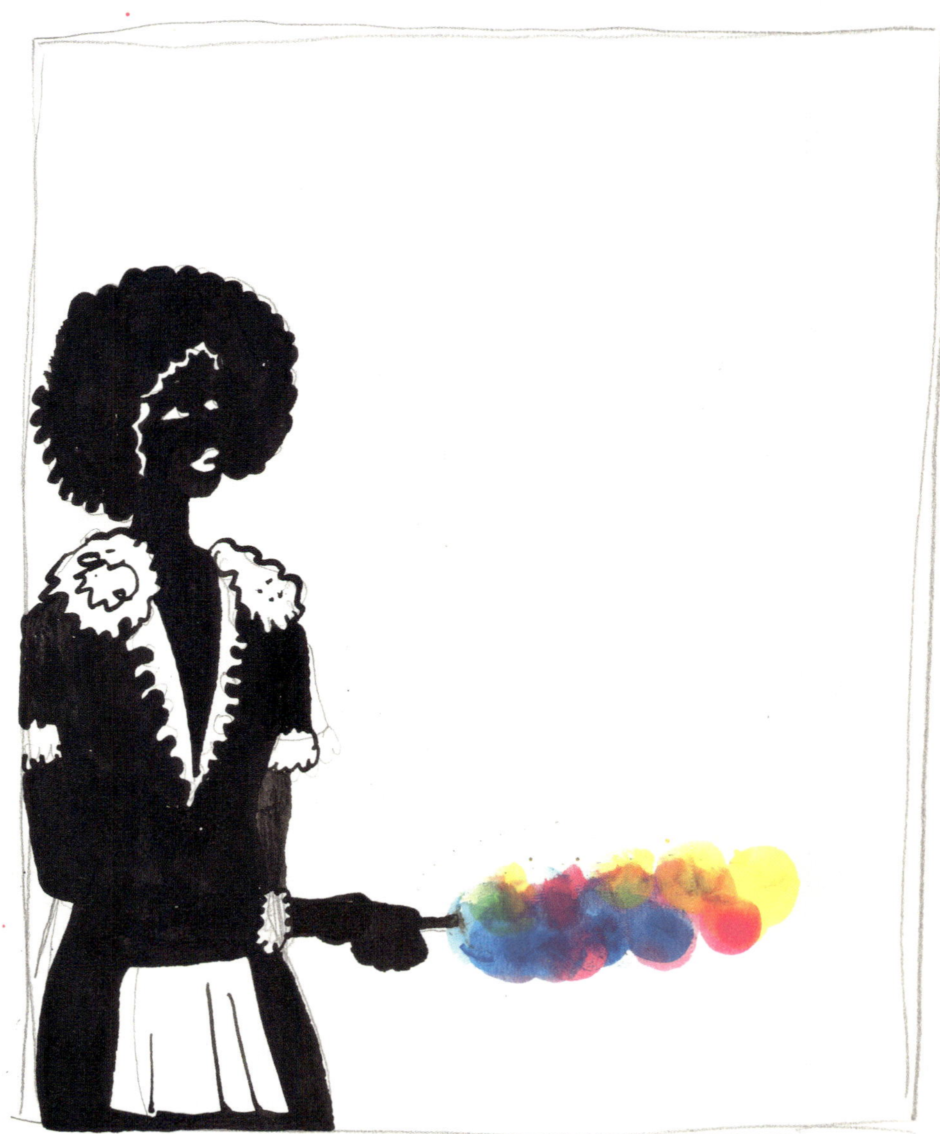

17 2 04

08, ohne Jahr
29,7 x 21 cm
Kugelschreiber, Bleistift und Collage
auf Papier

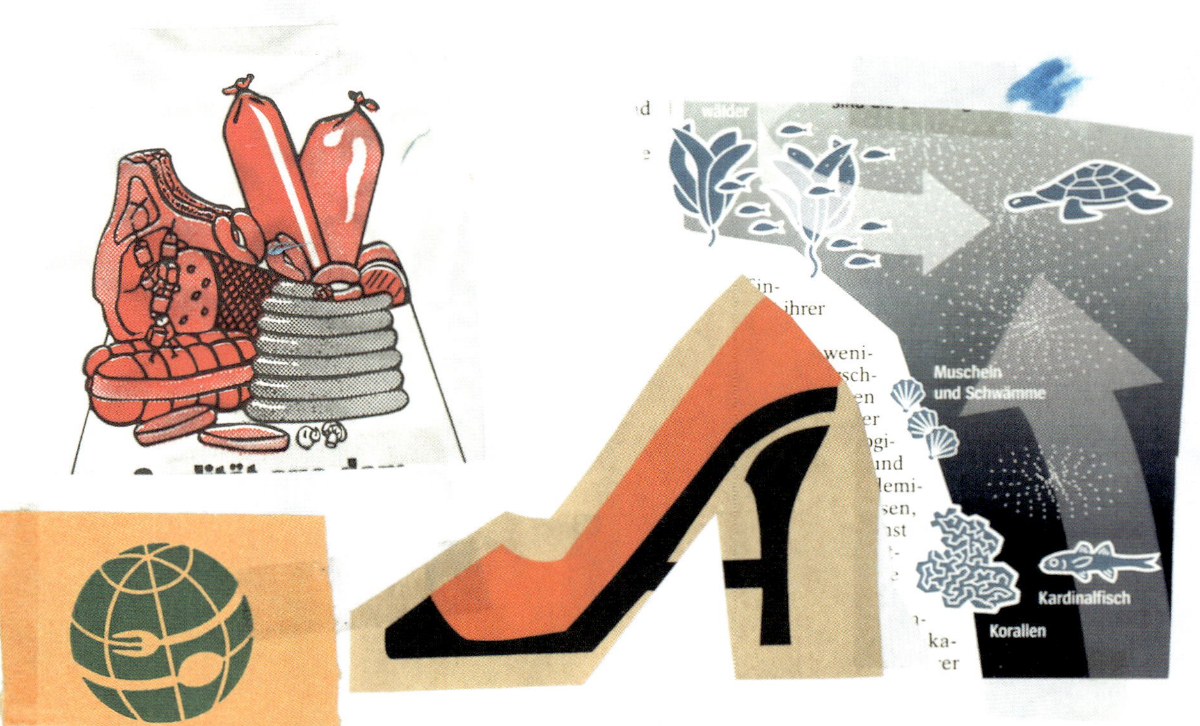
wälder
Muscheln
und Schwämme
Kardinalfisch
Korallen

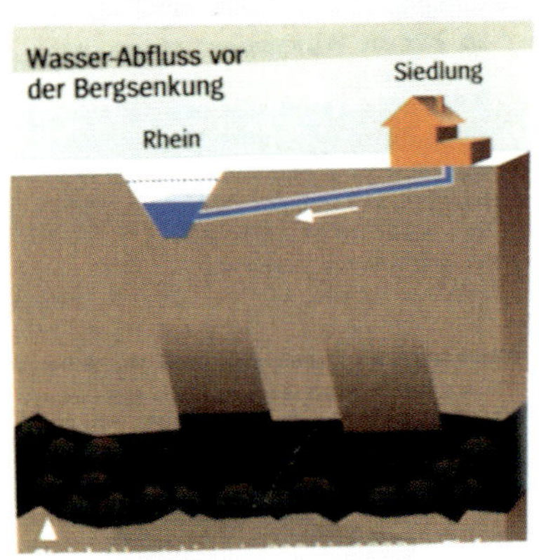
Wasser-Abfluss vor
der Bergsenkung
Siedlung
Rhein

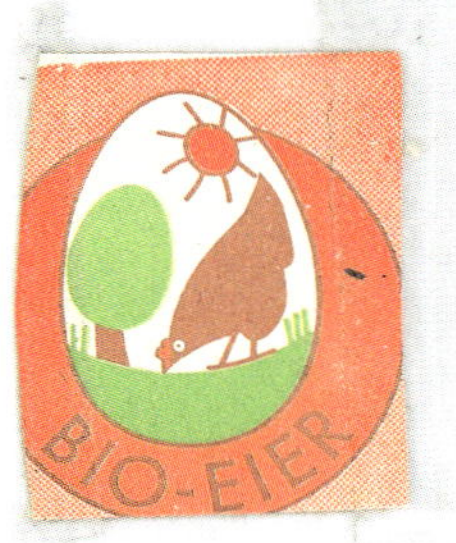
BIO-EIER

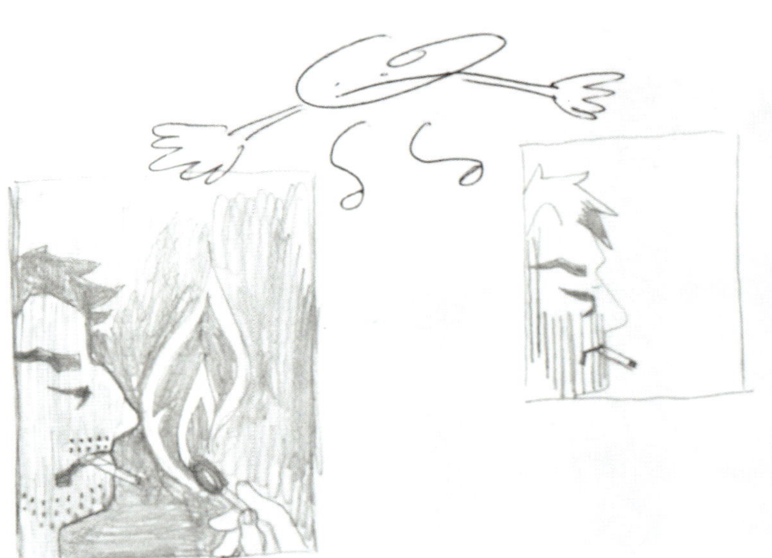

09, 2004
29,7 x 21 cm
Acryl und Bleistift auf Papier

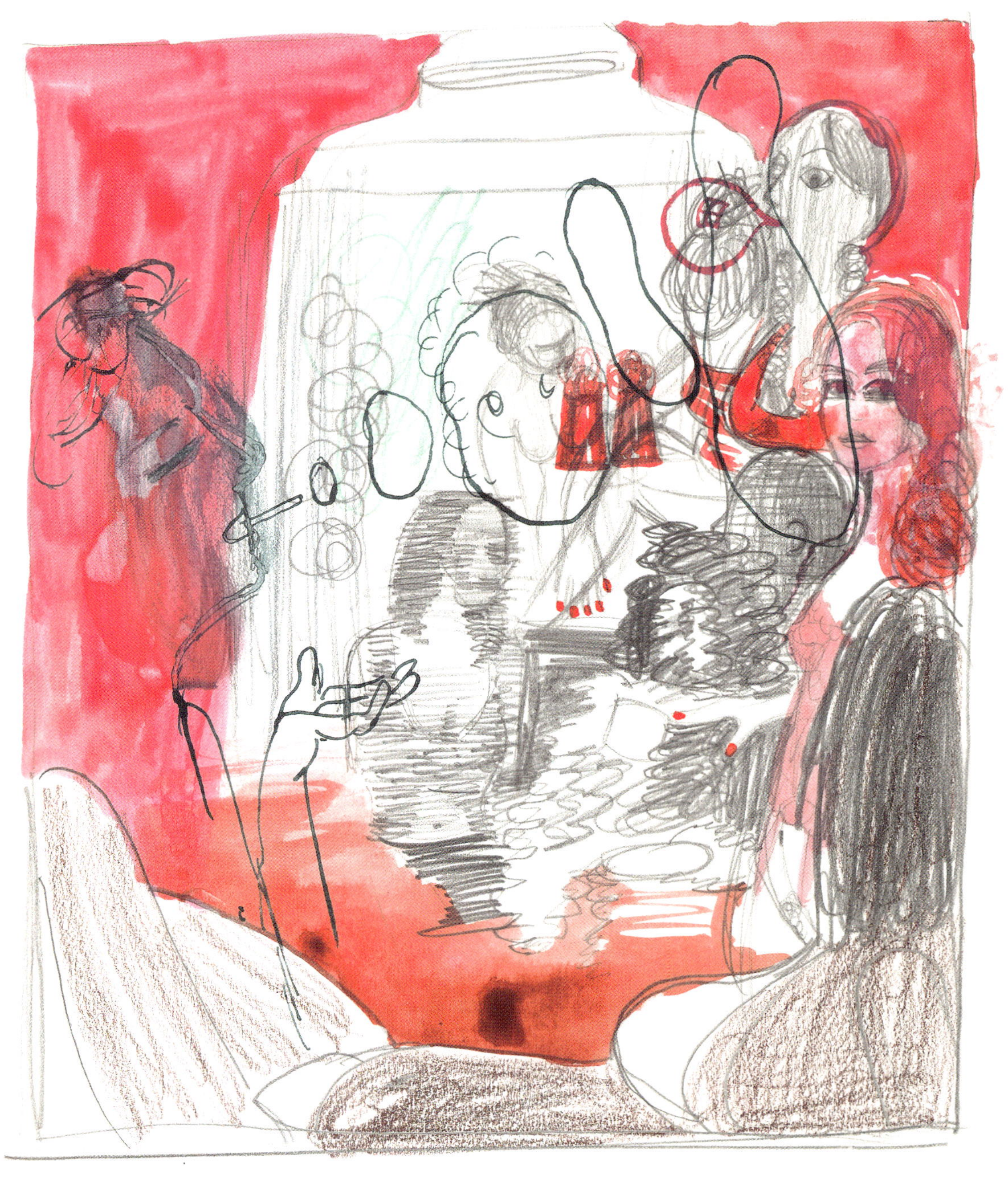

6.04.04

10, ohne Jahr
29,7 x 21 cm
Kugelschreiber, Folienstift und Collage
auf Papier

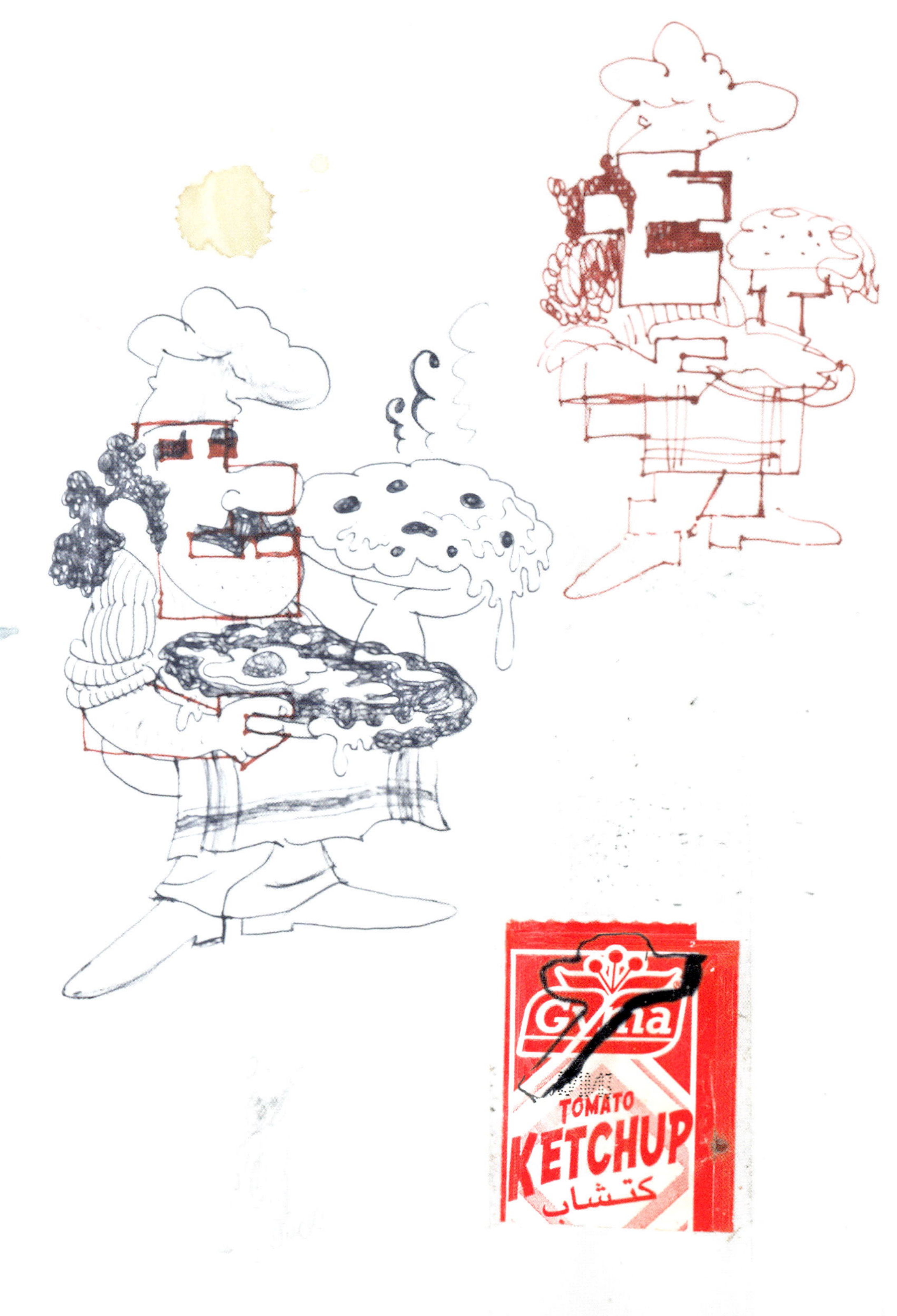
TOMATO
KETCHUP
كتشاب

11, ohne Jahr
21 x 29,7 cm
Kugelschreiber und Collage auf Papier

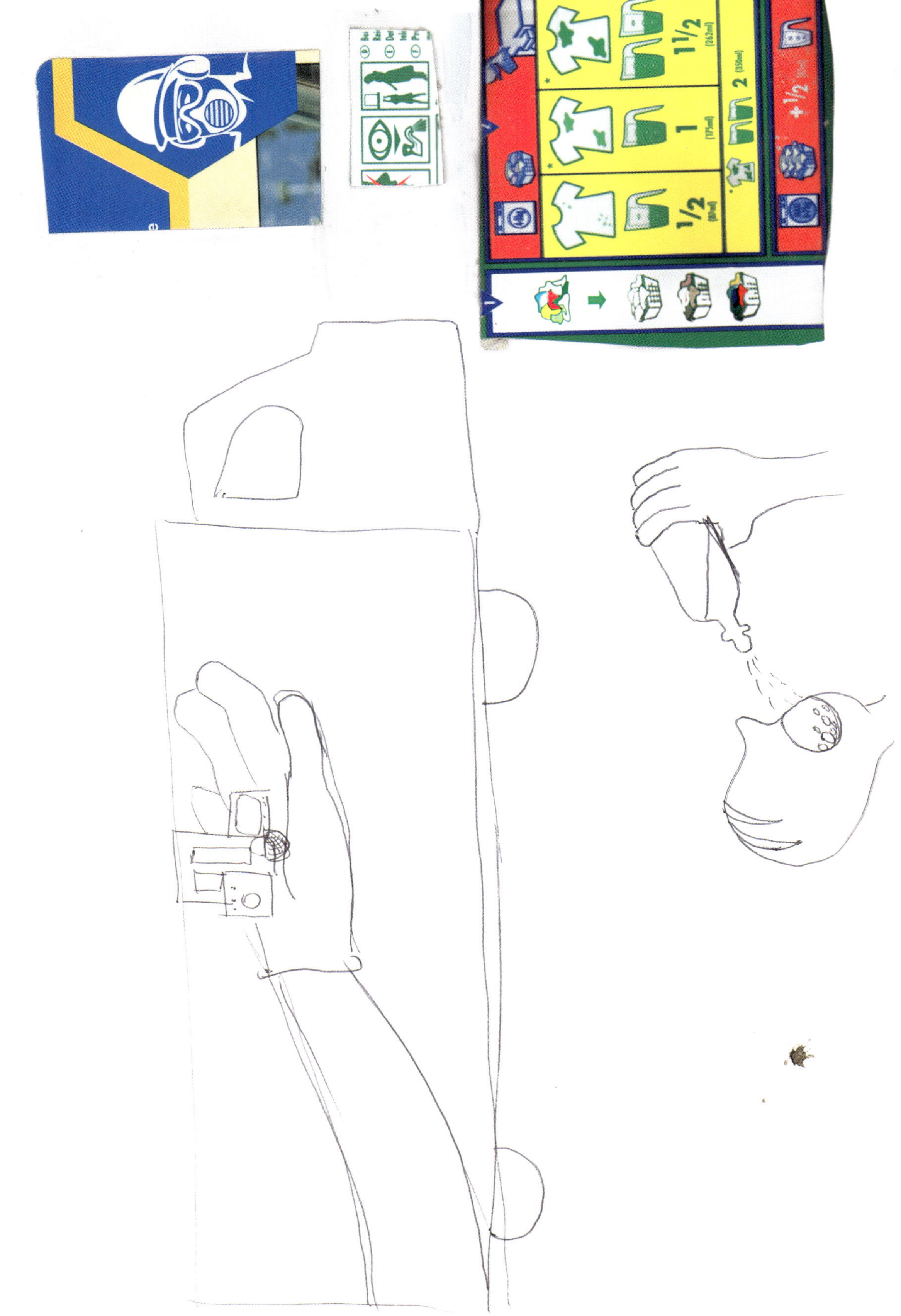

12, ohne Jahr
29,7 x 21 cm
Acryl und Bleistift auf Papier

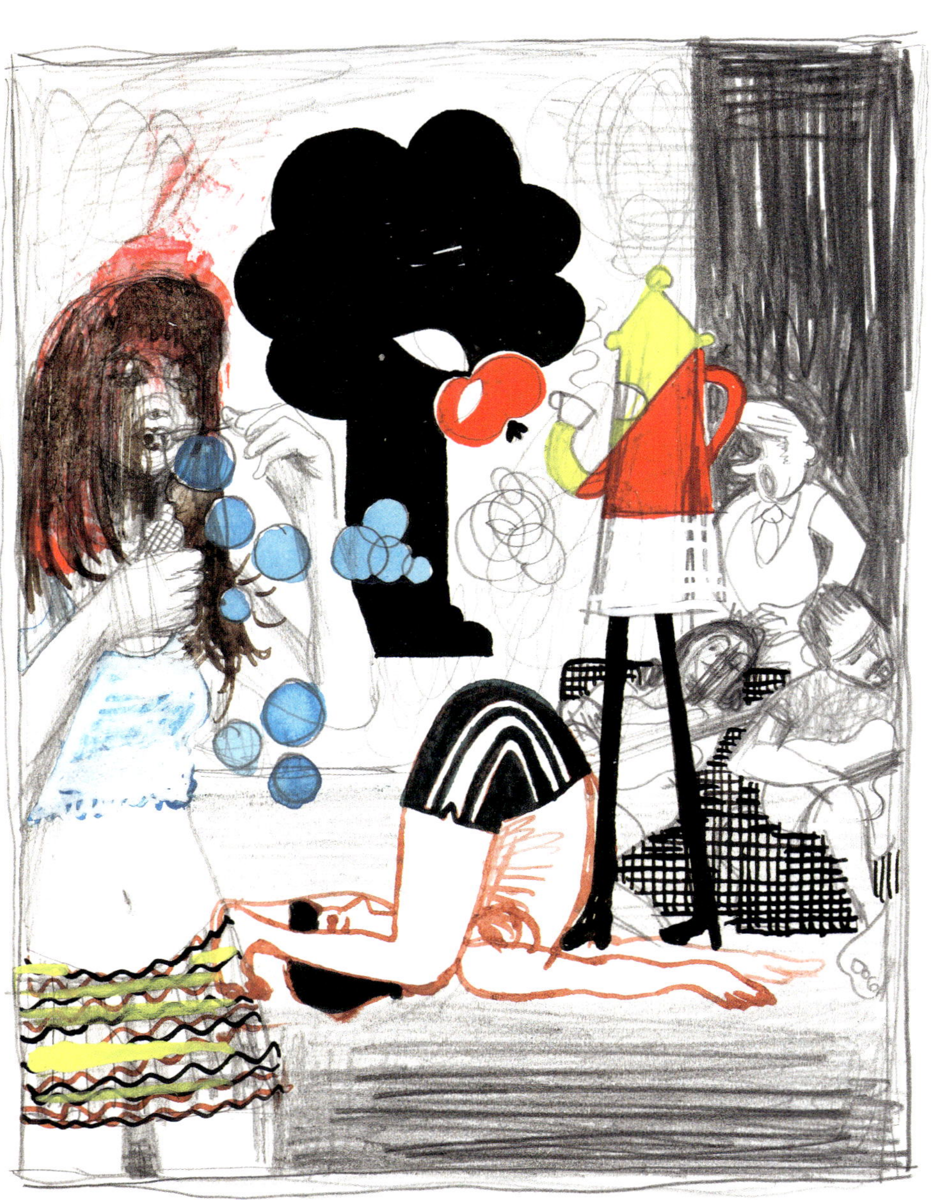

13, ohne Jahr
29,7 x 21 cm
Folienstift, Kugelschreiber und Collage
auf Inkjetprint

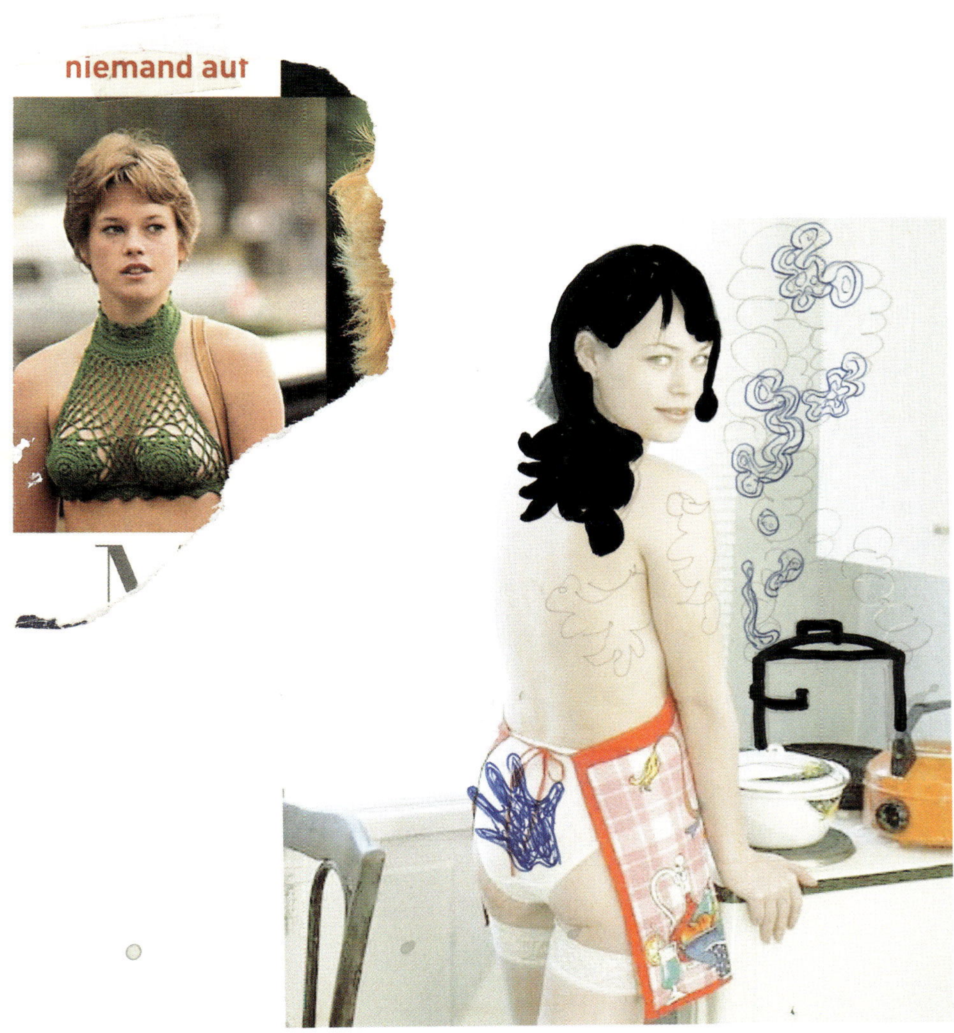
niemand aut

14, ohne Jahr
29,7 x 21 cm
Acryl und Bleistift auf Papier

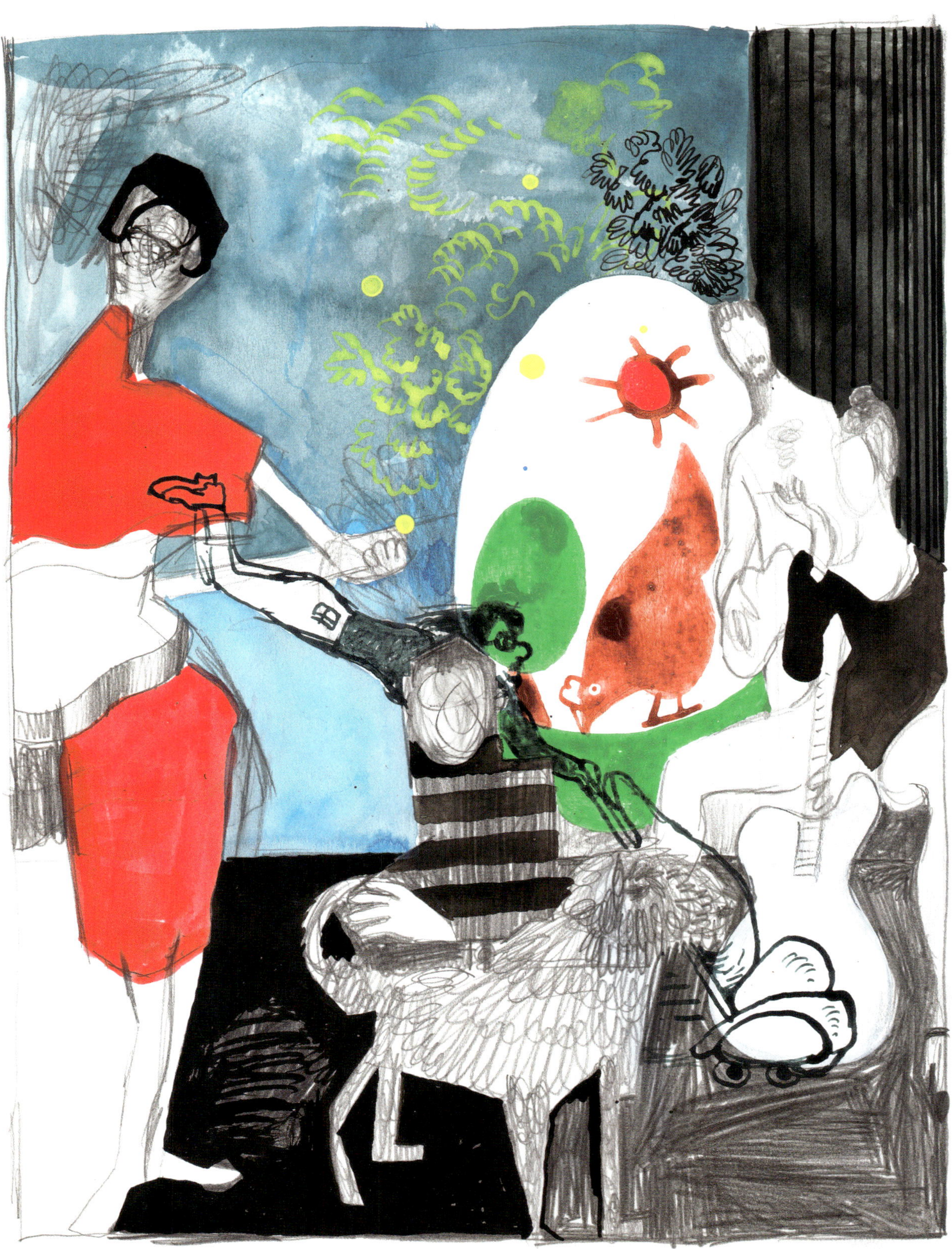

15, ohne Jahr
29,7 x 21 cm
Folienstift, Bleistift und Collage auf Papier

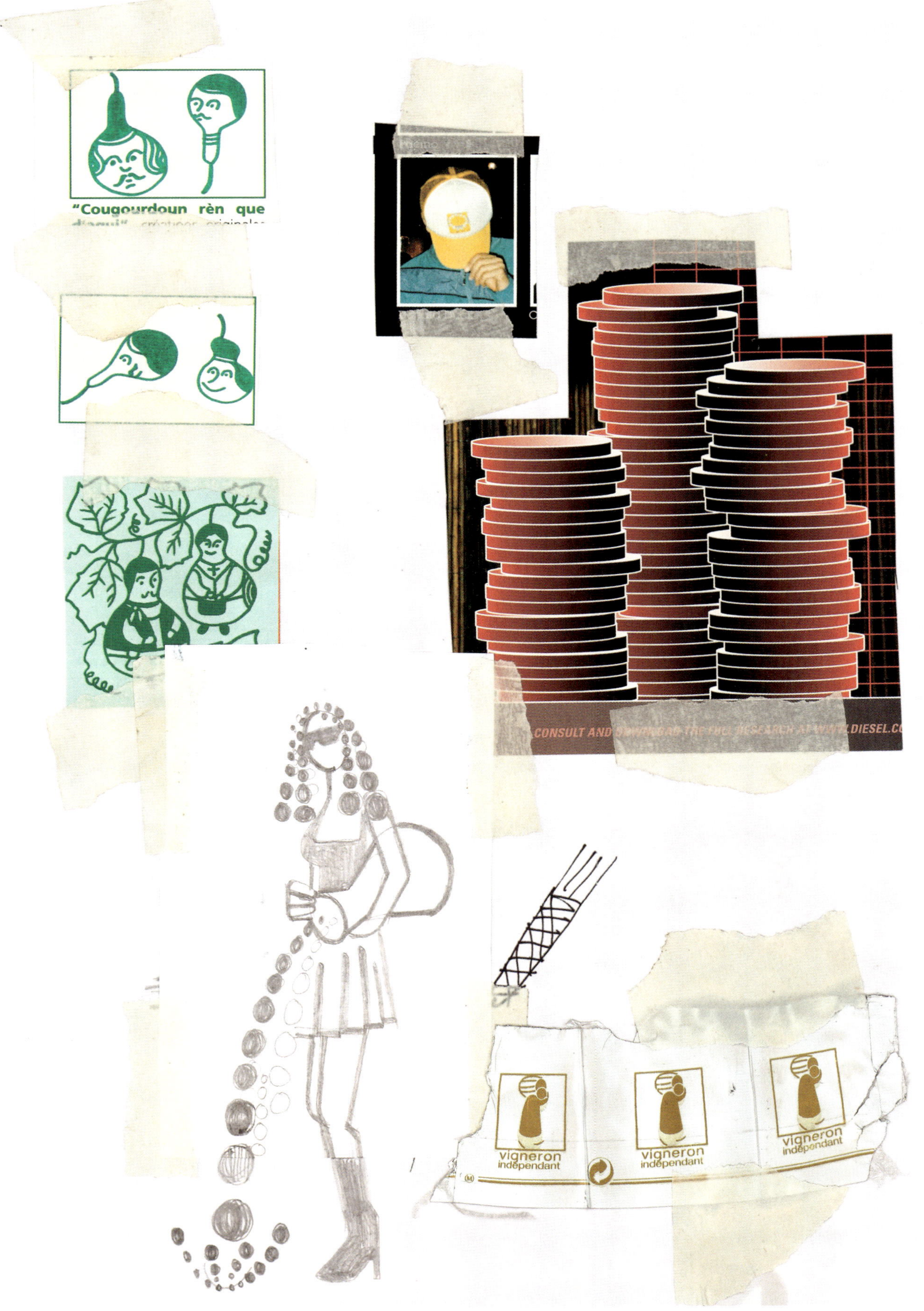
"Cougourdoun rèn que
CONSULT AND
DIESEL.C
vigneron
indépendant
vigneron
indépendant
vigneron
indépendant

16, ohne Jahr
21 x 29,7 cm
Kugelschreiber, Bleistift und Buntstift
auf Papier

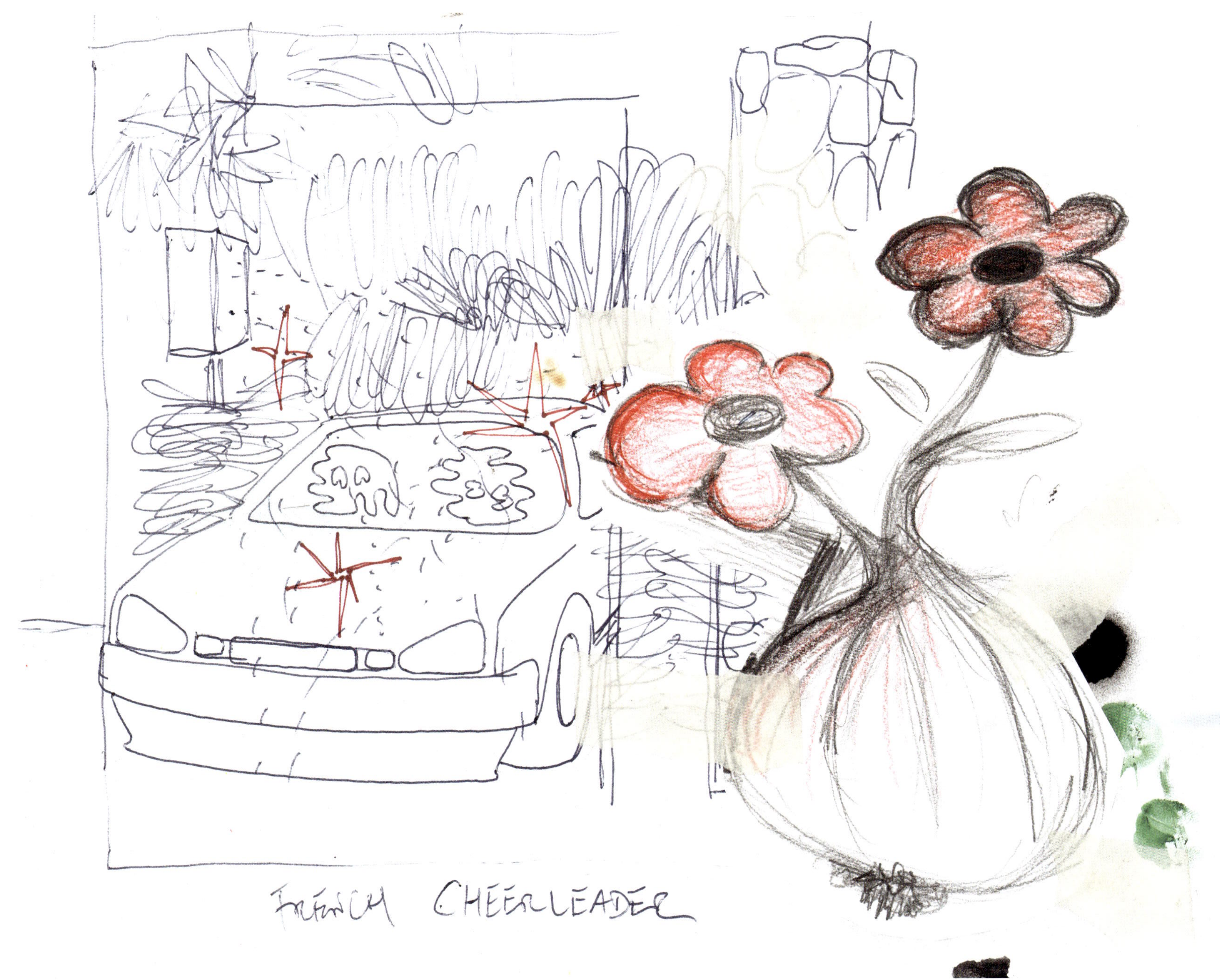
FRENCH CHEERLEADER

17, ohne Jahr
29,7 x 21 cm
Kugelschreiber, Bleistift und Tusche
auf Papier

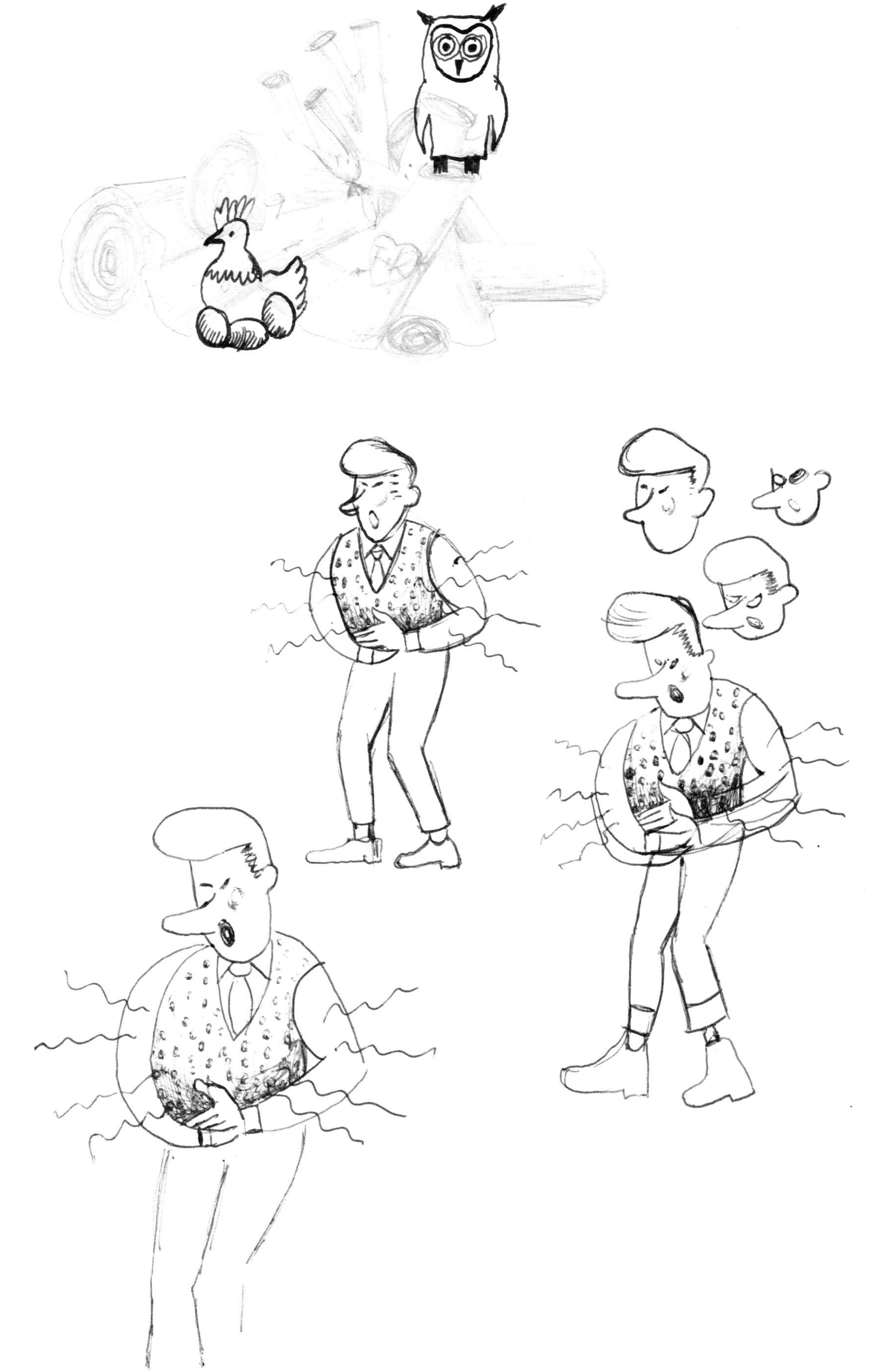

18, ohne Jahr
21 x 29,7 cm
Kugelschreiber auf Papier

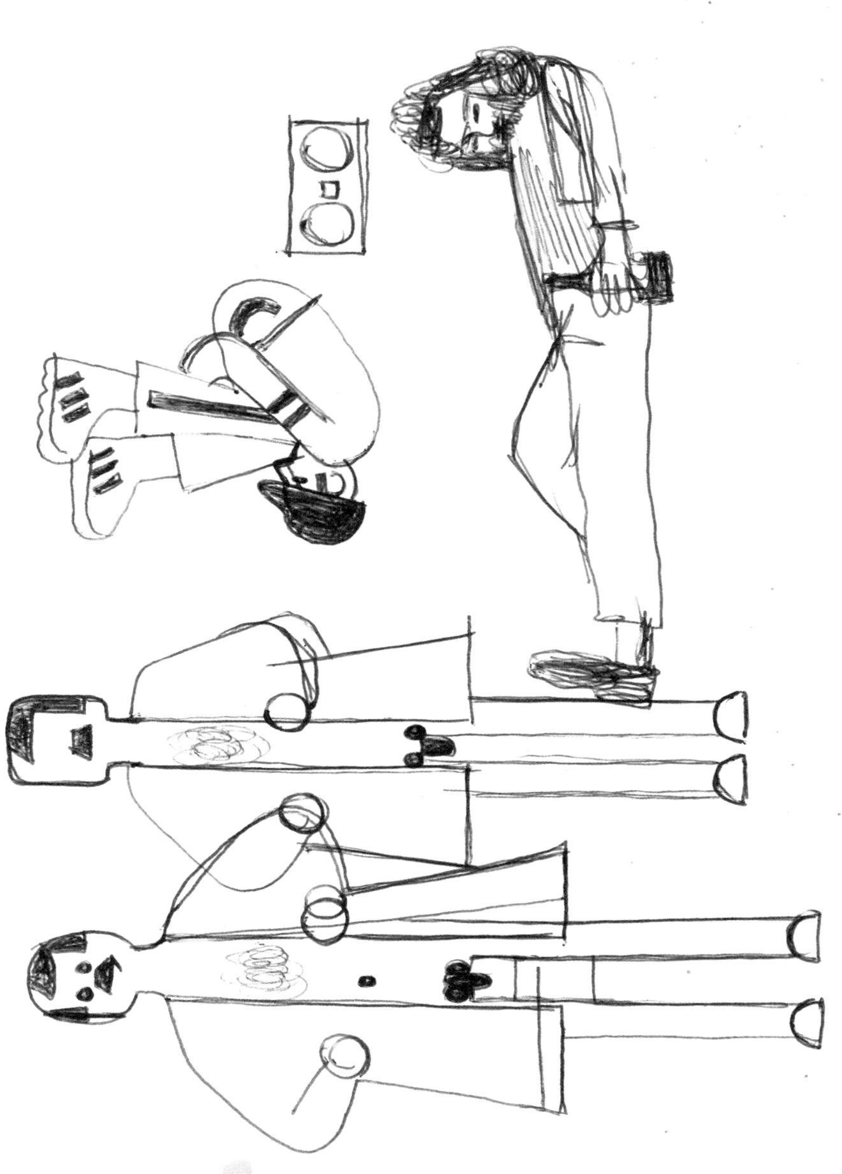

19, 2004
29,7 x 21 cm
Bleistift und Folienstift auf Papier

49 0178 4832696

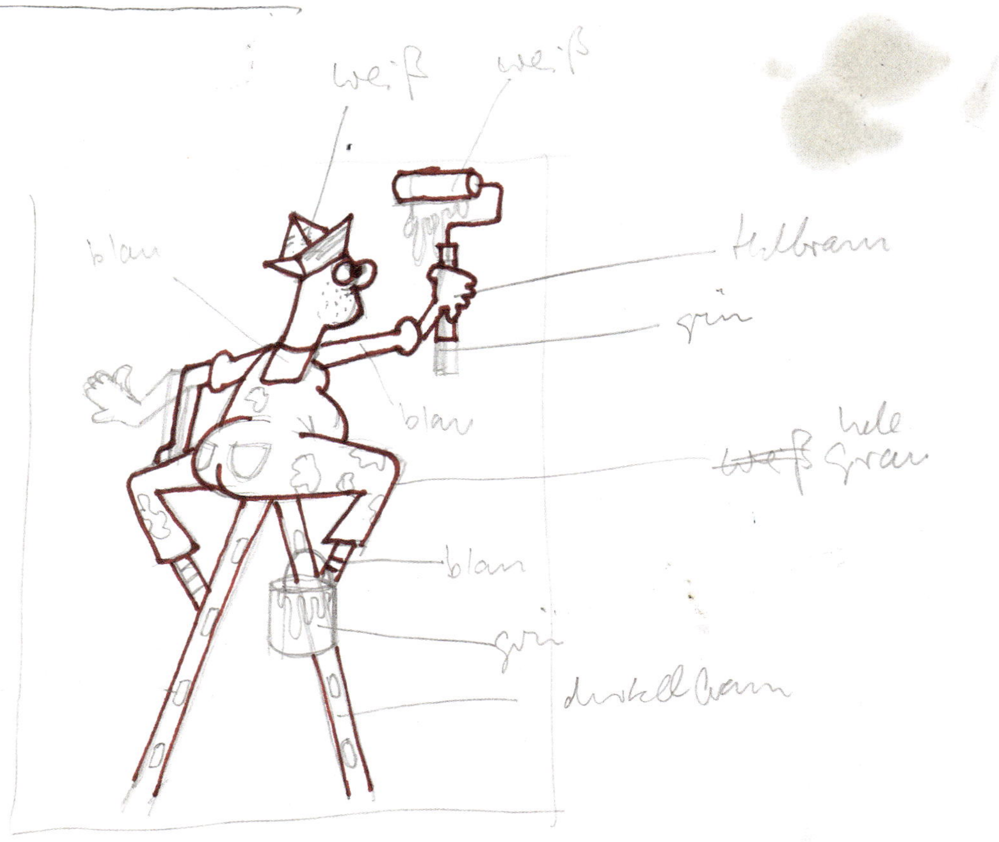

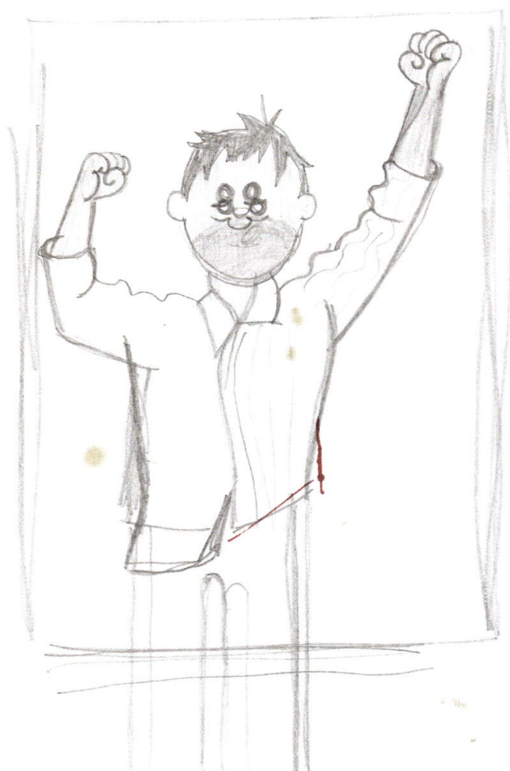

AUFSTEHEN

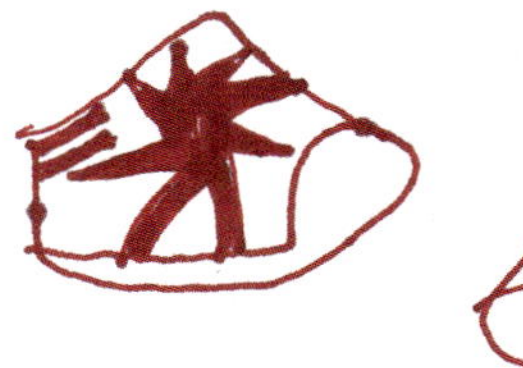

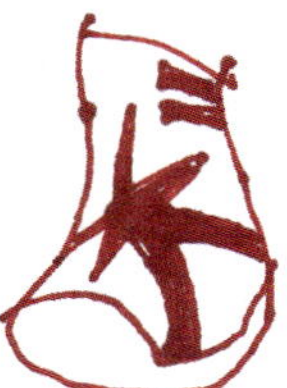

20, 2004
29,7 x 21 cm
Bleistift, Kugelschreiber und Collage
auf Papier

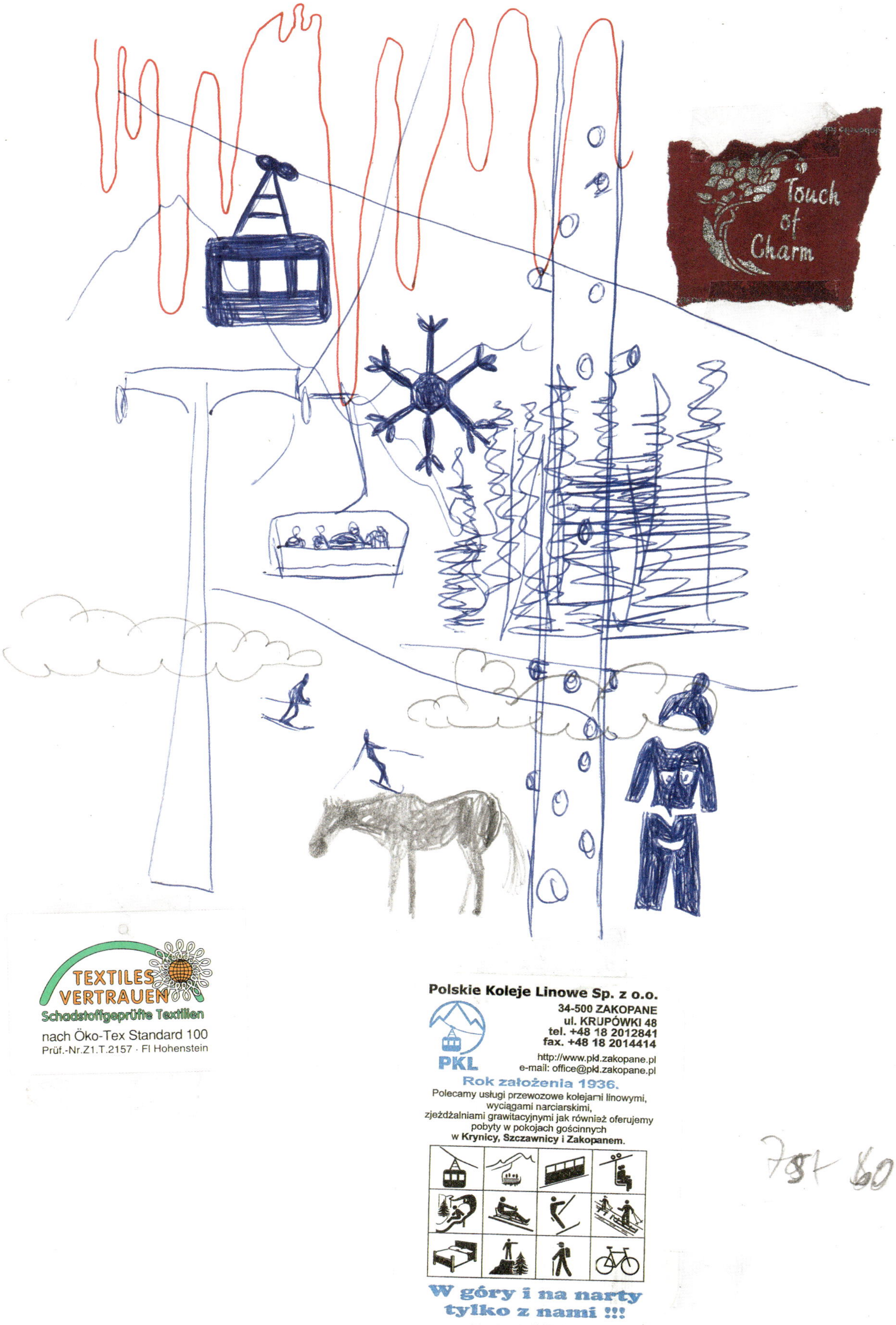

Touch of Charm

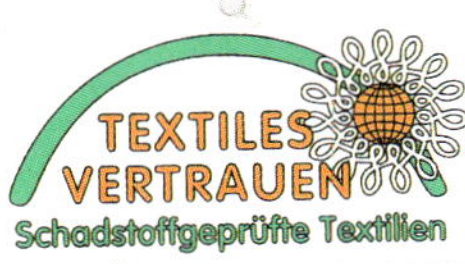

Polskie Koleje Linowe Sp. z o.o.

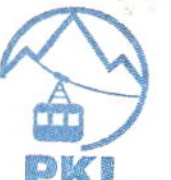

34-500 ZAKOPANE
ul. KRUPÓWKI 48
tel. +48 18 2012841
fax. +48 18 2014414

http://www.pkl.zakopane.pl
e-mail: office@pkl.zakopane.pl

Rok założenia 1936.

Polecamy usługi przewozowe kolejami linowymi, wyciągami narciarskimi, zjeżdżalniami grawitacyjnymi jak również oferujemy pobyty w pokojach gościnnych w **Krynicy, Szczawnicy i Zakopanem.**

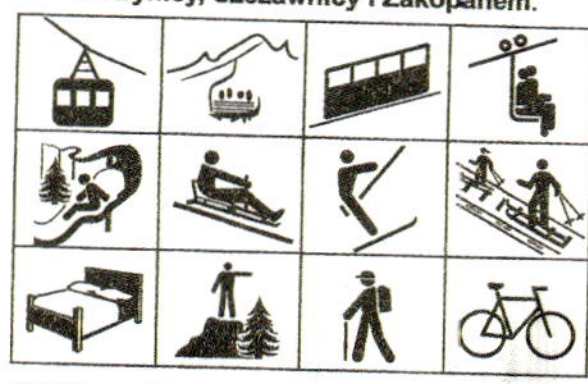

W góry i na narty tylko z nami !!!

21, 2004
29,7 x 21 cm
Acryl und Bleistift auf Papier

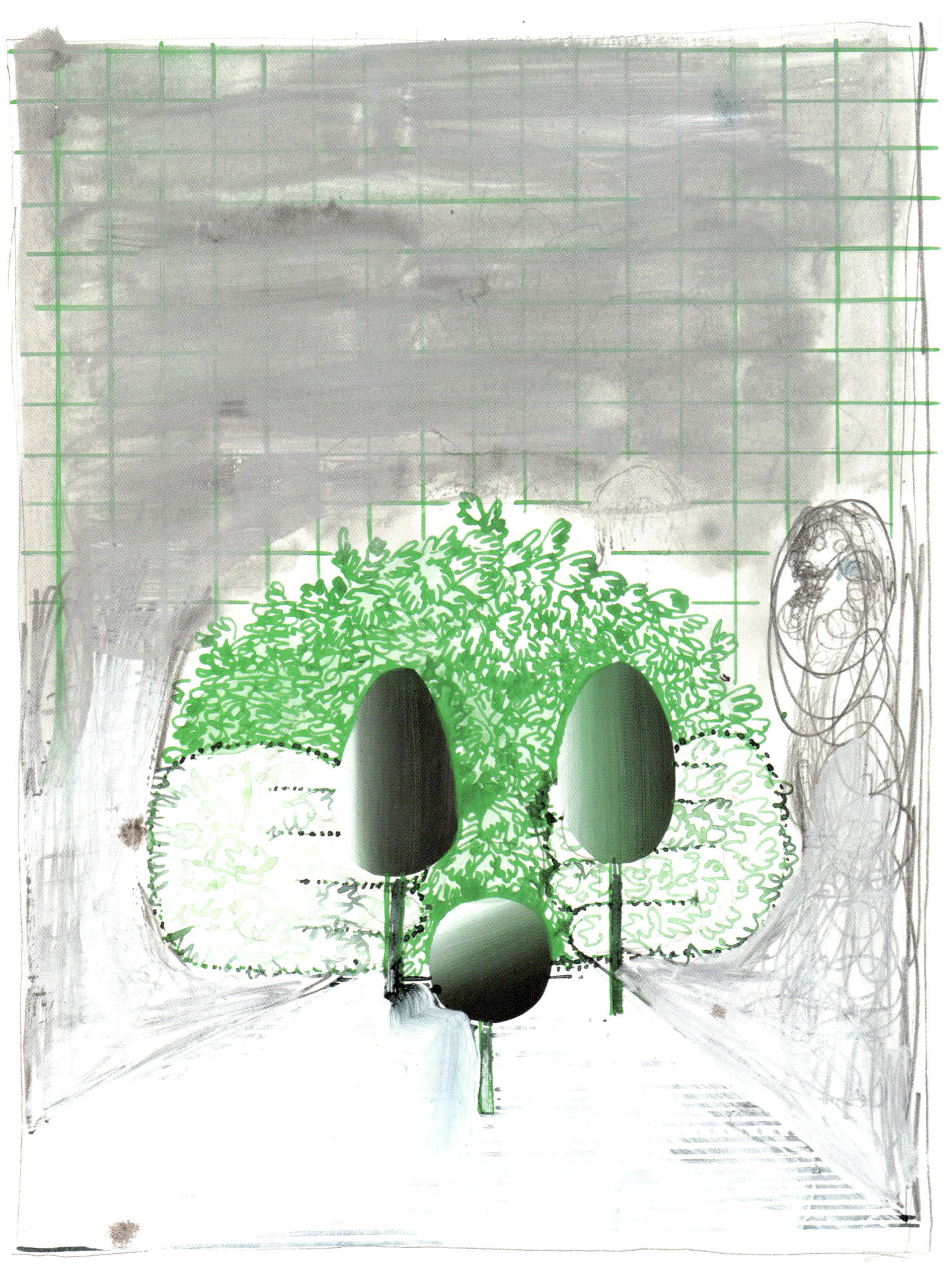
16.7.04

22, 2004
29,7 x 21 cm
Acryl und Bleistift auf Papier

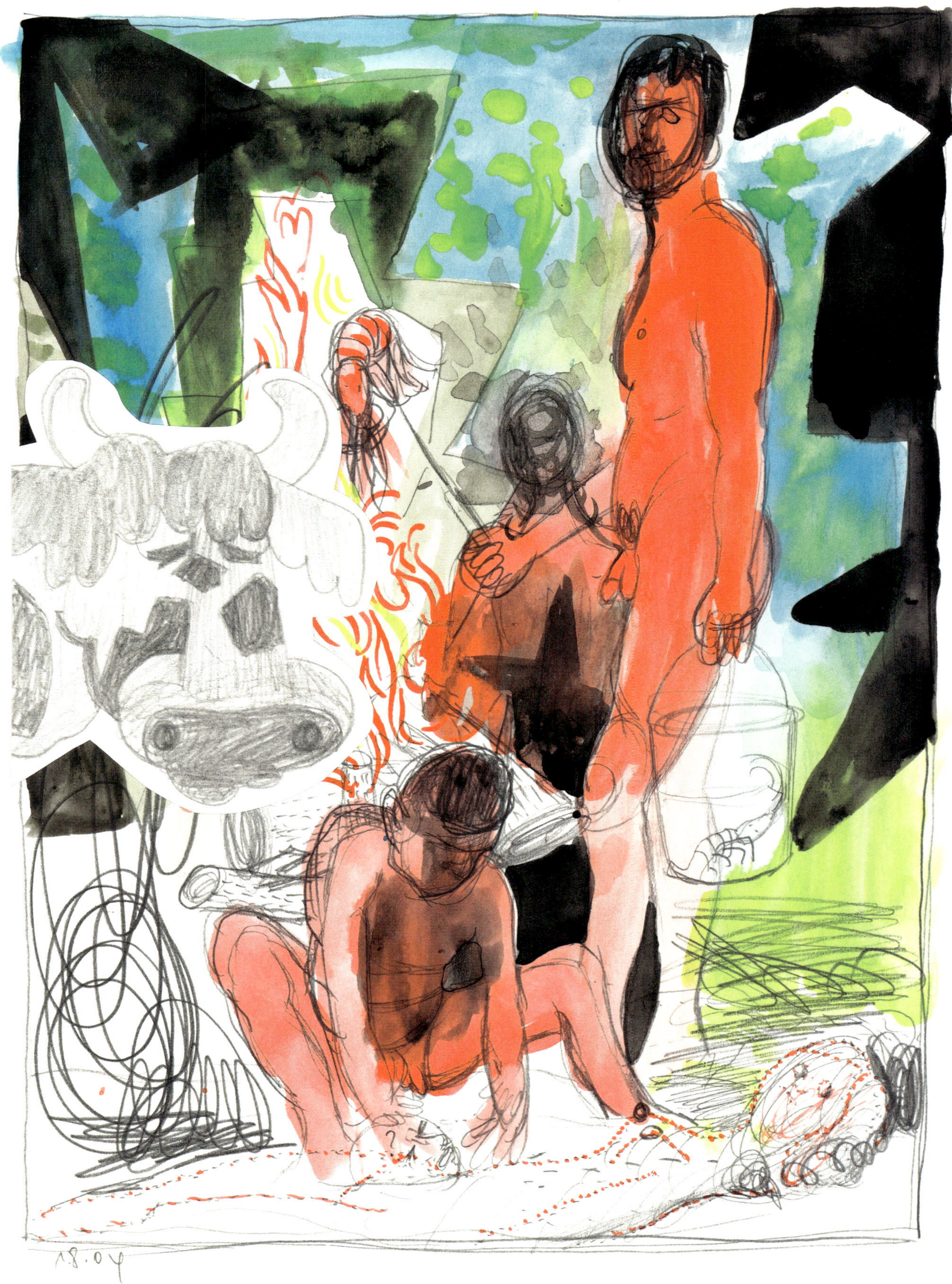
18.04

23, 2004
29,7 x 21 cm
Acryl auf Papier

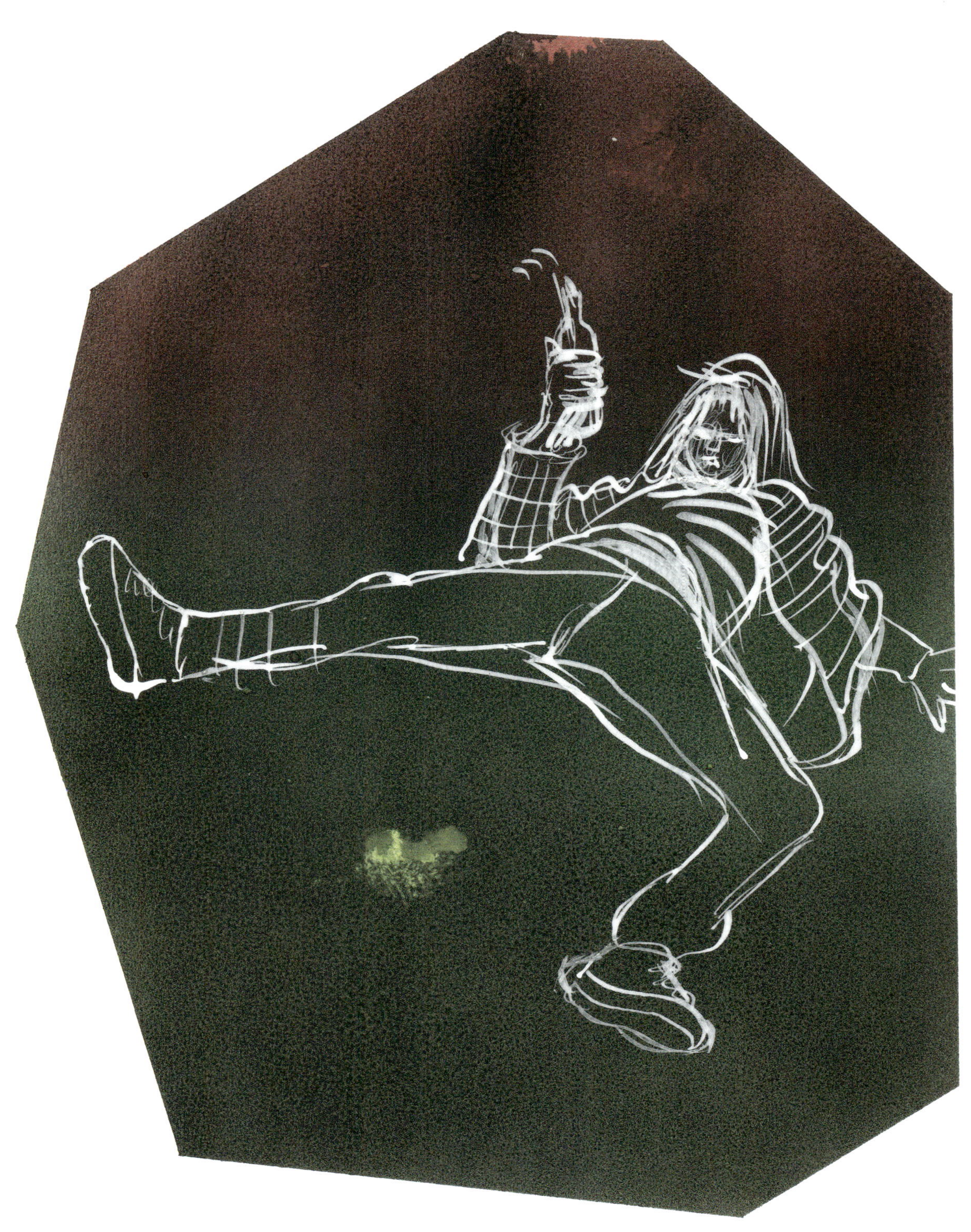
7.8.04

24, 2004
29,7 x 21 cm
Bleistift und Acryl auf Papier

BERNHARD MARTIN

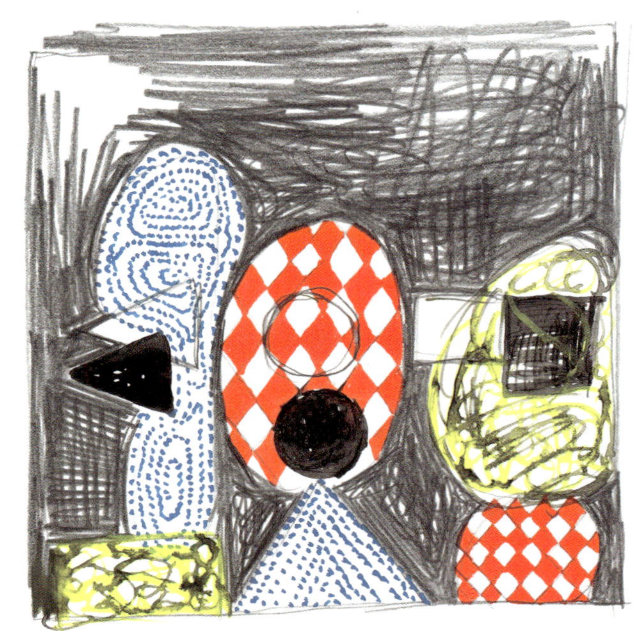

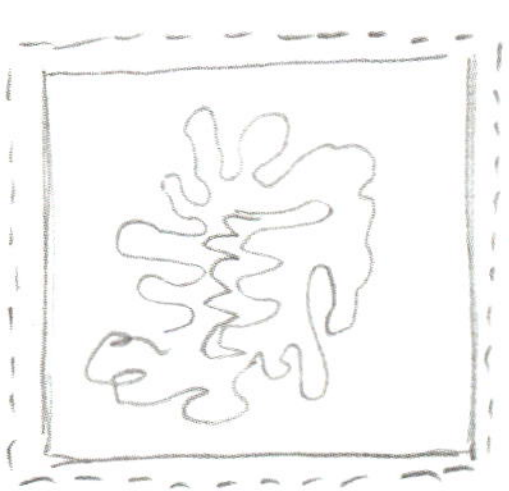

29.7.04

25, 2004
29,7 x 21 cm
Bleistift auf Papier

BERNHARD MARTIN

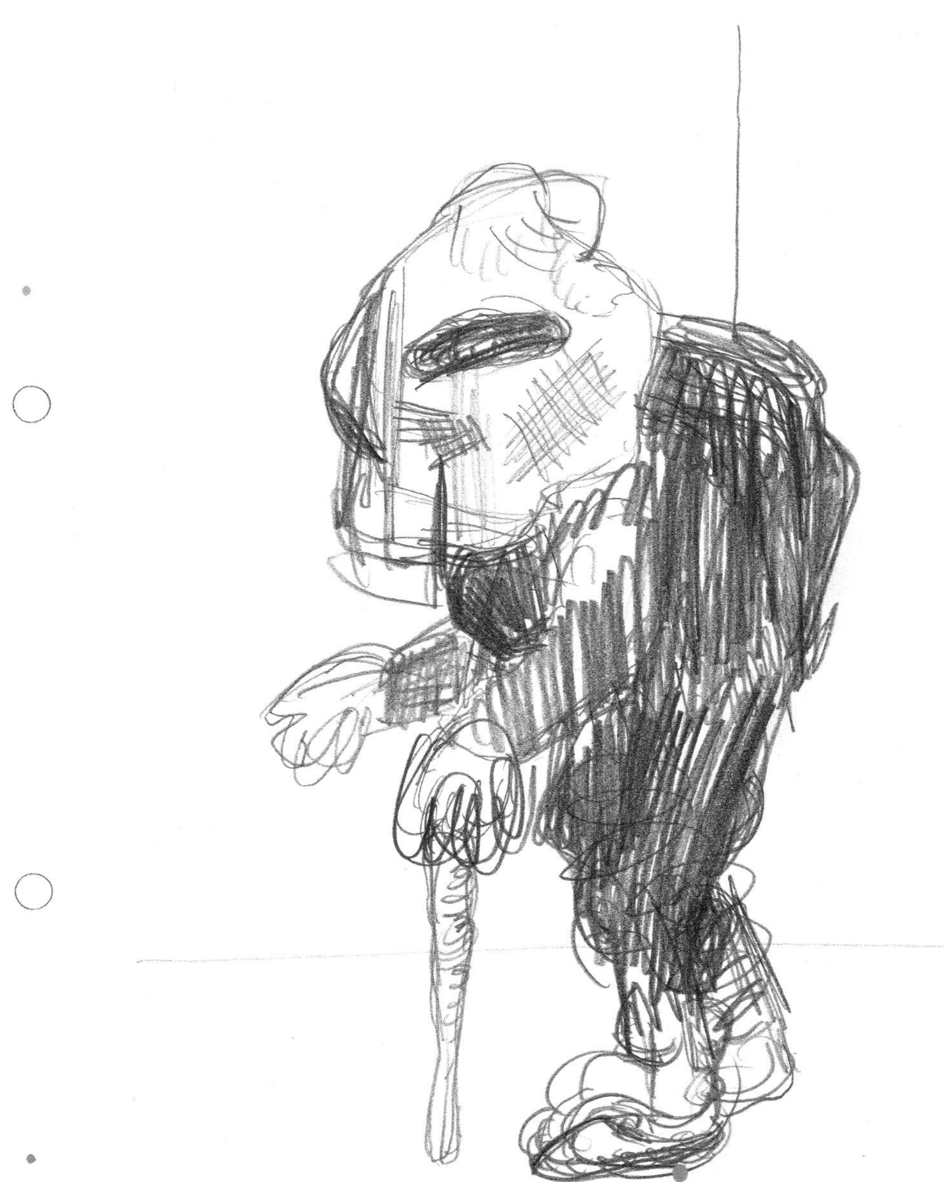

7.7.04

26, 2004
29,7 x 21 cm
Acryl und Bleistift auf Papier

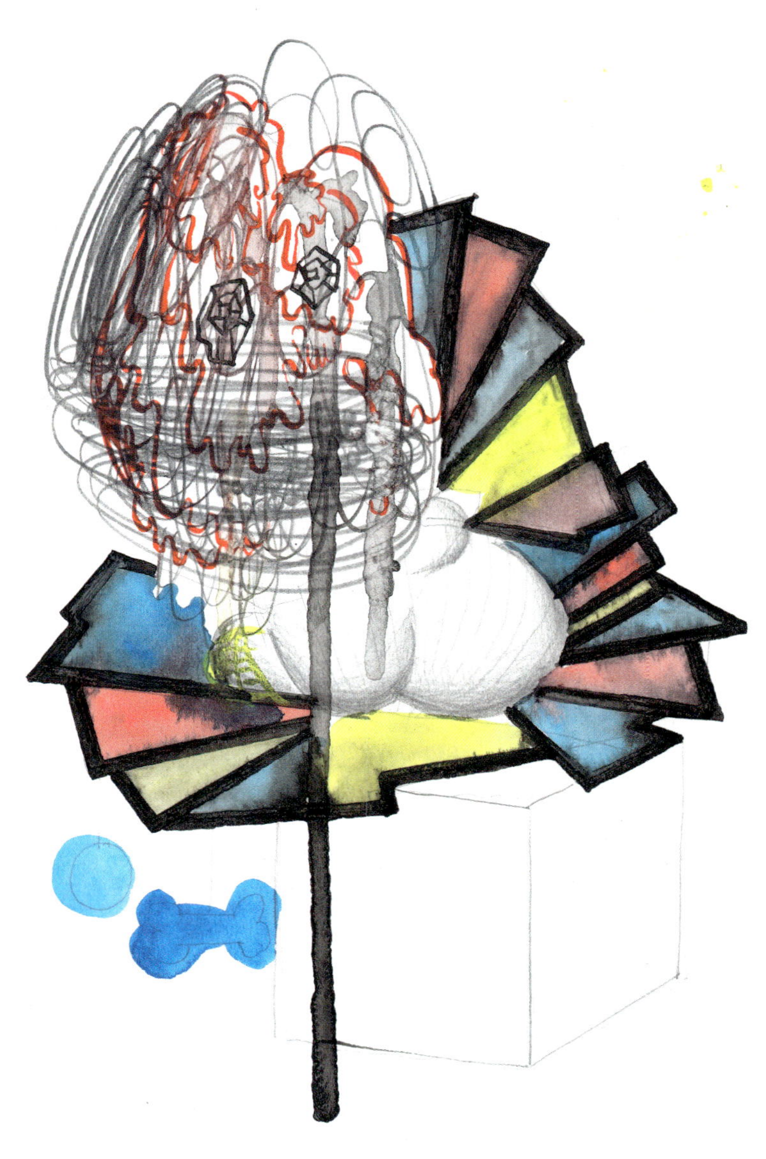

30.7.04.

27, 2004
29,7 x 21 cm
Acryl und Bleistift auf Papier

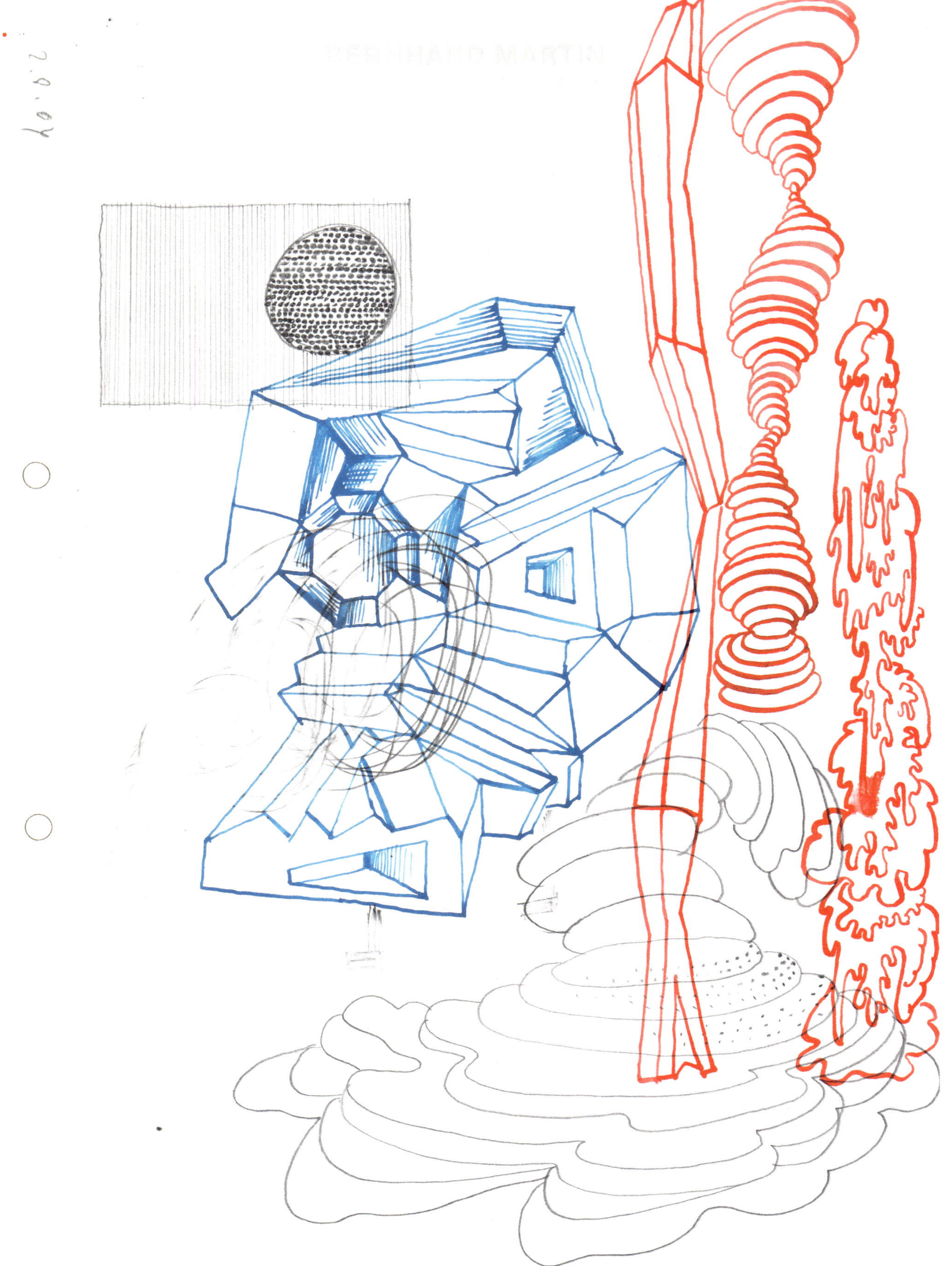

28, 2004
29,7 x 21 cm
Acryl, Bleistift und Collage auf Papier

5.8.04

29, 2004
21 x 29,7 cm
Acryl und Collage auf Papier

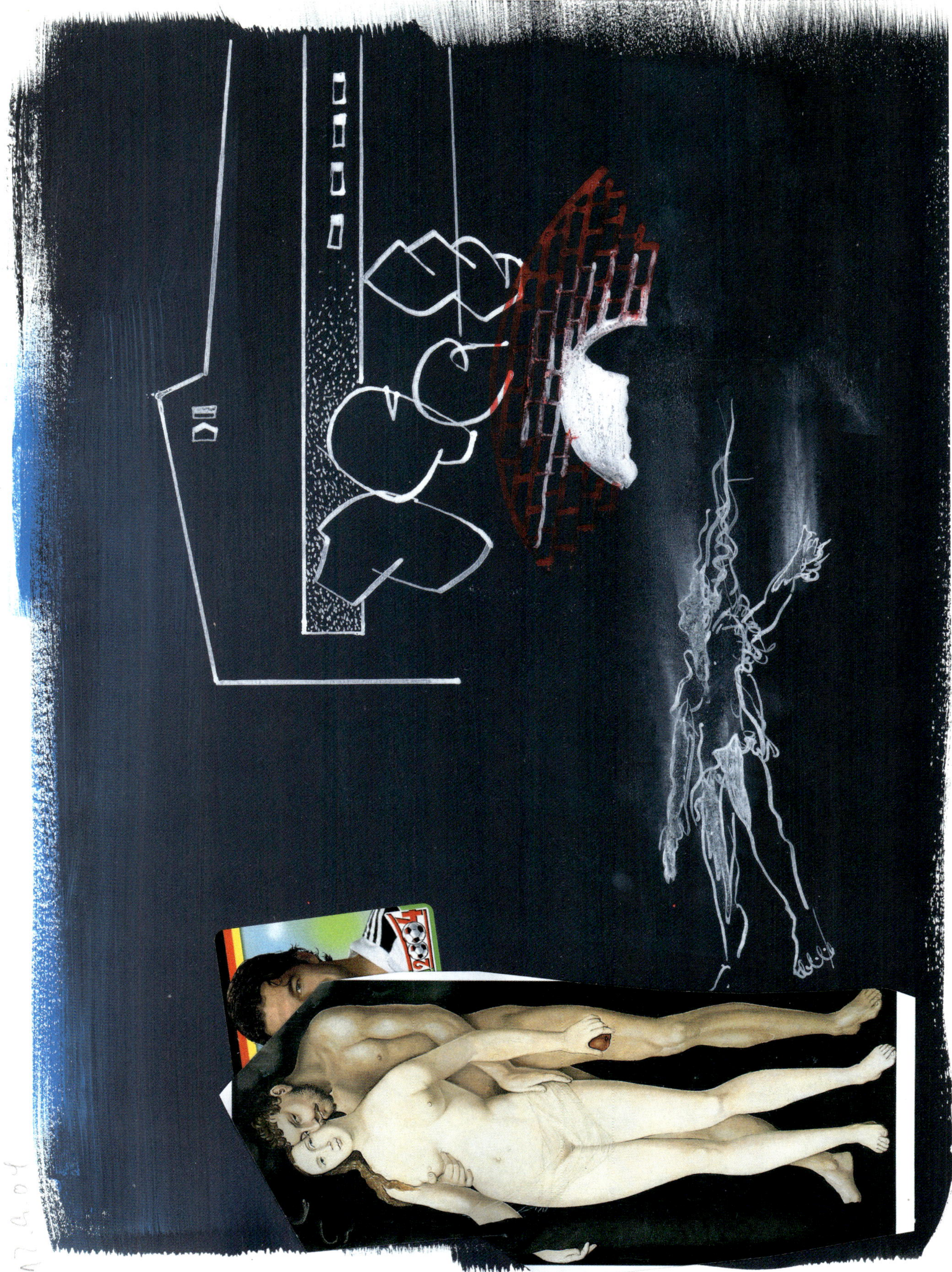

30, 2004
29,7 x 21 cm
Acryl, Bleistift und Collage auf Papier

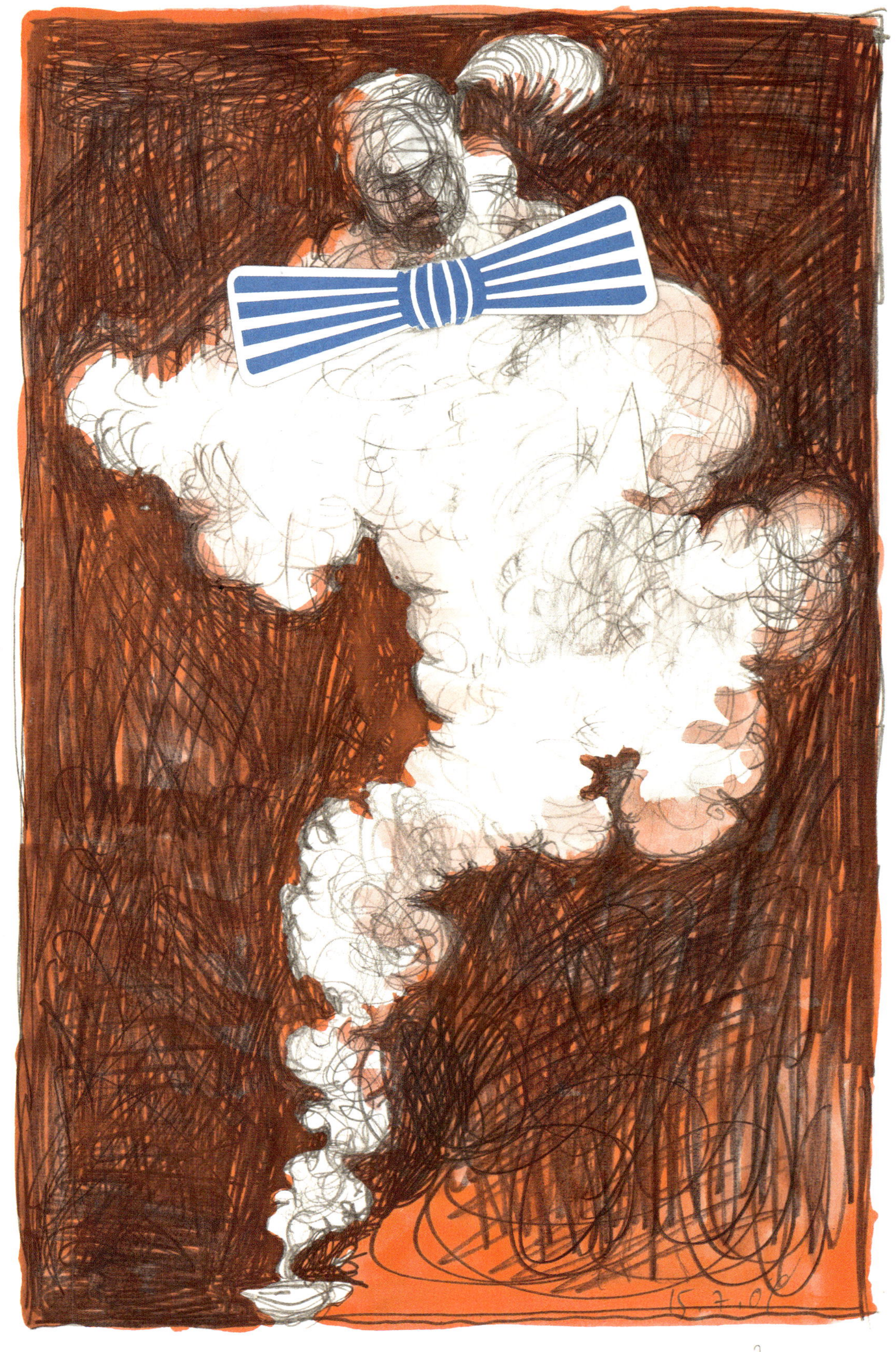

31, 2004
29,7 x 21 cm
Acryl, Bleistift und Collage auf Papier

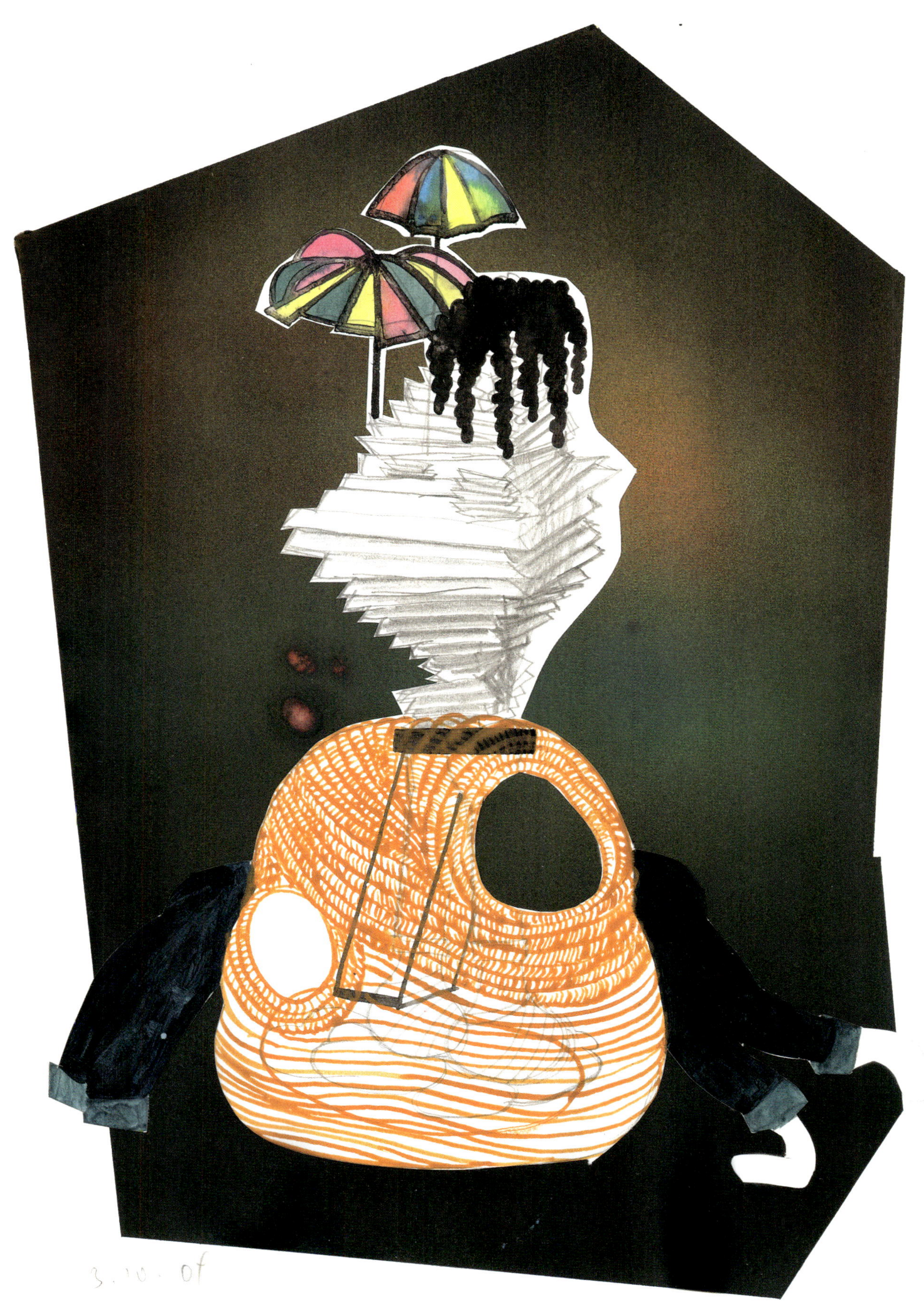
3.10.07

32, 2004
29,7 x 21 cm
Bleistift und Acryl auf Papier

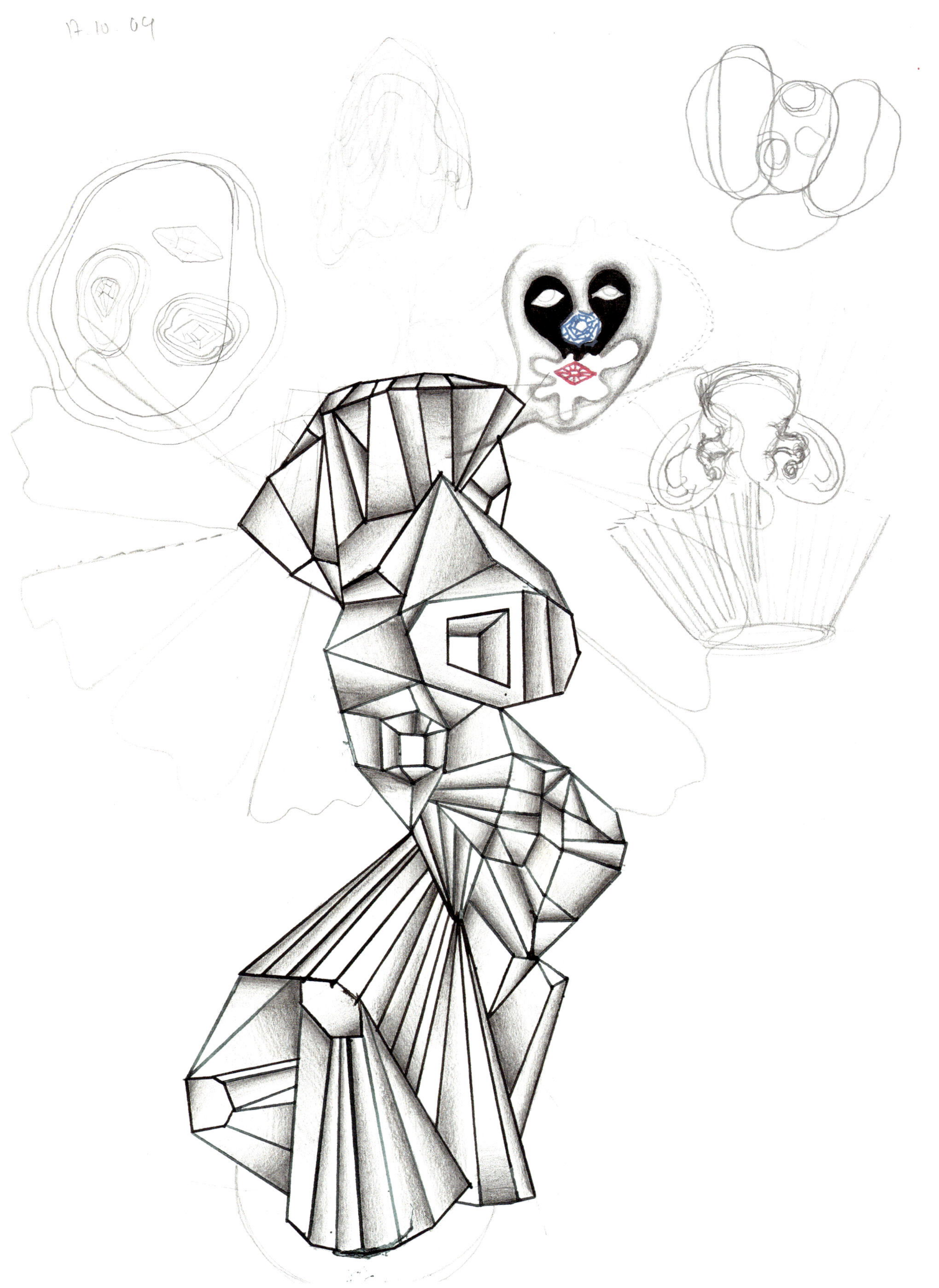
17.10.04

33, 2004
29,7 x 21 cm
Bleistift und Acryl auf Papier

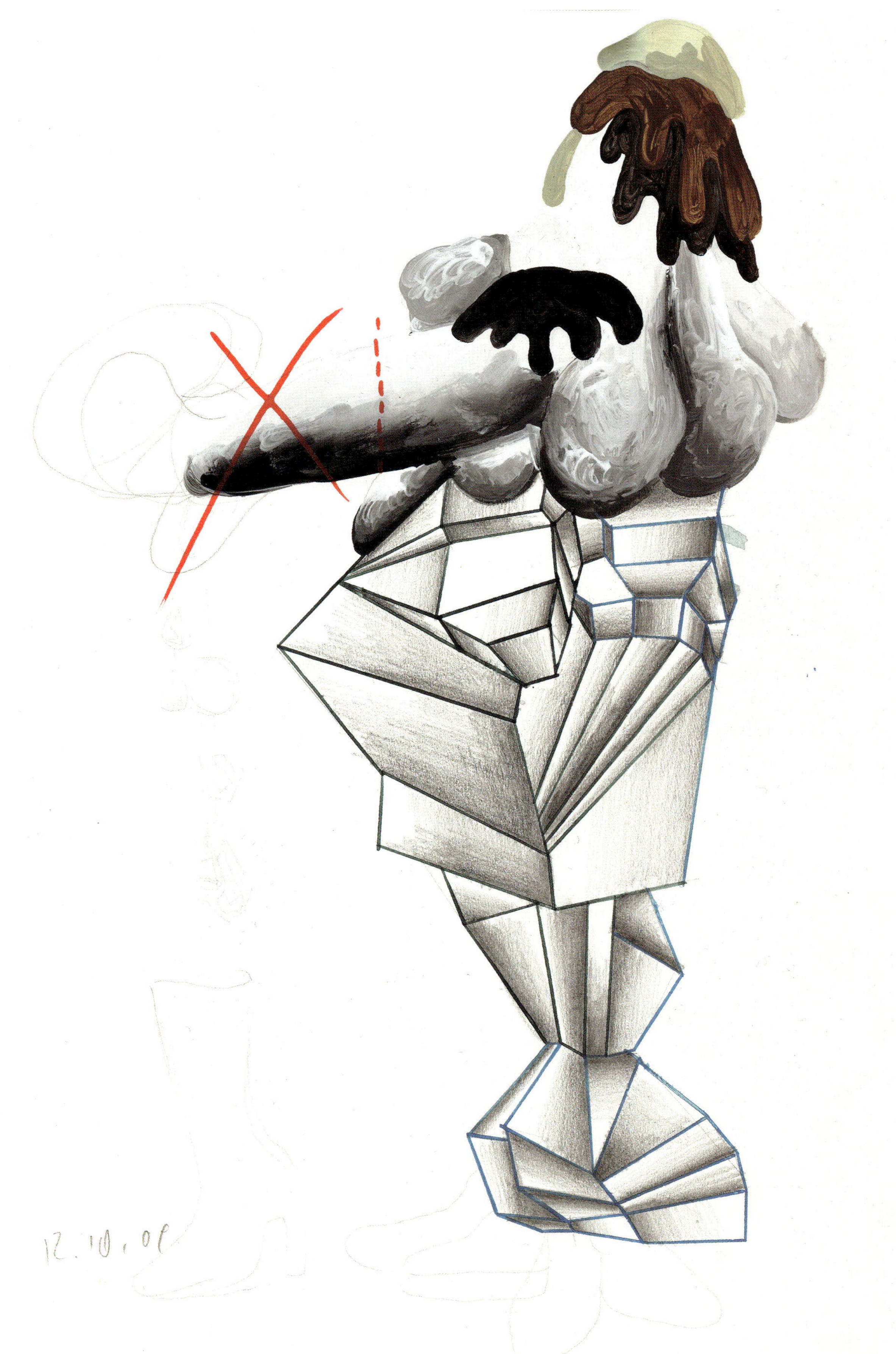

34, 2004
29,7 x 21 cm
Bleistift und Acryl auf Papier

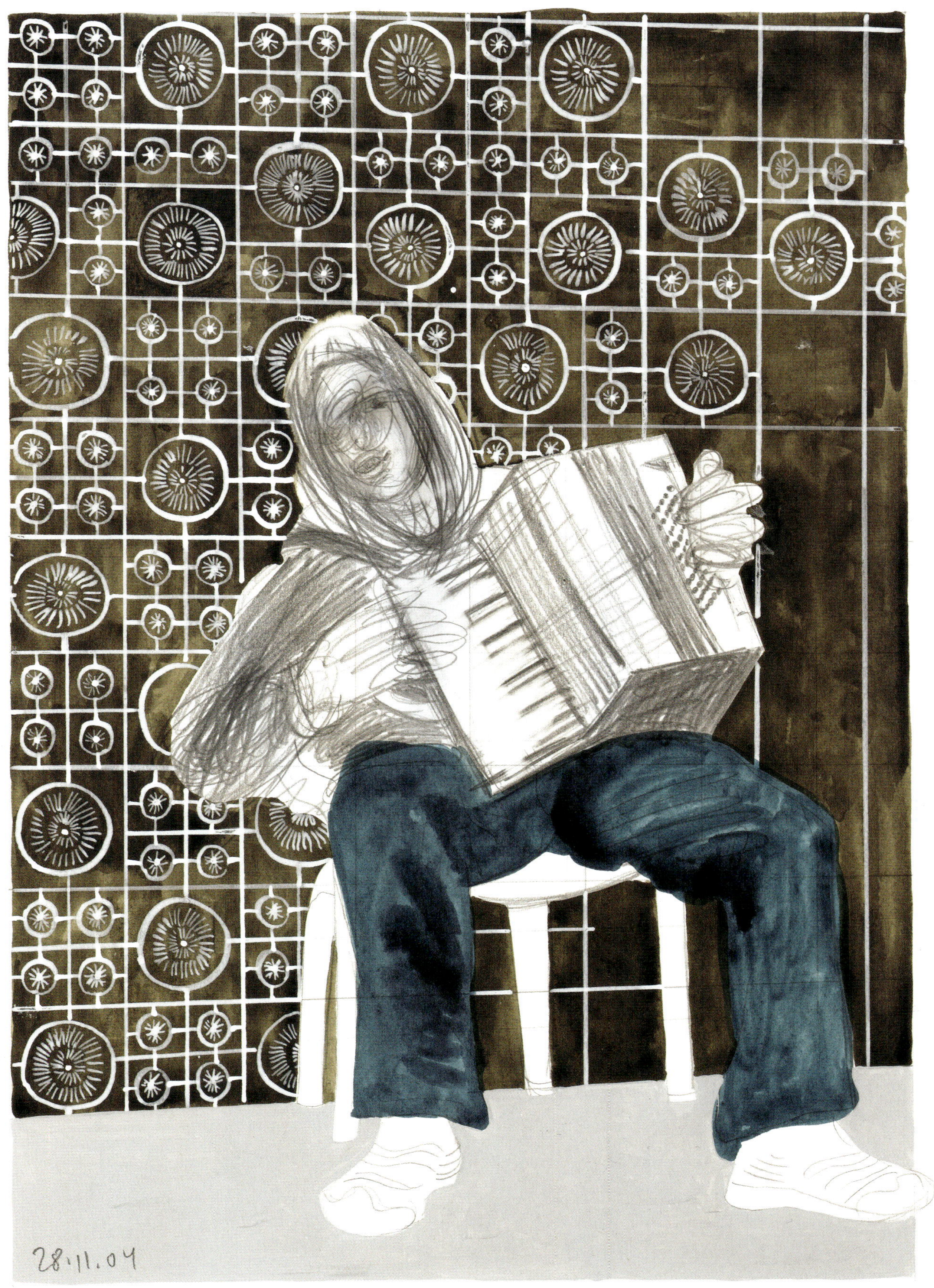
28.11.04

Bernhard Martin
geb. 1966 in Hannover
lebt in Berlin

Laurence Gateau, Director of the National Centre of Contemporary Art Nice and exhibition curator

Alexia Nicolaïdis, Artistic mediator

Die Villa Arson freut sich, einen Beitrag zum Erscheinen dieses Katalogs leisten zu können. Damit wird ein Nachweis für das Interesse dokumentiert, das unsere Institution den Arbeiten von Bernhard Martin entgegenbringt. Im Jahr 2003 hat die Villa Arson dem Künstler Bernhard Martin vier Monate lang ein Atelier als artist in residence zur Verfügung gestellt. Für das Jahr 2005 plant das Staatliche Zentrum für Zeitgenössische Kunst eine herausragende Bernhard Martin Ausstellung (vom 26. Februar bis 22. Mai 2005). Für dieses Ausstellungsprojekt hat Bernhard Martin die Interessensbereiche der Barockzeit durch das Sammeln und durch die erneute Darstellung von Objekten, Fragmenten und Bildern wieder zum Leben erweckt. Dieses Prinzip der formalen Recherchen gilt auch für die Voraussetzungen seiner Auseinandersetzung. Darüber hinaus hat er auch seine persönliche Sammlung der Werke von Gerhard Richter, Sigmar Polke, Frank Nitsche, etc. in die Darstellung seiner Arbeiten miteinbezogen. Bei seinen Objekten und Bildern hat Bernhard Martin eine Verbindung zwischen Altem und Neuem, zwischen dem Banalen und dem Wertvollen hergestellt, weil er die Notwendigkeit verspürt hat, ein Ganzes zu schaffen.
Bernhard Martin präsentiert eine Sammlung von Bildwerken als Symbol für die Konsum- und Freizeitgesellschaft, von Sex und Drogen. Die Geschichte der Kunst bietet ihm dabei ein weites Feld für Recherchen. Er verbindet die akademischen Normen der Porträt-Gestaltung, Genre-Malerei oder Landschaftsmalerei. Auf einer einzigen Leinwand findet man unterschiedliche Bildtechniken und -verfahren und verschiedene Stile und Epochen, die eine labyrinthartige und geheimnisvolle Komposition hervorbringen. Die Darstellung der farbigen Flächen ist fleckenartig, ausgefeilt, mit bildlichen Themen und gerillten Strukturen versehen – und das Ganze wirkt wie eine Einladung zum Flanieren.
Dieser Katalog ist nicht nur eine Kurzfassung der Ausstellung, sondern präsentiert eine Übersicht der Bilder und Zeichnungen der letzten vier Jahre.

Der Maler als Vagabund: Wandernde Quellen im Werk von Bernhard Martin.

Mark Gisbourne
Donnerstag, 16. Dezember 2004

Ich misstraue allen Systematikern und gehe ihnen aus dem Weg. Der Wille zum System ist ein Mangel an Rechtschaffenheit.
FRIEDRICH NIETZSCHE[1]

Nichts ist den Menschen so sehr zu Kopf gestiegen wie die Vorstellung, das Leben sei ein System, das man irgendwie voll ausleben kann. Sie lässt sich im Wesentlichen der Analogie zwischen Mensch und Maschine zuordnen.[2] Für die Ästhetik des Visuellen war diese Idee schon immer zugleich Prämisse des Kunstschaffens und Leitbild zur Kontrolle und Ordnung der menschlichen Affekte,[3] und zu gewissen Zeiten verschrieb sich die Kunst sogar einer pessimistischen Ästhetik mit der Grundvoraussetzung, dass sie selbst eine willentliche Flucht vor der Welt sei.[4] Keine dieser Vorstellungen trifft auf den Maler Bernhard Martin zu: Sein Werk ist mehrstimmig, nicht einstimmig – mit anderen Worten, seine Malereien singen viele Lieder und offenbaren viele Quellen.[5] Bernhard Martin verwendet ein ganzes Spektrum von wandernden Motiven und bringt durcheinander, was man in der Vergangenheit wahrscheinlich in Hohes und Niedriges unterteilt hätte. Doch für ihn besteht darin kein Anlass zur Trauer, sondern zur Freude.[6] Denn die Einstimmigkeit kann immer nur zu einer einzigen Exposition, einem axialen Moment und einem Mittelpunkt führen und ihre Interpretation wird notwendig durchdrungen sein vom Geist des einäugigen Erzählens. Letzteres entfaltet als Rahmenerzählung nicht selten eine umfassende gesellschaftliche oder politische Theorie. Es offenbart außerdem eine angeblich fundamentale Wirklichkeit, die ihrerseits eine herrschende Ontologie oder Methode des systematischen Wissens voraussetzt. Das Bewusstsein wird in dieser Umklammerung reduziert auf eine komplizierte Kette chemischer Reaktionen mit von vornherein festgelegtem Ergebnis. Daraus folgt häufig auch die Unterwerfung menschlicher Vorstellungsgabe unter die Herrschaft der Vernunft.

Bleibt zu klären, warum ich diesen Essay mit einer solchen polemischen Serie von Thesen eröffne. Vielleicht, um gleich hier dem Vorwurf zu begegnen, Bernhard Martins Werk sei eklektisch. Doch vor allem auch um festzustellen, dass eine menschliche Existenz im modernen Zeitalter ihr Selbstverständnis ebenso sehr dem Nebeneinander der Flohmärkte wie der Ordnung einer Enzyklopädie verdankt, wobei eine genauere Untersuchung letzterer im übrigen zeigt, wie idiotisch die willkürliche alphabetische Aufreihung in Wirklichkeit ist.[7] Was ich damit sagen will ist, dass die menschliche Vorstellungskraft in den meisten Fällen vagabundierend und peripatetisch ist, dass sie ebenso sehr dazu neigt, die Welt durcheinander zu bringen, wie dieser Welt eine bestimmte Geschlossenheit aufzunötigen. Daher auch Nietzsches Spruch am Beginn des Essays. Bernhard Martin würde niemals leugnen, wie sehr das Vagabundierende und Peripatetische sein bisheriges Leben bestimmt hat. Er würde auch akzeptieren, dass seine Vorstellungskraft wesentlich aus der Bewegung herrührt. Und so genießt auch in seiner Malerei keine Quelle Privilegien gegenüber irgendeiner anderen - ob es sich um Rembrandt oder Hans Baldung Grien, um Picasso oder Warhol, um die Verwendung von traditionellen Stoffmustern oder Motiven aus Werbung und Produktdesign oder um das Schulbuch eines Kindes handelt. In Bernhard Martins Malerei ist nichts an eine vorher bestimmte Hierarchie gebunden. Daraus folgt, dass es in seinem Werk nicht darum geht, eine bestimmte Ikonographie oder Hermeneutik zu erfassen und die Verwendung eines Motivs aus dessen Vergangenheit abzuleiten, sondern eher darum, mit der Interaktivität zwischen beiden fertig zu werden – denn Interaktivität ist definitionsgemäß dynamisch und beweglich.

Der Maler Bernhard Martin lässt keinen Zweifel daran, dass sein Umgang mit Quellen vom ersten Moment an eklektisch ist: "Das kommt von der beharrlichen Gegenwart der Dinge in der Welt. Auf einer bestimmten Ebene verabscheue ich die Menschen und Dinge dieser Welt, aber auf einer anderen Ebene bin ich von ihnen absolut fasziniert. Und ich arbeite nur mit Sujets, die mich faszinieren. Daher befinde ich mich in einem dauernden Zustand der Verwandlung. Von Jahr zu Jahr, oder sogar von Monat zu Monat, kann ich meine Meinung völlig ändern."[8] An der Entwicklung von Martins Frühwerk lässt sich diese Aussage gut belegen. Es umfasst neben Malereien auch Architekturmodelle (Martin hat sich von Anfang an für Installationen interessiert, die dem jeweiligen Raum seine ursprüngliche Atmosphäre belassen), medizinische Illustrationen, und sogar Steckdosen und Feuermelder.[9] Die fiktiven Darstellungen von Körperteilen in Arbeiten wie *Lasterorgan* (1992) oder *Traumorgan* (1993) sind einerseits phallozentrische oder auch vaginal-uterale Phantasien, andererseits aber reine Abstraktionen. Ausgeführt in Ölfarben auf Leinwand, Holz und Schrauben, verdanken sie ihren surrealistischen Ahnen ebenso viel wie den Illustrationen medizinischer Lehrbücher, auf deren Grundlage sie entstanden sind.[10] Solche fließenden Übergänge zwischen verschiedenen materialisierten Metaphern sind von jeher charakteristisch für Bernhard Martin, denn er strebt nie nach dem Simulakrum als solchem, weshalb die kleinformatigen Arbeiten *Feuermelder* oder *Lichtschalter* (beide1990) auch eher als diskrete Interventionen im Raum zu verstehen sind und nicht als Versuch einer täuschend echten Wiedergabe der Gegenstände selbst.[11] Eine Arbeit wie *Bild ohne Eigenschaften* (1994) lässt sich dagegen nur auf der Grundlage der Pluralität ihrer Verweise und Bezugnahmen verstehen. Dieses Gemälde wirkt zunächst wie eine gigantische Collage aus Bildern des modernen Alltagstrubels.[12] Tatsächlich sind wir jedoch mit einem lateralen Rhizom der postmodernen Assimilierung konfrontiert: mit einer kubistischen Malerei nebst einem Mädchenphoto nebst einer Waschmaschine nebst einer Skyline, oder mit einem Glas Bier neben einer fliegenden Untertasse, oder mit menschlichen Organen, die sich an Kinderzeichnungen drängen, ohne dass irgendein bestimmtes Bild privilegiert oder hierarchisch übergeordnet wäre.[13] Kitschige und intime, sachlich-informative und dokumentarische, private und persönliche Projektionen verborgener Begierden und/oder des allumfassenden Konsums ergänzen sich zu einem Abbild der visuellen Kakophonie unseres Alltags. Daher ist *Bild ohne Eigenschaften* nur scheinbar eine Homage an die Konventionen der Collage (auch wenn der Künstler ab und zu mit dieser Technik arbeitet) und stellt in Wirklichkeit eine Art Litanei oder Plädoyer dar.[14] Für Bernhard Martin vollendet nämlich die Malerei ein Bild, wie es eine Collage niemals könnte.[15] *Bild ohne Eigenschaften* und auch die spätere, wesentlich größere Arbeit *Futterstadl* (2000/2001) leugnen bewusst jede qualitative Abstufung und jeden spezifischen Inhalt, und zwar genau aus dem Grund, dass ihre Entstehung auch nicht mehr von den Alltagserfahrungen des Künstlers auf herkömmliche Weise strukturiert wird. Ähnlich wie Gerhard Richters *Atlas* (1989) enthalten die beiden genannten Arbeiten jede Menge Quellenverweise. Doch sie unterscheiden sich vom Werk des älteren Meisters darin, dass Richter eine schematische und systematische Umsetzung seiner Einfälle und Motive erkennen lässt, während Martin die willkürliche Natur unserer heutigen visuellen Alltagserfahrung betont. Bei ihm ist diese Willkür aber nicht beliebig oder frivol in dem Sinn, dass sie dem Zufall nur um der Zufälligkeit Willen gehorcht. Es ist eher so, dass der Künstler sich von seiner Entdeckung der täglichen Abfälle des Zufalls nachhaltig prägen lässt. Daher auch meine Analogien zum Vagabundentum und zum Flohmarkt, wo sich Verweise auf die Hoch- und Populärkultur ohne Abstufung nebeneinander finden, und das nicht selten in medial reproduzierter Form.[16]

Wie bereits angedeutet, ist es vor allem das Prinzip des Malens, das Bernhard Martin antreibt, wenngleich er daneben andere Materialien und Arbeitsweisen wie Gobelinstickerei, Zeichnung, Möbel, Photographie, Installation und Skulptur als Malerei einsetzt. Gerade die Elastizität der Malerei und ihre Fähigkeit, auf andere Medien Bezug zu nehmen, scheint den Künstler am meisten zu faszinieren, und er versteht sich auch sehr bewusst als jemand, der ihre Grenzen auslotet. Arbeiten wie *Schrank, Torso* und *Waschmaschine* (alle 1994), in Öl auf intarsierter Leinwand ausgeführt, behaupten zwar eine Ähnlichkeit mit bemalten Holzmaserungen, wie sie in den *papiers collés* der Kubisten und bei Magritte ihre Vorläufer haben. Das geschieht hier aber nicht zum Zweck ikonographischer Verweise, oder um historische Wegbereiter zu zitieren. Bernhard Martin würde wahrscheinlich sagen, dass diese Gegenstände schlicht und einfach darauf warteten, gemalt zu werden. Und ob man nun einen Fernsehschirm oder die pixeligen Bilder eines Computers abmalt: Es entstehen kraft der doppelten Lesbarkeit der Malerei immer zwei Welten – die der Quelle, und die ihrer Überführung in eine Malerei. Das Malen kann der Welt Dinge entwenden, sie darstellen, in Verbindung bringen und neu zusammensetzen, weshalb es den Maler auch so sehr überzeugt. In diesem Fall waren die Objektmalereien Teil einer bestimmten Installation. Sie funktionierten zugleich als Objekte mit Bedeutung und als Malereien. Dieser Aspekt interessierte Bernhard Martin bei der Organisation und räumlichen Planung der Arbeit auch am meisten.[17]

Die Ausstellung *Closets* (2000) erschließt uns zwei der wichtigsten Themen in Martins Werk: die private(n) Welt(en) und das gemeinsame öffentliche Erleben von Lust und Unterhaltung. Beide Themen sind Ausdruck einer Widersprüchlichkeit oder Hassliebe in Bernhard Martin, auf die ich weiter oben bereits verwiesen habe. Der Künstler erweckt auf der einen Seite den Eindruck, dass er sich in eine Phantasiewelt zurückzieht, die es nur im Studio geben kann; andererseits lässt er sich aber durchaus auf feierliche Exzesse ein, wie sie die Welt rundherum für ihn bereit hält. Für *Closets* verwendete Martin Möbel von der Art, wie man sie bei IKEA oder MFI finden könnte. Im Raum einer Galerie erwecken diese zunächst den Eindruck einer pseudo-minimalistischen Ästhetik. Öffnet man die Möbel, so taucht man etwa bei *Single Disco – Whisper Club* (1999) und *Kings Corner* (2000) ein in die nächtliche Welt der Discos, Go-go- und Lapdance-Clubs. In der Kommode von *Private Beach* befindet sich ein Strand in ausgeklügelter Beleuchtung und eine digital generierte Strandszene. *Private Beach* erinnert in mancher Hinsicht auch an frühe Arbeiten von Martial Raysse, denn indem darin eine Strandmatte und ein echtes Handtuch vorkommen, spielt diese Arbeit auf ähnliche Weise mit den durchlässigen Grenzen zwischen Phantasie und Realität.[18] Zwei Jahre später hat Martin die *Hasenbar* (2002) als Teil eines Festivalprojekts gestaltet. Diese Bar erinnerte von außen an Bienenstöcke oder Schokoladenkuchen und handelte von einer phantastischen Fluchtwelt zwischen Dreidimensionalität und Oberfläche, zwischen skulpturaler Tiefe und Flächigkeit der Malerei.[19]

All das deutet bereits an, worauf dieser Essay letztendlich hinausläuft: dass hinter allem, was Bernhard Martin zum Ausdruck bringt, die Malerei steht. Dem entsprechend hat er in den letzten fünf Jahren fast ausschließlich gemalt, und auch wenn andere Medien gelegentlich zur Anwendung kommen, so dienen sie doch nur der Klärung von Fragestellungen, die sich für den Künstler aus der Malerei ergeben. In einer Arbeit wie *Smoking Area* (2003) kann man die konsequenteste Umsetzung all dessen erkennen, was hinsichtlich Martins Umgang mit Ressourcen weiter oben gesagt worden ist. Die rechte Tafel ist ein regelrechtes Kaleidoskop der Verweise, von einer Gris-artigen Holzmaserungsstruktur auf der Linken bis hin zu einer Gerhard Richter anmutenden Kreuzschraffur auf der Rechten und dem ebenso kitschigen wie sentimentalen blonden Kopf einer Raucherin in der Mitte. Dagegen enthält die linke Tafel einen Teller Spaghetti und ein Geschirrtuch, Grattage-Blumen, wie man sie von Max Ernst kennt, außerdem eine merkwürdige schwarze Kopfform mit je einer quadratischen und einer rechteckigen Augenhöhle, und die verkehrte grüne Form eines Herzens oben auf diesem Kopf. Entscheidend dabei ist, die Vielfalt der Mittel bei der Artikulation der Formen zu erkennen, denn hier wird besonders deutlich, wie der Künstler unzählige verschiedene Zeichen setzt, um die Unterschiedlichkeit seiner Formensprachen und Verweise wiederzugeben. Der Einsatz von flächigem oder dichtem Farbauftrag dient dann etwa dazu, Spannung in seinen Bildern zu erzeugen. Das gilt nicht zuletzt für eine Arbeit wie *Movie* (2004): Hier erscheint ein Dürer'sches Nashorn (in voller Textur und Facture) in der Bildmitte hinter einem Balthus'schen liegenden Mädchen in Airbrush-Technik, das mit gespreizten Beinen liest, und neben einem nur angedeuteten nackten jungen Mann im Vordergrund links, dessen Hand in die pixelige Oberfläche einer Sandskulptur getaucht ist, die sich quer über den Vordergrund ausbreitet. Dieses Bild enthält eine Fülle von Zeichen und Symbolen, darunter einen Hummer auf einem Spieß, den ein weiterer männlicher Akt trägt, dessen Körper farbig changiert; außerdem einen üppig behaarten, skizzierten männlichen Torso, ein Feuer, eine Explosion, eine Silhouette, sowie zwei Augen im Dunklen. Kurz und gut, das Bild ist eine Kakophonie der Fragmente, die ohne jede Erzählung nebeneinander stehen – und sollte es doch eine narrative Struktur geben, so wäre sie vielleicht die eines Cut and Paste, das sich aus einem ganzen Filmarchiv bedient. Unwillkürlich muss man dabei an Filme wie *Who Framed Roger Rabbit* und *Mary Poppins* denken. Darin liegt die eigentliche Bedeutung dieser Arbeit, denn wir sind hier mit einer Welt nicht-linearer Assimilierungen konfrontiert, die übergeht in die post-narrative Welt eines Mischmaschs von Sinnesereignissen. Vertraute Konventionen der symbolischen Bedeutung sind zusammengebrochen. An ihrer Stelle finden wir unabgeschlossene Reihen von Chiffren, die auf irgendetwas hinweisen, ohne dass man jemals genau wissen könnte, worin dieses Etwas besteht.

Martins Malerei untergräbt vor allem jede einfache oder allgemeine Übereinkunft hinsichtlich Interpretation und Bedeutung. Sobald ein Element erkannt ist, löst es sich durch das, was neben ihm steht, sofort aus dem Zusammenhang seiner ursprünglichen Ikonographie. Man könnte meinen, das eine beziehe sich auf Pop Art, das andere auf Surrealismus oder Informel, auf die Ikonographie der Antike und der Renaissance, und so weiter. Aber Martins Malerei gestattet uns keine so bequeme Rast, und der Künstler geht wie ein ruheloser Rumtreiber immer weiter. Die Hodgkin'sche Welt eines Bildes wie *Schnupfen* (2003) erscheint weit entfernt von einem Gemälde wie *Heroïne* (2004), und man glaubt kaum, dass beide Arbeiten vom selben Künstler stammen. *Schnupfen* ist ein Bild wie ein Fenster. Eine stilisierte Lampe steht auf dem Fensterbrett, und eine riesige, abstrakte Nase zur Linken zollt dem Titel Tribut. Letztere erinnert auch an eine schwere Grippe, die der Künstler unmittelbar nach seiner Ankunft in Nizza hatte. Einmal mehr zeigt sich, wie Martin biographisches und anderes Material auf merkwürdige Weise verflicht. *Heroïne* ist ein Bild von Traum und Sucht, eine phantastische Welt der Aura und Halluzination, der Stilisierung und der abstrusen Projektionen. Der Gegensatz zwischen den beiden Arbeiten mag auf den ersten Blick wie eine Art visuelle Schizophrenie erscheinen. Tatsächlich ist er aber eine Form des ästhetischen Nomadentums.[20] Denn der ästhetische Nomade greift immer auf das zurück, was ihn unmittelbar umgibt. Er ist ausdrücklich ein Jäger und Sammler von Bildern und nimmt, was immer gerade zur Hand ist. Während das menschliche Gedächtnis akkumuliert, lässt sich der peripatetische Charakter dieses Verfahrens nur in der Bewegung und im Prozess des Schaffens realisieren.

Das verhindert aber nicht, dass einzelne Arbeiten eine gewisse inhaltliche Tonalität besitzen, oder dass sie auf verschiedene Art und Weise miteinander in Beziehung stehen. *Wunschvorstellung vom Idealzustand* (2004) lässt sich durchaus mit *Toulouse* (2004) in Verbindung bringen, und zwar nicht nur, weil beide Arbeiten dieselben Goya'schen Inhalte und Formate aufweisen, sondern weil vermutlich auch die Gefühle, die sie hervorrufen, identisch sind. Andererseits ist es schwierig, die nächtliche Szene im Hintergrund von *Fred The Bear* (2002) mit diesen neueren Arbeiten in Verbindung zu bringen. *Fred the Bear* (bzw. Bärenhaut) ist ein Interieur, in dessen Vordergrund große gemalte Scherenschnittblumen eindringen. Diese erinnern weniger an Goya als an Matisse – wobei es schwerfällt, sich diese beiden Künstler in so enger Nachbarschaft vorzustellen. Und dann gibt es Arbeiten wie *Entrée* und *Le Garçon de la Maison 34* (beide 2004), die zwar das Thema des Partyfeierns und der Geselligkeit im Café (neben gewissen Aspekten in der Ausführung) gemein haben, die sich aber sehr deutlich zu unterscheiden beginnen, sobald man ihre Inhalte näher untersucht. Im zweiten Bild zeigt eine Art moderner Eva (mit Anleihen bei der Tradition von Hugo von der Goes oder Cranach) auf ein Paar in einem Café, hinter dem eine Karikatur des "Garçons" steht, wie man sie vielleicht in einem Kinderbuch finden würde. Über all dem wacht eine nackte Madonnenfigur im Hintergrund und eine gemalte Scherenschnitt-Figur im Bikini ganz vorn. Das Bild *Entrée* ist dagegen ein mit Pseudo-Designelementen angefülltes Interieur, in dem eine schwebende oder wie an Schnüren herabgelassene (und, wie man annimmt, betrunkene) Frau mitten im Raum und mitten im Bild eine leere Weinflasche loslässt. Erst beim näheren Hinsehen entdeckt man auch die schwachen Umrisse eines ansonsten unsichtbaren Mannes, der seine Hand an den Rock der Frau legt.

In vielen seiner neueren Bilder stellt Martin erkennbare figurative Darstellungen neben Comicfiguren und zeitgenössische werbegraphische Elemente. In *Tag der Röcke* (2003) marschiert etwa eine karikierte Kaffeekanne (Duchamps Kaffeekannen-Witz ist diesem Künstler nicht entgangen) von rechts nach links mitten durch das Bild, vorbei an einem Yogi. Im Vordergrund sehen wir eine makellose Rothaarige in Tanktop und Minirock, die Seifenblasen pustet. Eine Frau Oben-Ohne und ein Mann klimpern auf einem Sofa in der Mitte rechts auf ihren Gitarren ohne Saiten, während dahinter eine Comicfigur die Hände vor ihren Bauch hält. Das Bild ist ebenso sehr Traum wie Substanz. Zwei visuelle Welten kollidieren darin, aber sie tun dies auf eine Art, die wiederum dem Kino verpflichtet ist, denn im Film ist die Mischung solcher unterschiedlichen Genres inzwischen üblich. In *Wohngemeinschaft* (2003) entsteht eine ähnliche Resonanz, wenn ein Jim Morrison-Typ auf einer elektrischen Gitarre schrammelt, davor eine gähnende, spektrale Comicfigur erscheint und eine frei schwebende Frau im Minikleid mit gerade noch erkennbarem Schambein neben einem Wäschekorb ebenfalls auf der Gitarre spielt, das Ganze vor einer merkwürdig hockenden Miro'schen Figur eines Malers und Anstreichers. Wie ein Wachposten steht ein Kind vor dieser entfremdeten Familie in den schwülen Nachwehen der Sechzigerjahre und hält den Blickkontakt mit dem Betrachter. Urteilt hier ein Mädchen über den Mann, und zwar als Chiffre der Realität inmitten jener Traumwelt von Vergangenheit, in der seine Eltern lebten? Es wäre riskant, sich solchen Spekulationen hinzugeben. Unbestreitbar dagegen ist, dass das Bild nach einfachen klassischen Kompositionsprinzipien aufgebaut ist. Seine verwirrende Wirkung entsteht einzig aus der Zusammenführung von Themen, die nicht unmittelbar miteinander in Verbindung zu bringen sind. Dasselbe könnte man von Arbeiten wie *Il Fratello del Giardiniere* (2002) und *WG 2* (2003) behaupten, denn auch hier kollidieren auf dieselbe Art widersprüchliche Bildelemente.

In *Indicazione geografica tipica* (2003) steht eine Kinderzeichnung gemeinsam mit einer Zeichnung von Hippies oder Rockern und einem darüber schwebenden Gestirn im Mittelpunkt einer Unterwasserwelt. Das erinnert uns daran, dass Martin nicht nur Schulbücher für den Sportunterricht illustriert hat, sondern dass viele seiner frühesten Kinderzeichnungen noch immer in seinem Besitz sind. Er ist jemand, der trotz der vielen Streifzüge des Erwachsenenlebens aus seiner Sammlung visueller Erinnerungen so gut wie nichts abgibt. Tatsächlich versteht Martin die Welt, indem er Dinge mit den Augen erfasst, und das Kind im Erwachsenen zieht sich als ein immer wiederkehrendes, eingewobenes Thema durch sein Werk. Nur ist dieses Kind nicht unschuldig, sondern von den barocken Dramen geformt, denen Martin schon als Kind in den Museen begegnet ist. Seine allererste Zeichnung hat er nach einem Porträt von Rembrandt gemacht. *Blue Eyes, Red Nose* (2004) presst einerseits einen flüchtig hingeworfenen, fleckenartigen Kopf und eine Nase auf ein Arp'sches biomorphes Feld, doch als Haupthandlung erkennt man einen brutalen Mord und wird darin an den Realismus des 19. Jahrhunderts erinnert. Auch hier begegnen wir einem Paradoxon vieler Werke Bernhard Martins. Denn was uns einerseits als eine sehr postmoderne Schichtung von unzusammenhängenen Themen und Motiven erscheint, ist andererseits sehr klassisch, sehr traditionell und sogar folkloristisch in der Herangehensweise.

Der austauschbare Einsatz von Elementen, die man normalerweise mit einem spezifischen Medium verbindet - etwa dem Scherenschnitt - findet für Bernhard Martin erst in der Malerei zu einer Bedeutung. Eine Arbeit wie *Unterholz* (2003) wirkt auf den ersten Blick wie eine Collage, denn die Einzelteile scheinen ausgeschnitten wie die Teile eines Puzzles. Das Ausschneiden allein würde allerdings keine Freiheit in der Gestaltung subtiler Übergänge zwischen den einzelnen Elementen erlauben. Das ist etwas, das nur die Malerei zulässt. Martin hat zwar durchaus auch mit dem Übermalen von Collagen experimentiert, fühlt sich davon aber weniger überzeugt als von der Malerei. Und wie bereits erwähnt, lohnen seine unterschiedlichen Methoden des Farbauftrags eine genauere Ausarbeitung und Untersuchung. Schon deren bloße Vielfalt ist erstaunlich. In einer Arbeit wie *Quartier de la Gare* (2003), die vom Rotlichtviertel rund um den Frankfurter Bahnhof inspiriert ist (auch diese Verlagerung von Motiven ist bei ihm nichts Ungewöhnliches), findet man einen klotzigen und schleifenden Pinselstrich, der an Hoffmann oder Richter erinnert, und darüber vor blauem Hintergrund einen Graphismus, der hauptsächlich Martins Interesse an kindlicher Kunst und Materialverwendung, an Wachsmalereien und Kartoffeldrucken entspringt. Ob gekratzt, ob dick oder dünn aufgetragen, die Maltechniken bilden eine Polyphonie der Ausdrucksmittel, entsprechend der Verschiedenartigkeit der verwendeten Motive. Auch die Genres kollidieren: Von der Pseudofolklore in *Acker* (2004) bis hin zur Ironie in *La Bocca della Verità* (2004). Im zweiten Bild sitzt ein in sich zusammengesunkener Obdachloser vor einer Tunnelöffnung. Die Kirmes-Attraktion im Titel nimmt als Analogie ganz einfach den traditionellen Topos des Brunnens oder Grotteneingangs wieder auf. Wenn das der Mund der Wahrheit ist, dann hat der Betrunkene ihn mit Sicherheit noch nicht gefunden und bleibt deshalb ausgeschlossen.

Aber solche Interpretationen sind, wie nach meinen Ausführungen über Bernhard Martins Herauslösung von Bildern aus der Welt klar sein dürfte, nie mehr als Spekulation. Denn es gibt je nach Betrachtungsweise die unterschiedlichsten persönlichen oder öffentlichen Konnotationen. Und doch ist Bernhard Martin das, was Louis Aragon von den Surrealisten behauptete, nämlich ein "chasseur des images", ein Jäger und Stöberer nach Bildern, seien sie nun elitär oder banal. In einer Malerei wie *These Wonderful Ten Minutes Alone* (2002) stehen wir vor einem Gang oder Korridor mit einem Fenster am Ende. Zwei Liebende sind vom ununterbrochenen Fließen des Pinselstrichs lustvoll skizziert, und vorne links beobachten merkwürdige, an fleischfressende Pflanzen erinnernde Pflanzen die Paarung. Der Gemeinplatz, das Phantastische, die Konventionen von Bildern in Bildern, der sich nach hinten verjüngende Teppich und die entsprechende Abstufung der Farbe der Wand verleihen dem Bild einen sinnlichen Fluss. Wir stehen vor einer Welt der Indizien, der Andeutungen und Referenzen, vor einer Malerei, die erst noch zu einer Malerei wird. Vielleicht ist das ja letztlich der Grund dafür, dass Bernhard Martin in der Hauptsache und mit ganzer Leidenschaft Maler ist. Denn die Malerei ist für ihn immer ein Stück weit unerreicht, sie muss erst noch geschaffen und überarbeitet werden. Das visuelle Vagabundieren seiner täglichen künstlerischen Praxis steht weitgehend im Einklang mit der Wirklichkeit, in der er lebt, und man könnte behaupten, dass es darüber hinaus dem allgemeinen Tenor unserer heutigen Wahrnehmung der Welt entspricht. Die systemischen Ansätze in der Moderne betrachteten die Malerei als Ende (am Ende). Sicherlich ein vollkommenes Missverständnis wie Malerei in Wirklichkeit im Kopf eines Malers funktioniert. Für den Maler, so würde Bernhard Martin sagen, besteht die Wahrheit der Malerei in Wirklichkeit darin, dass sie immer erst am Anfang ist.

1 FRIEDRICH NIETZSCHE, "SPRÜCHE UND PFEILE", 26, IN: D.S., *GÖTZENDÄMMERUNG*, ODER WIE MAN MIT DEM HAMMER PHILOSOPHIERT, INSEL VERLAG, FRANKFURT/ MAIN 1985, S.14.

2 "DER MENSCH IST EINE SO KOMPLIZIERTE MASCHINE, DASS ES UNMÖGLICH IST, VON VORNHEREIN EIN KLARES VERSTÄNDNIS DER MASCHINE ZU ERLANGEN – UND DAHER AUCH UNMÖGLICH, SIE ZU DEFINIEREN" (JULIEN OFFRAY DE LA METTRIE, *L'HOMME MACHINE*, 1748). DIESE CARTESIANISCHE TRADITION WURDE AM SCHLÜSSIGSTEN VON HENRI BERGSON IN SEINEM BUCH *DIE KREATIVE EVOLUTION* VON 1907 KRITISIERT. AN DER SCHNITTSTELLE ZWISCHEN NEUROPHYSIOLOGIE UND BEWUSSTSEINSTHEORIE ERLEBT BERGSON IN DEN LETZTEN JAHREN EINE BEMERKENSWERTE RENAISSANCE, NICHT ZULETZT DANK DER SCHRIFTEN VON GILLES DELEUZE.

3 MAN KÖNNTE BEHAUPTEN, DASS DER LETZTE DERARTIG UMFASSENDE VERSUCH VOM MINIMALISMUS FORMULIERT WORDEN IST (VOR ALLEM IN DEN KÜNSTLERISCHEN POSITIONEN VON DONALD JUDD, FRANK STELLA UND MEL BOCHNER). VGL. LAWRENCE ALLOWAY, "SYSTEMIC PAINTING", MEL BOCHNER "SERIAL ART, SYSTEMS, SOLIPSISM", RICHARD WOLLHEIM, "MINIMAL ART", IN: GREGORY BATTCOCK (HG.), *MINIMAL ART: A CRITICAL ANTHOLOGY*, NEW YORK, 1968, S. 37-60, 92-102 UND 387-399.

4 DAS WAR IN JEDEM FALL DIE HALTUNG SCHOPENHAUERS. VGL. DS., *DIE WELT ALS WILLE UND VORSTELLUNG*, DIOGENES VERLAG, ZÜRICH. 1977, BD. 1, ERSTER TEILBAND, 3. BUCH.

5 DIE VERWENDUNG DIESER MUSIKALISCHEN METAPHERN STÜTZT SICH AUF SCHOPENHAUER. VGL. OBIGE ANM..

6 DIE BEGRIFFE "HOCH" UND "NIEDRIG" (HIGH AND LOW) FOLGEN HIER DEN AUSFÜHRUNGEN VON KIRK VARNADOE, *HIGH & LOW*, MOMA, NEW YORK, 1980.

7 JORGE LUIS BORGES, "TLÖN, UQBAR, ORBIS TERTIUS", IN D.S., GESAMMELTE WERKE, ERZÄHLUNGEN, HANSER VERLAG, MÜNCHEN UND WIEN 1991, BD.1, S. 99.

8 TONBANDINTERVIEW MIT DEM KÜNSTLER VOM NOVEMBER 2004, IM BESITZ DES AUTORS.

9 *BERNHARD MARTIN, EIN BAD IN DER MENGE*, AUSSTELLUNGSKATALOG, GALERIE SIEGFRIED SANDER, KASSEL 1999, S. 28-33. DIE ENTWICKLUNG VON HÄUSERMODELLEN FOLGTE MARTINS INTERESSE ALS MALER INSOFERN, ALS ER GEBÄUDE ERFAND, DIE VON JEDEM BLICKWINKEL AUS VÖLLIG ANDERE ARCHITEKTURANSICHTEN BOTEN. DARIN UNTERSCHEIDET SICH SEINE ARBEIT VON DEN SKULPTURALEN MODELLEN, DIE THOMAS SCHÜTTE ETWA ZUR GLEICHEN ZEIT ANFERTIGTE. VGL. *THOMAS SCHÜTTE*, PHAIDON, LONDON 1988, S. 44-61.

10 *EBENDA*, S. 11-17.

11 *EBENDA*, S. 8.

12 ER NENNT DIESE VERSCHIEDENEN MODERNEN UND TRADITIONELLEN QUELLEN "MEINEN EIGENEN BOSCH-GARTEN DER IRDISCHEN LÜSTE". TONBANDINTERVIEW VOM NOVEMBER 2004, IM BESITZ DES AUTORS. VGL. *BERNHARD MARTIN, SOFTCORE*, AUSSTELLUNGSKATALOG, MANNHEIMER KUNSTVEREIN, VERLAG FÜR MODERNE KUNST, NÜRNBERG 2001, ILL. 005-008.

13 GILLES DELEUZE UND FELIX GUATTARI, "EINLEITUNG: RHIZOM", IN: DS., TAUSEND PLATEAUS, MERVE VERLAG, BERLIN 1992, S. 11-42. DAS RHIZOM UNTERSCHEIDET SICH VOM "WURZEL-BAUM" INSOFERN, ALS ES EINE DEZENTRIERTE FORM DES WACHSTUMS DARSTELLT, DIE NICHT NUR AUS EINEM EINZIGEN KONZEPT ODER EINER KERN-ERZÄHLUNG ENSTEHT.

14 BERNHARD MARTIN VERWEIST IM GESPRÄCH IMMER WIEDER AUF DIE BEDEUTUNG DER SCHERENSCHNITTE VON MATISSE. TONBANDINTERVIEW VOM NOVEMBER 2004, IM BESITZ DES AUTORS.

15 DIE ÜBERSETZUNG VON COLLAGEN IN MALEREIEN IST IM WERK VON MAX ERNST NICHTS UNGEWÖHNLICHES. VGL. WERNER SPIES, *COLLAGES*, THAMES & HUDSON, LONDON 1998.

16 VANESSA JOAN MÜLLER, "ÜBER DAS HAMSTERN UND VAGABUNDIEREN", IN: *BERNHARD MARTIN, SOFTCORE*, A.A.O..

17 INSTALLATION IN DER GALERIE VOGES + DEISEN, FRANKFURT, 1994. ABBILDUNGEN IN *BERNHARD MARTIN, EIN BAD IN DER MENGE*, A.A.O., S. 24-27

18 "CLOSETS", SPENCER BROWNSTONE GALLERY, NEW YORK, 2000. ABBILDUNGEN IN *BERNHARD MARTIN, SOFTCORE*, A.A.O..

19 MARION PIFFER DAMIANI (HG.), *FEST KUNST*, KATALOG ZUM KUNSTPROJEKTE ALTSTADTFEST BRIXEN, FOLIO VERLAG, WIEN UND BOZEN, 2002, S. 92-99.

20 GILLES DELEUZE, FELIX GUATTARI, "DAS MODELL DER ÄSTHETIK: DIE NOMADISCHE KUNST", IN: DS., TAUSEND PLATEAUS, A.A.O., KAP.14, S. 683: "DIE ANNÄHERUNGEN SCHLIEßEN KEIN UMFELD EIN, IN DAS DIE MANNIGFALTIGKEIT EINGEBETTET WÄRE UND DAS DEN ENTFERNUNGEN ETWAS STARRES GEBEN WÜRDE; SIE BILDEN SICH IM GEGENTEIL NACH GEORDNETEN DIFFERENZEN, DIE IM WESENTLICHEN DIE TEILUNG EIN UND DESSELBEN ABSTANDES VARIIEREN LASSEN. DIESE FRAGEN DER RICHTUNG, DES ANHALTSPUNKTES UND DER ANNÄHERUNG KOMMEN IN DEN BERÜHMTESTEN STÜCKEN DER NOMADENKUNST INS SPIEL...".

Lieber Bernhard, komme gerade aus Palermo zurück, wo ich Silvester zusammen mit weiteren Flüchtigen aus dem Norden verbrachte, verbunden durch einen gemeinsamen lebenslustigen Freund. Wir alle hofften ein wenig Sonne zu tanken, standen doch stattdessen im dauerhaften Regen. Der heterogene Haufen verbrachte drei Tage miteinander, um die Sehenswürdigkeiten der Stadt zu erkundschaften, das Dolce Vita zu genießen und eine Silvesterparty zu improvisieren.
Bei diesem Zusammentreffen handelte es sich ebenfalls um das Austarieren von Spielregeln und Gruppengefüge wie in einer WG; dies ging vom Zahlungsverkehr bis zu Paarbehauptungen des guten Geschmacks und des Wissens. Eigentlich hätte die Gruppe ihrem Leben nach zu urteilen entsprechend recht mondän daher kommen können, doch tatsächlich trat eine überraschende Kleingeistigkeit auf und voller Vorurteile versuchten sie eine Welt der Sophisticates zu leben.
Dabei musste ich an Deine WG Bilder denken, deren Entstehung ich letztes Jahr in der Villa Arson in Nizza verfolgte. Als ich Deine Bilder später fertig sah, war ich völlig entgeistert, weil sie nicht, aber auch gar nicht, meinen Erwartungen und Vorstellungen von WG entsprachen. Die waren geprägt von der romantischen Idee des gemeinsamen Lebens, das der Flower Power Generation oder zumindest wie das der Stipendiaten an einem traumhaften Ort wie Nizza. Dieses Zusammenleben bestimmt einen Moment der direkten Erfahrung von Lebensstilen und Vorstellungen anderer, mit denen man sich sonst meist nie auseinandersetzen würde bzw. ihre Nähe aufsuchen würde. Diese Form von soziologischer Studie im Mikrokosmos wäre interessant, wäre dort nicht immer der Gruppendruck gemeinsam im Garten zu grillen und gar Liedchen auf der Gitarre zu begleiten. All diese Dinge, die man dachte zu seiner Teenagerzeit hinter sich gelassen zu haben und nun in Deinen Bildern wieder auftauchen. All diese romantisierte Spießigkeit von jung und schön sein, locker und sexuell offen durch die Welt zu schauen, dabei den Wochenputzplan genau einhaltend und die Designerklamotten auch fein säuberlich nach Anleitung waschend. Kein Funke von Anarchie, sondern schon früh morgens sich stählende Körper und gut gelauntes Lachen das Make up fest im Gesicht. Immer abwägend zwischen elementarer Sicherheit und einem klein wenig Verwegenheit.
Deine Antwort zu mir war nur, „Heike, so ist es doch, eine Welt voller kleinbürgerlicher Lebensideale, ich verschönere dabei nichts und das ist genau der touch of charme." Und doch verschönerst Du sie und machst das Ganze noch schlimmer, indem sie glänzen und in einer Popoberfläche daher kommen samt dem billigen Traum der Alessi-Teekanne, die nicht fehlen darf in der jungen Umgebung. Und dann ist das Ganze auch immer ein wenig unzüchtig, die Mädels ohne Slip mit kurzem Röckchen, mit hübschem, freiem leicht gewölbtem Bauch und einem so unschuldigen Gesicht, niedergeschlagenen Augen und einem Teint, von dem man nur träumen kann. Es ist ein wenig romantischer David Hamilton Soft Porn. Deine Jungs kommen da meist schlechter weg und verkörpern die Idee einer klassischen Arbeiterklasse, sehen aus wie kleine Büroangestellte oder Gärtner. Wobei auch dies einen gewissen Reiz auf die Damenwelt ausübt, den der Herrschaft und des gnadenlosen Voyeurismus. Er ist so direkt, dass er zwischen erleichternd und beschämend ist, denn er legt die kleinen Lebensentwürfe und Träume offen, die einfach furchtbar banal sind. Die nach traditioneller Familie aussehen, mit schönem Wohnen und einem klein wenig Sexiness. Dabei hätte ich mich so nach einer Hippie WG aus meiner Kindheit gesehnt wie in alten Tagen und nicht wie bei den bodenständigen Jura-und Medizinstudenten meiner Studententage – einfach nach Divergenz, die bei Dir ja leise immer mitangelegt ist.
Ich grüsse Dich herzlich
Heike

Was passiert, wenn Menschen in fremder Umgebung auf engem Raum aufeinander treffen und Erdbeeren auch im Winter essen?

Heike Munder, Direktorin migros museum für gegenwartskunst, Zürich
Zürich, 9.1.2005

Dämmerung mit FWS, 2002
225 x 190 cm
Öl, Lack und Acryl auf beschichteter
Spanplatte

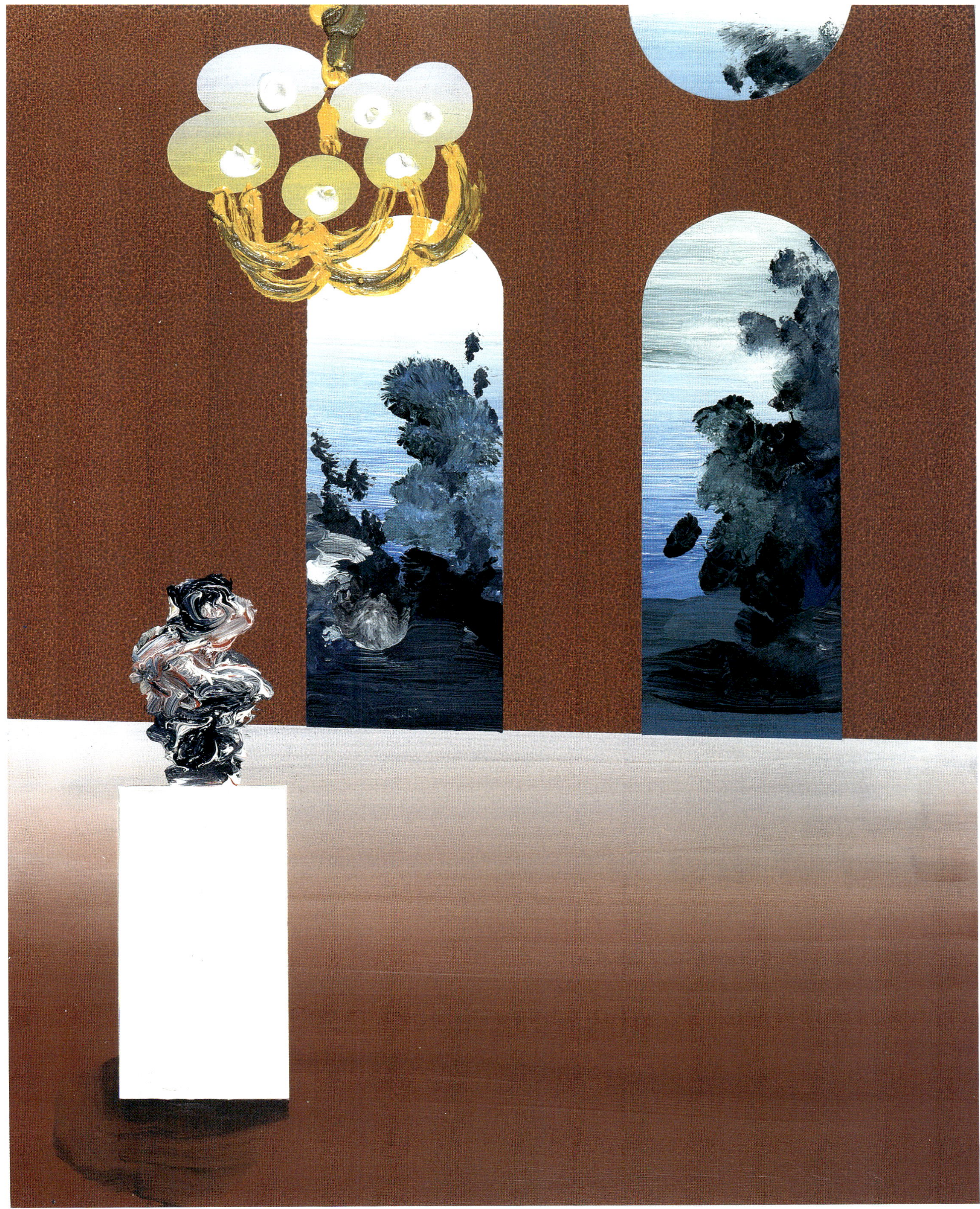

These wonderful 10 minutes alone, 2003
45 x 35 cm
Öl, Lack und Acryl auf beschichteter Spanplatte

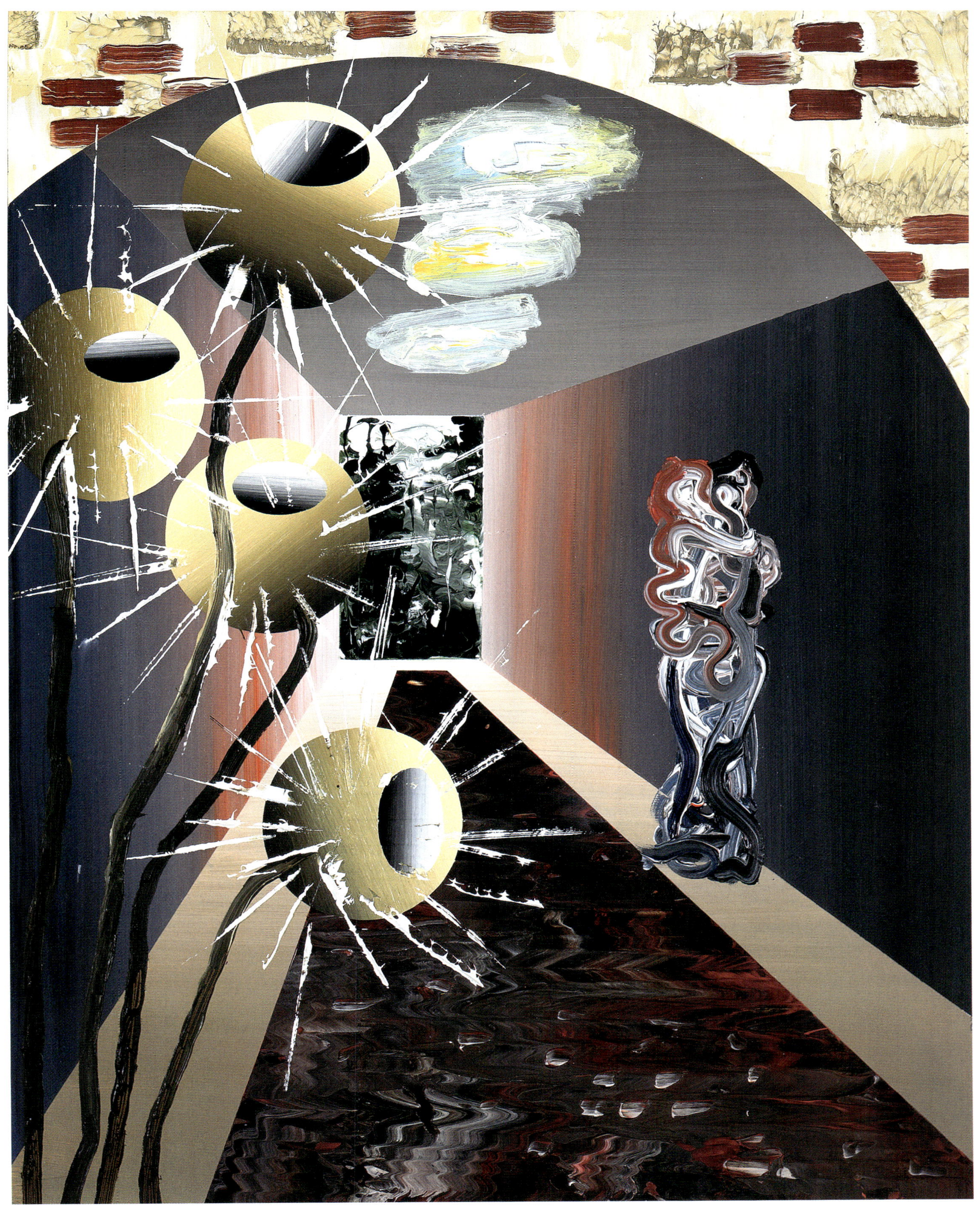

Orangerie, 2001
150 x 125 cm
Öl und Acryl auf beschichteter
Spanplatte

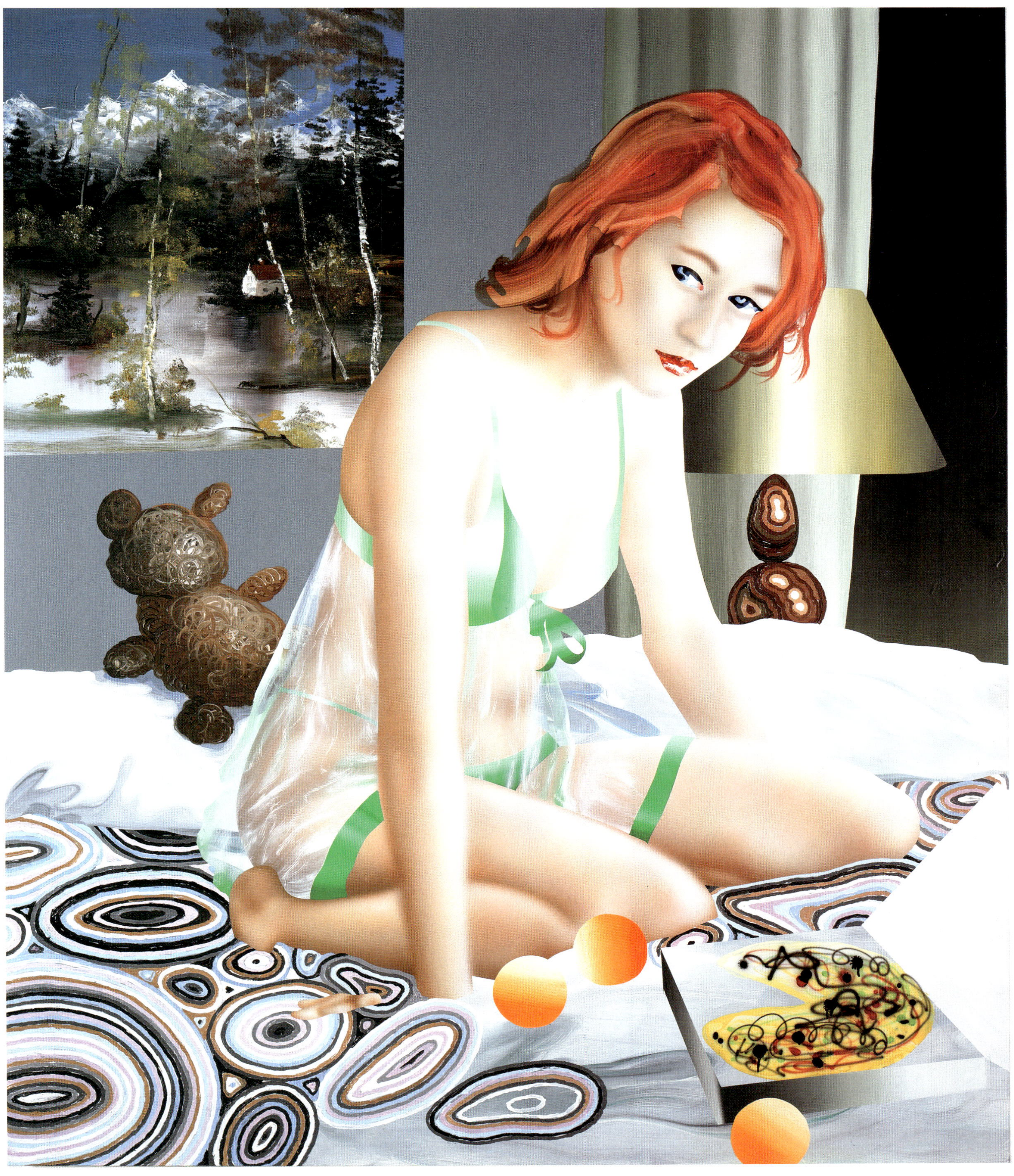

Il fratello del giardiniere, 2003
225 x 190 cm
Öl, Lack und Acryl auf beschichteter
Spanplatte

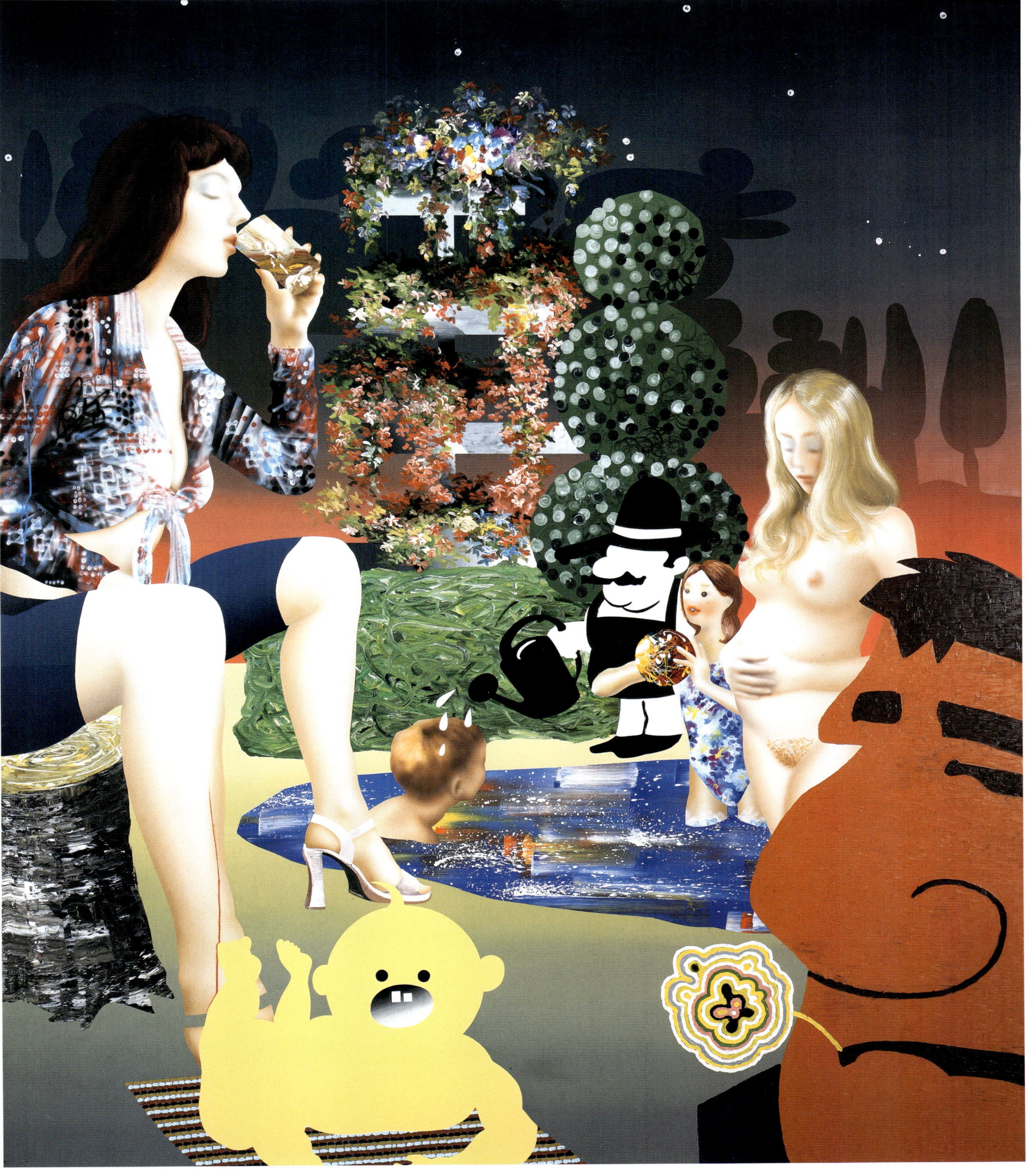

Wedding Sequence, 2002
45 x 35 cm
Öl und Acryl auf beschichteter
Spanplatte

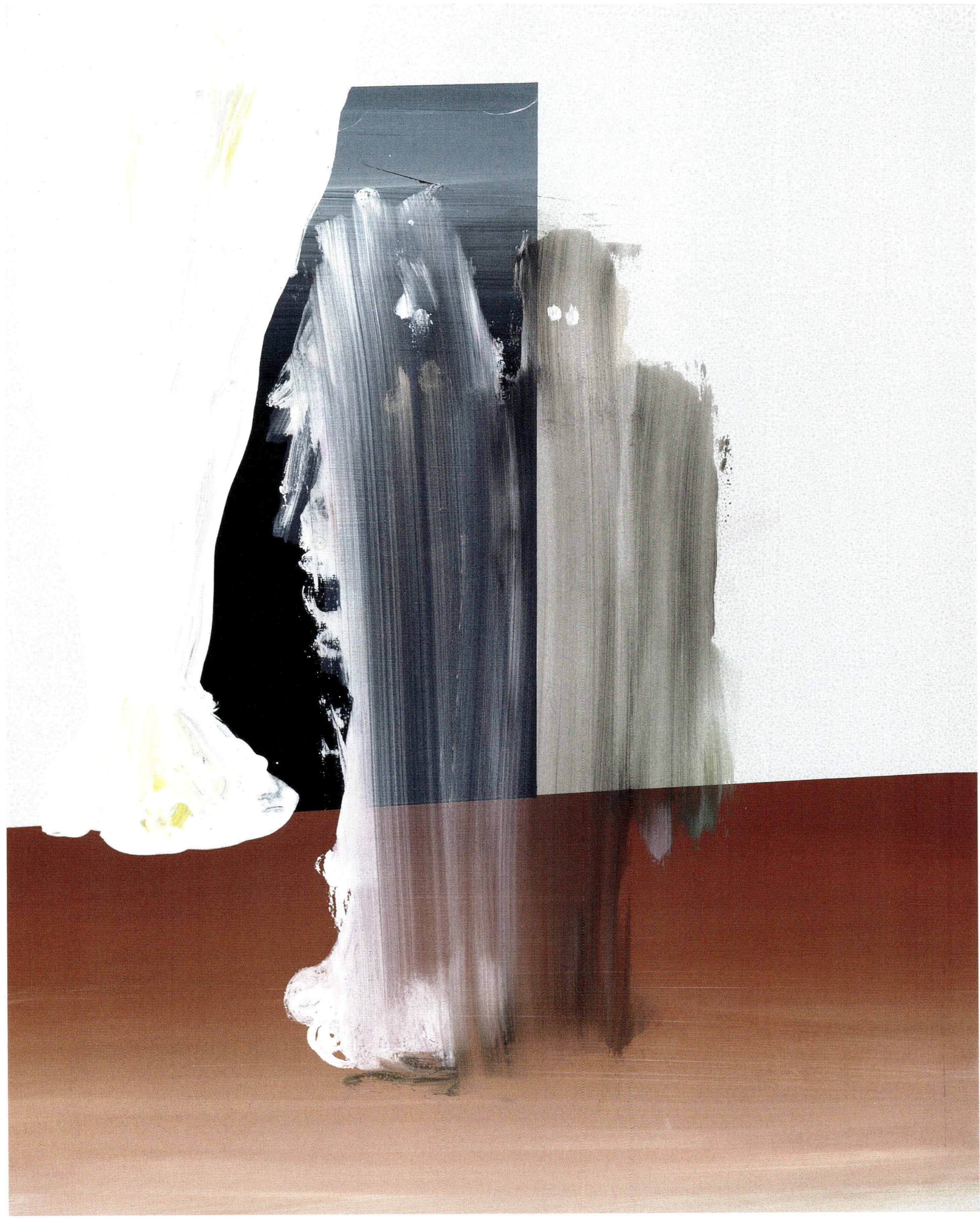

Schnupfen, 2003
55 x 65 cm
Öl, Lack und Acryl auf beschichteter
Spanplatte

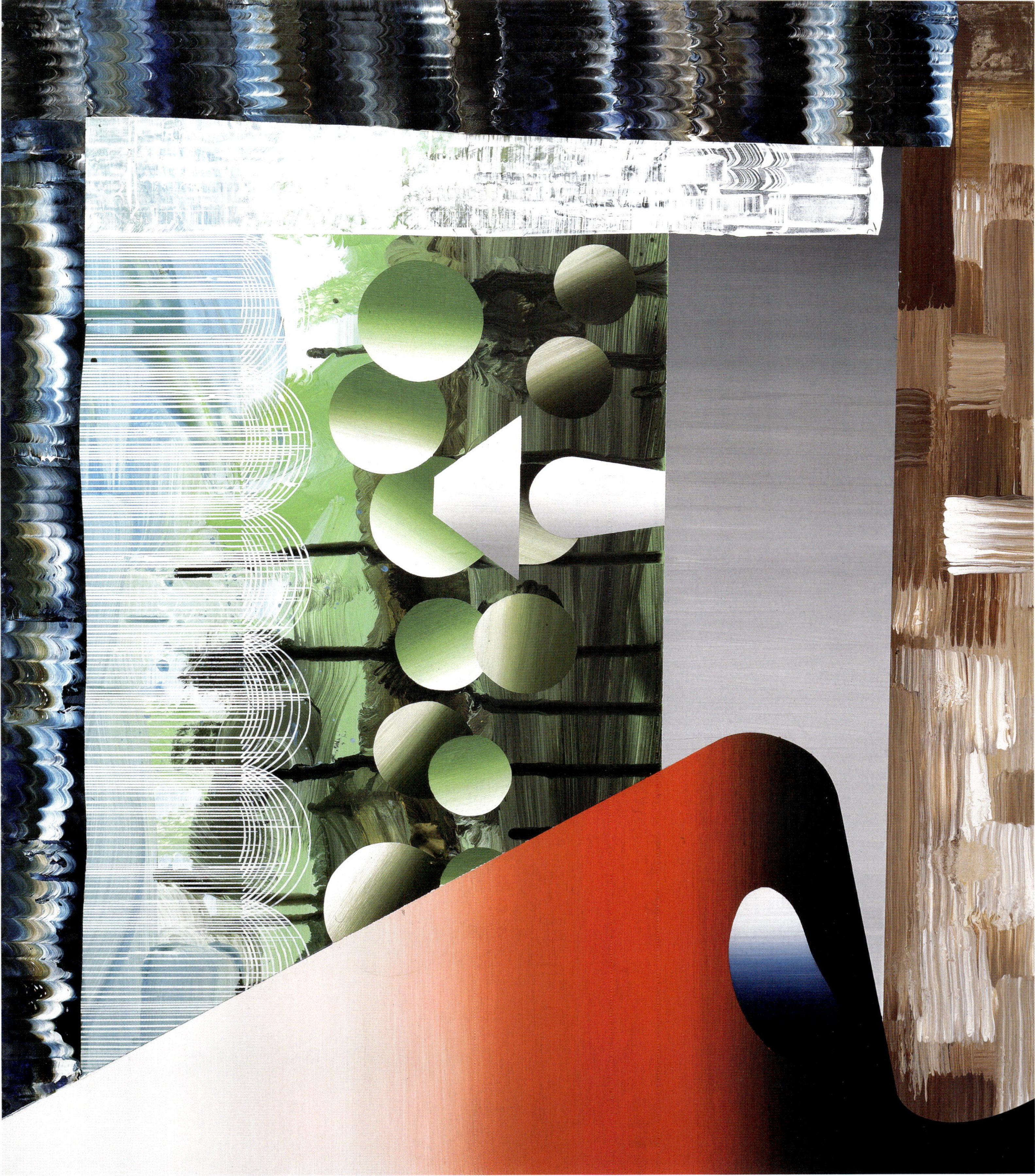

Soiree, 2002
225 x 195 cm
Öl, Lack und Acryl auf beschichteter
Spanplatte

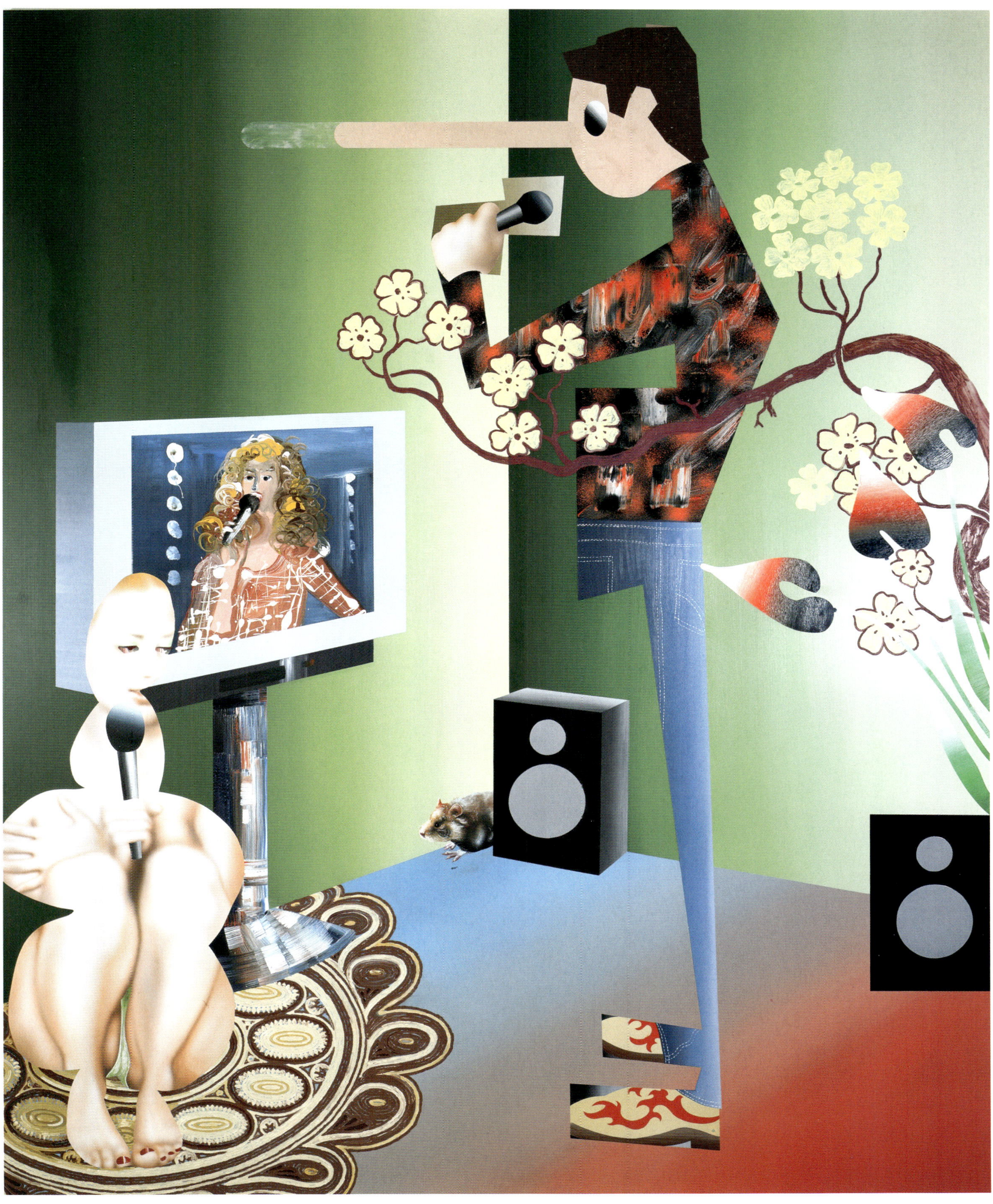

Terrassentag, 2003
60 x 55 cm
Öl, Lack und Acryl auf beschichteter
Spanplatte

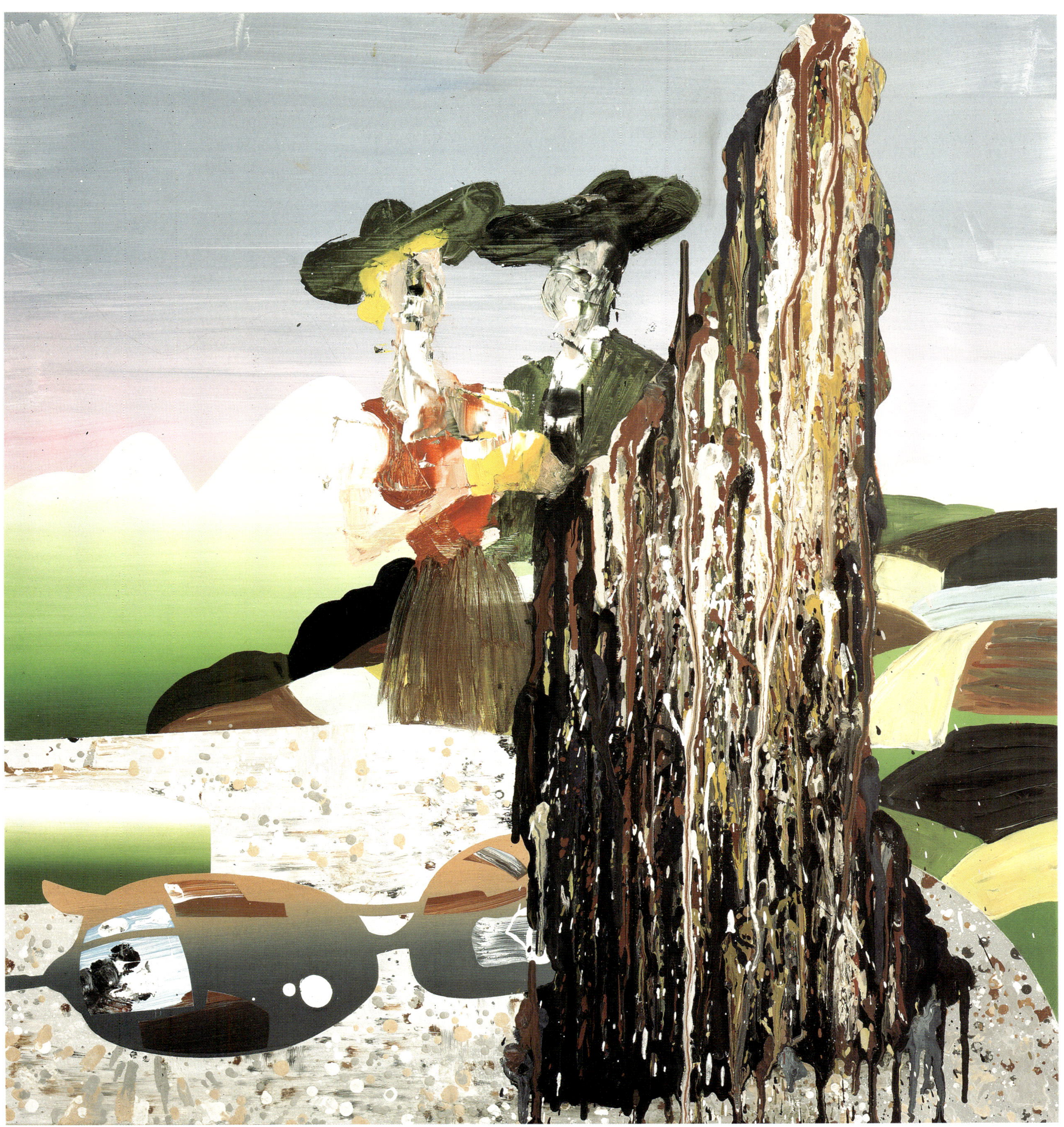

Aosta Sunset, 2002
54 x 50 cm
Öl, Lack und Acryl auf beschichteter
Spanplatte

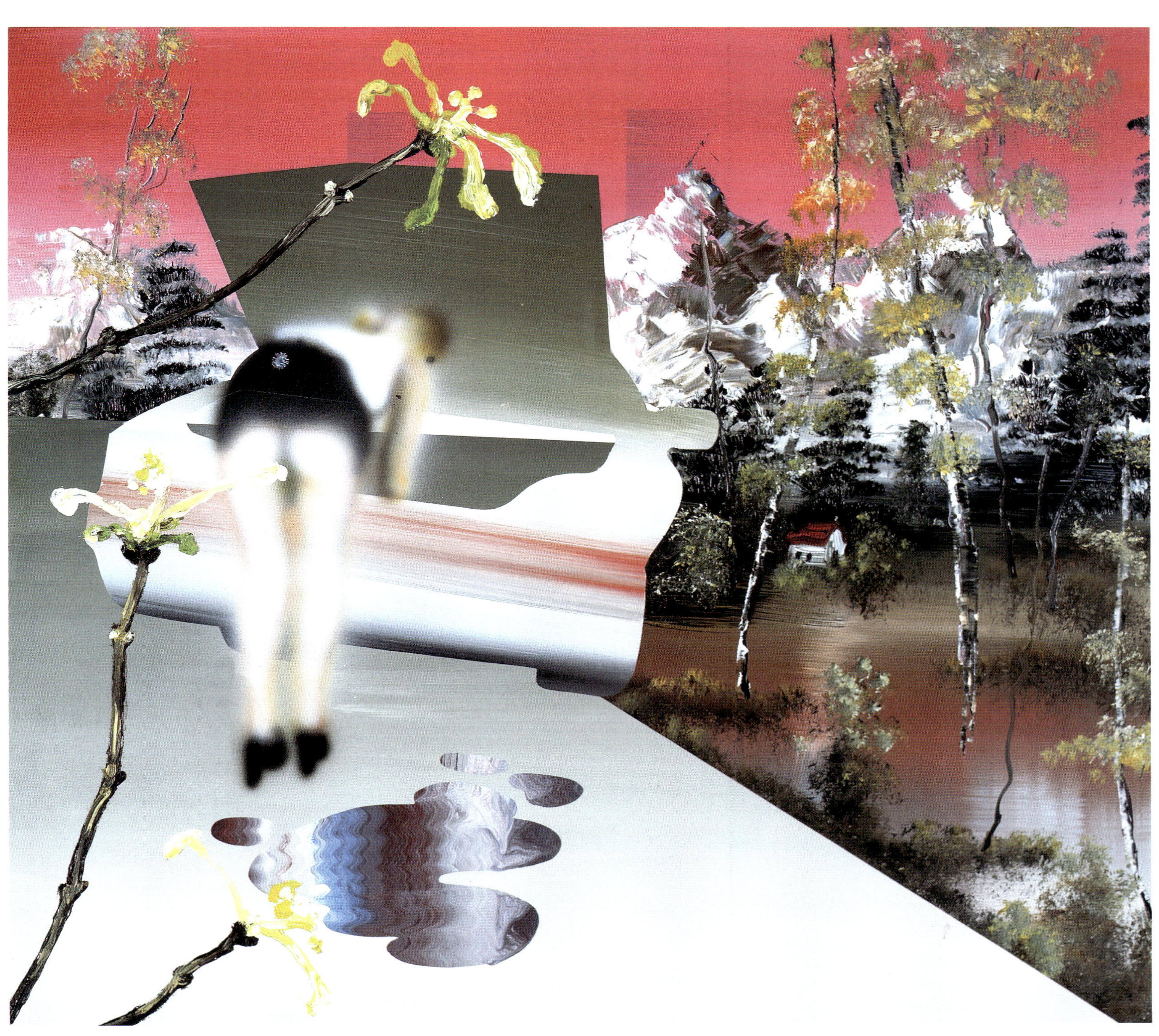

Matinée, 2002
60 x 65 cm
Öl, Lack und Acryl auf beschichteter
Spanplatte

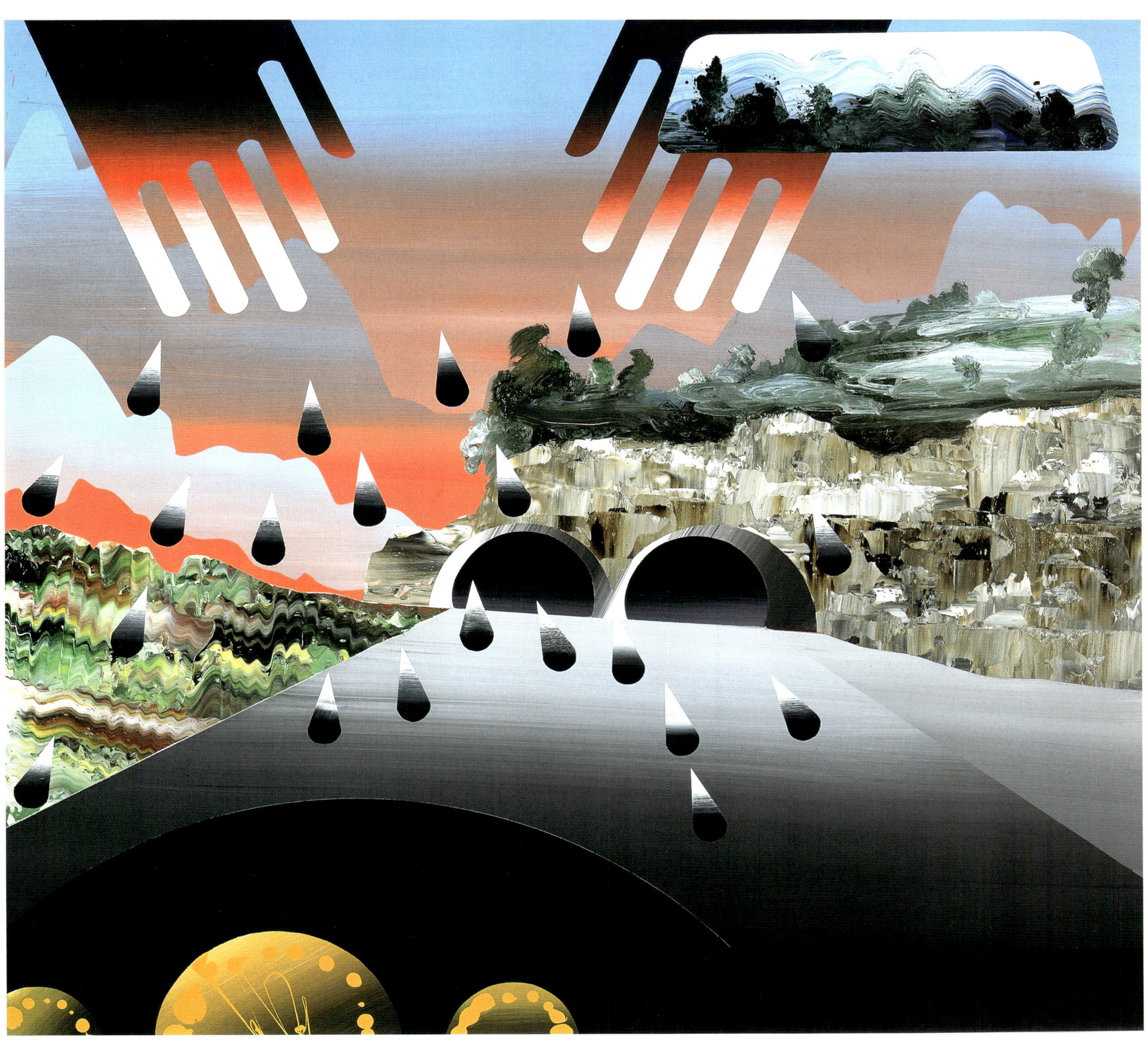

After the rain it smells so well, 2002
50 x 45 cm
Öl, Lack und Acryl auf beschichteter
Spanplatte

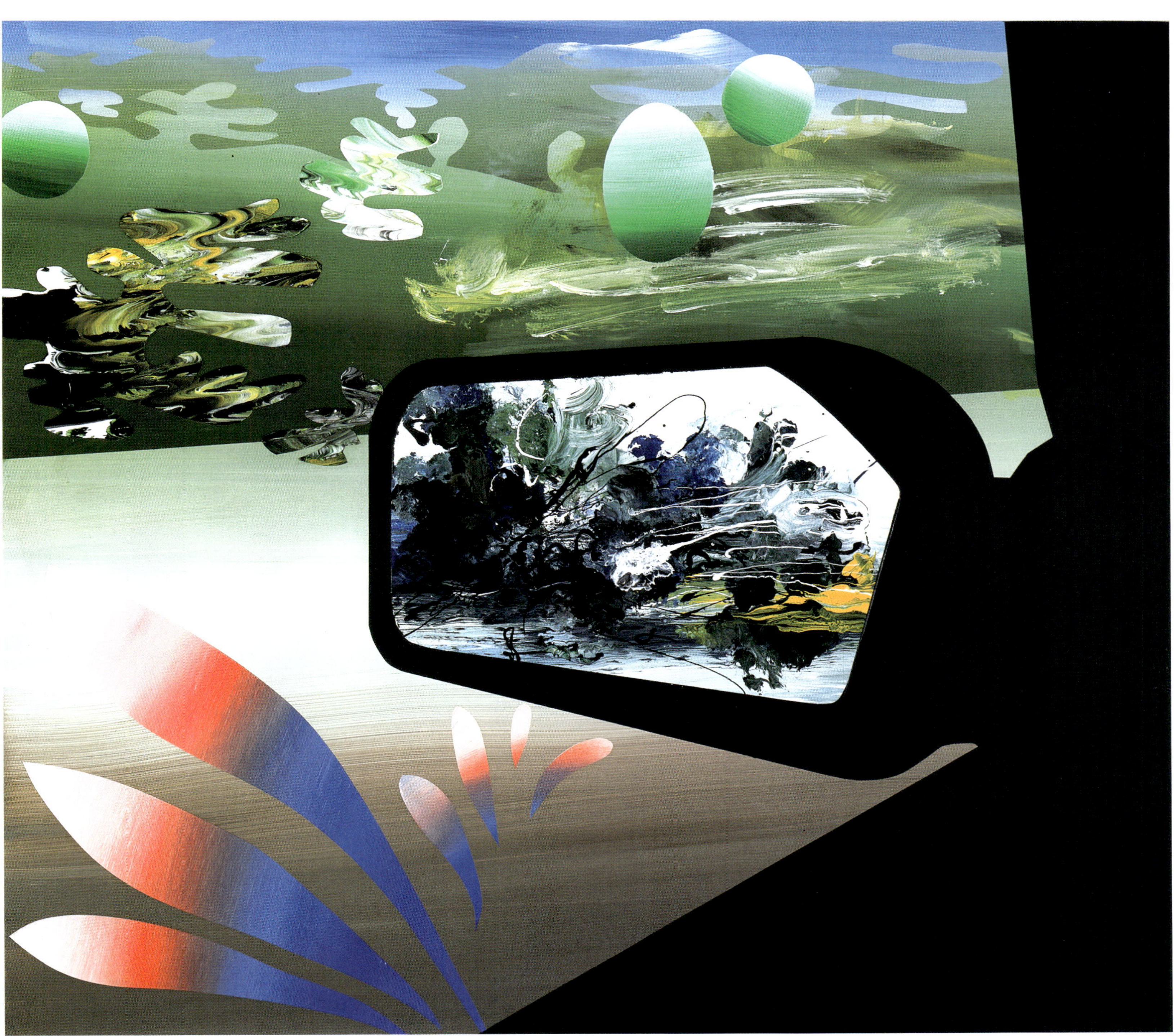

Apartment 418, 2003
225 x 190 cm
Öl, Lack und Acryl auf beschichteter
Spanplatte

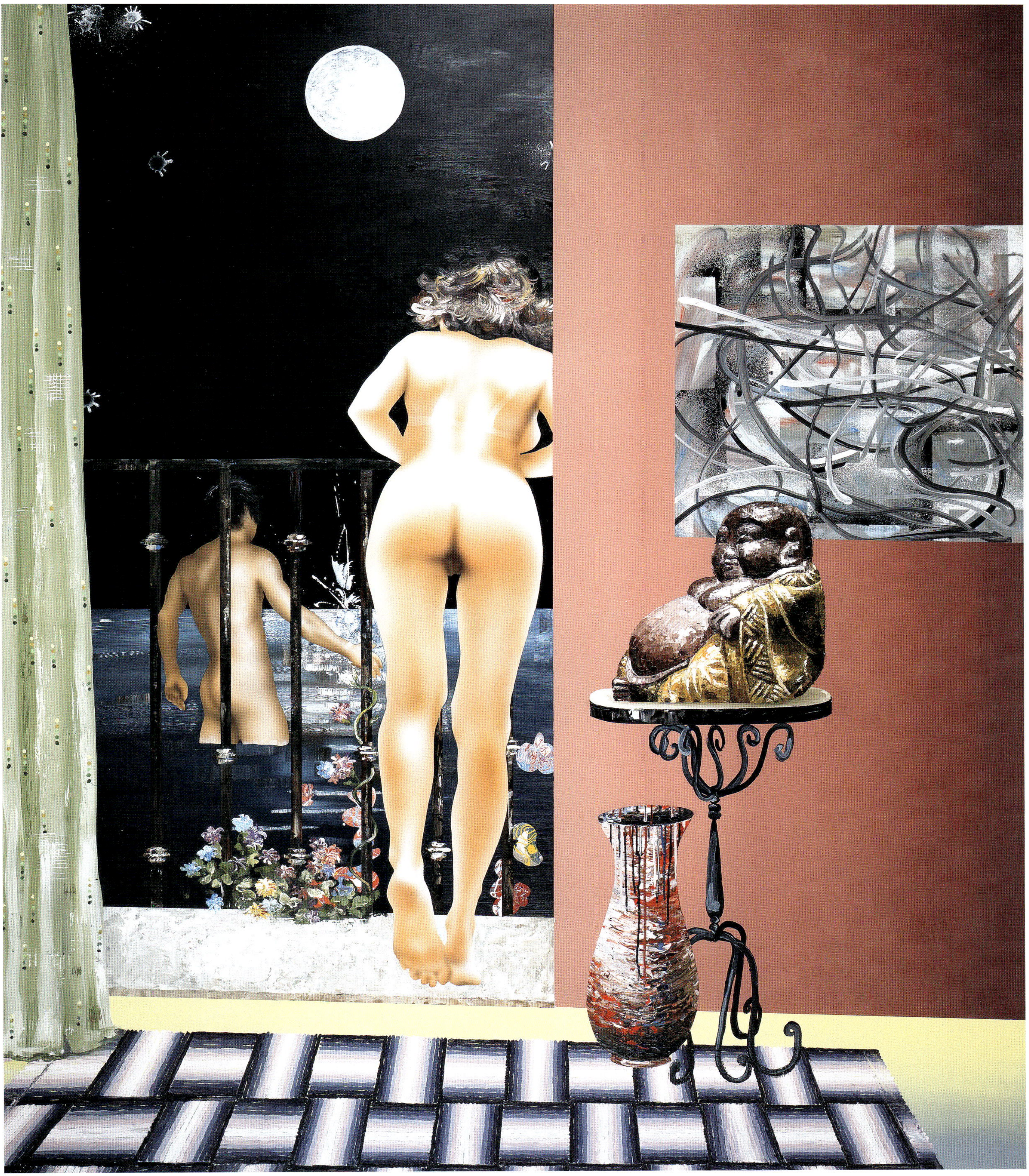

Eisheilige, 2003
75 x 65 cm
Öl und Acryl auf beschichteter
Spanplatte

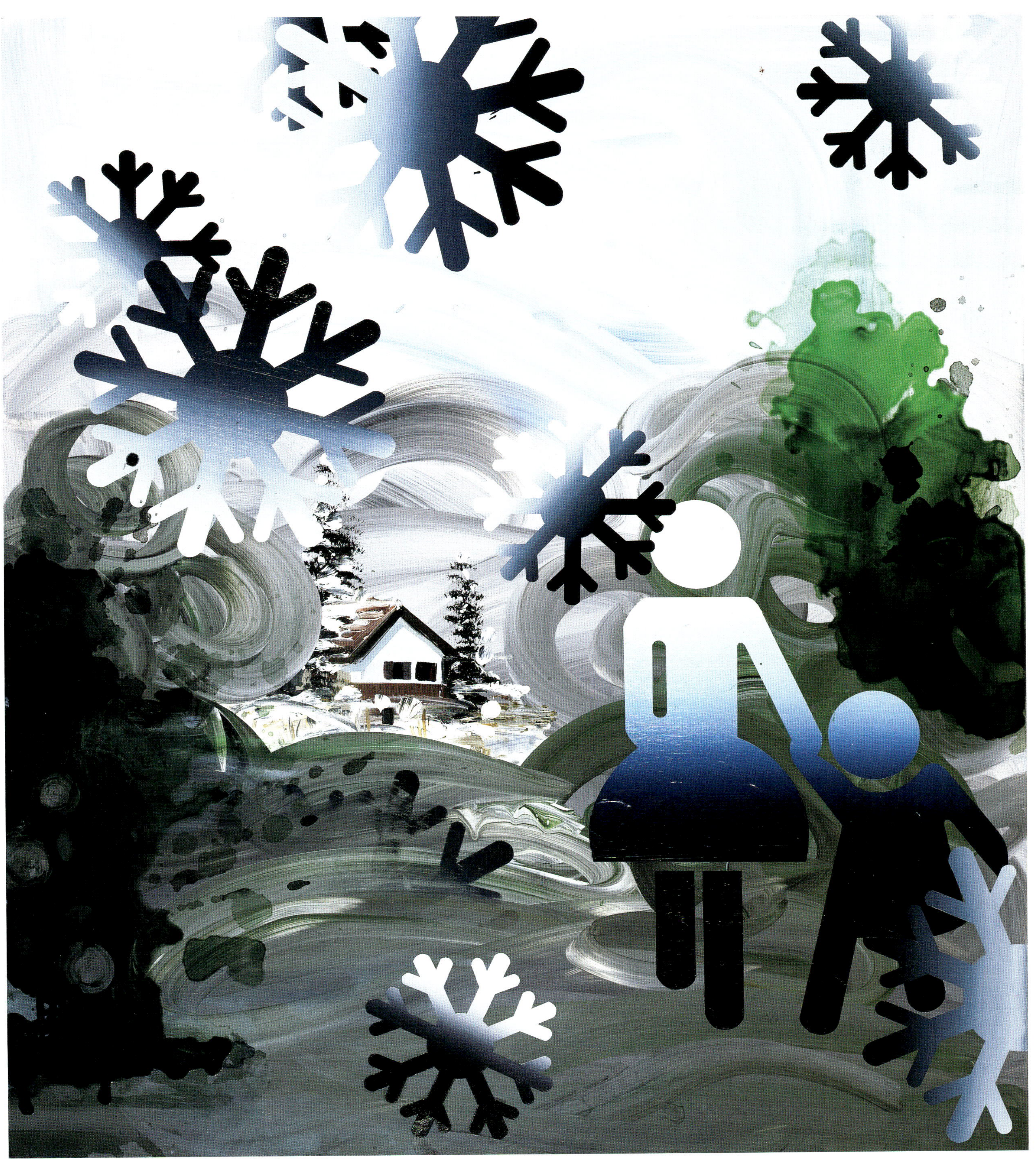

Crystaline, 2004
45 x 50 cm
Öl und Acryl auf beschichteter
Spanplatte

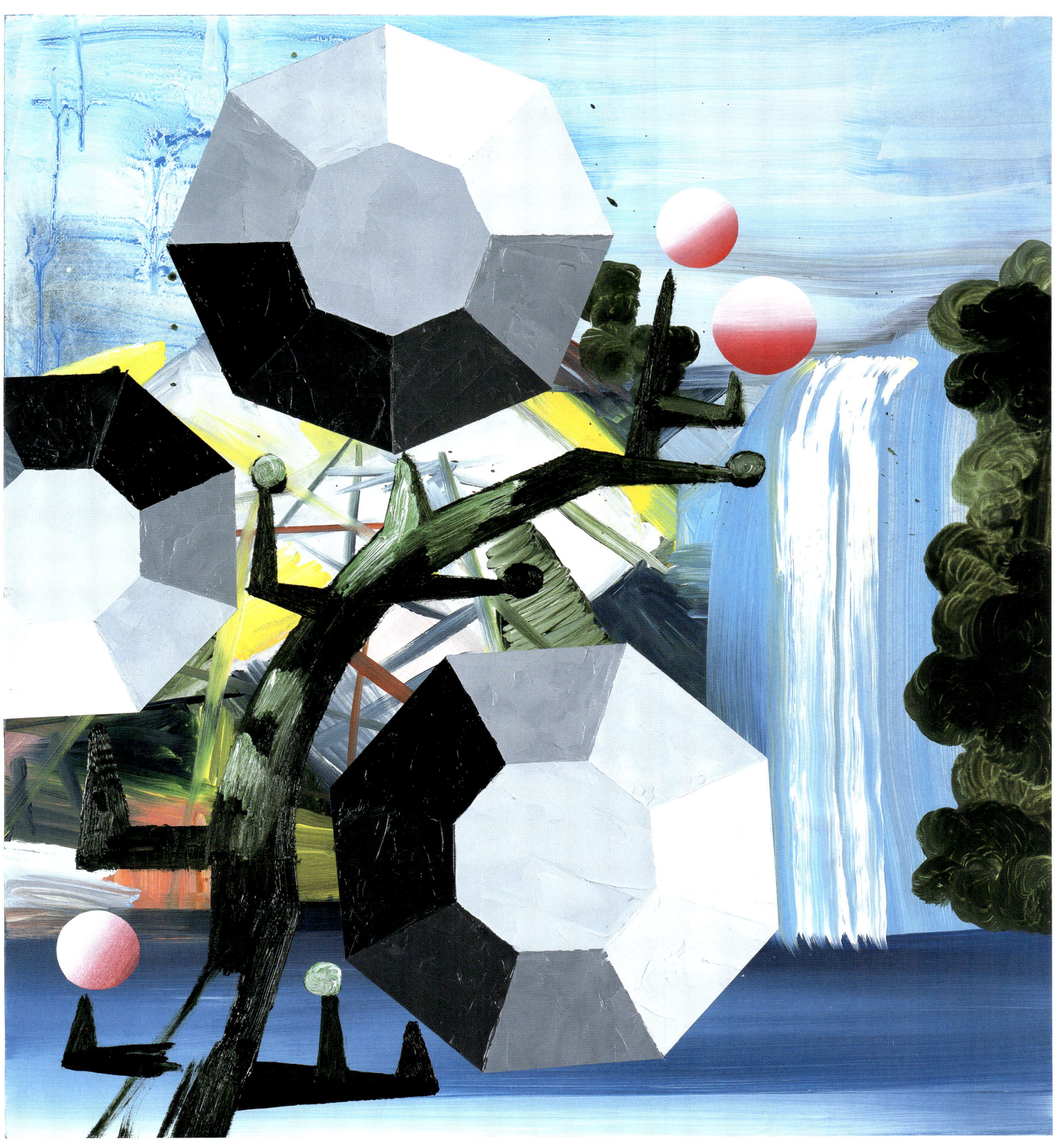

Zwei Haselnüsse, 2003
65 x 45 cm
Öl, Lack und Acryl auf beschichteter
Spanplatte

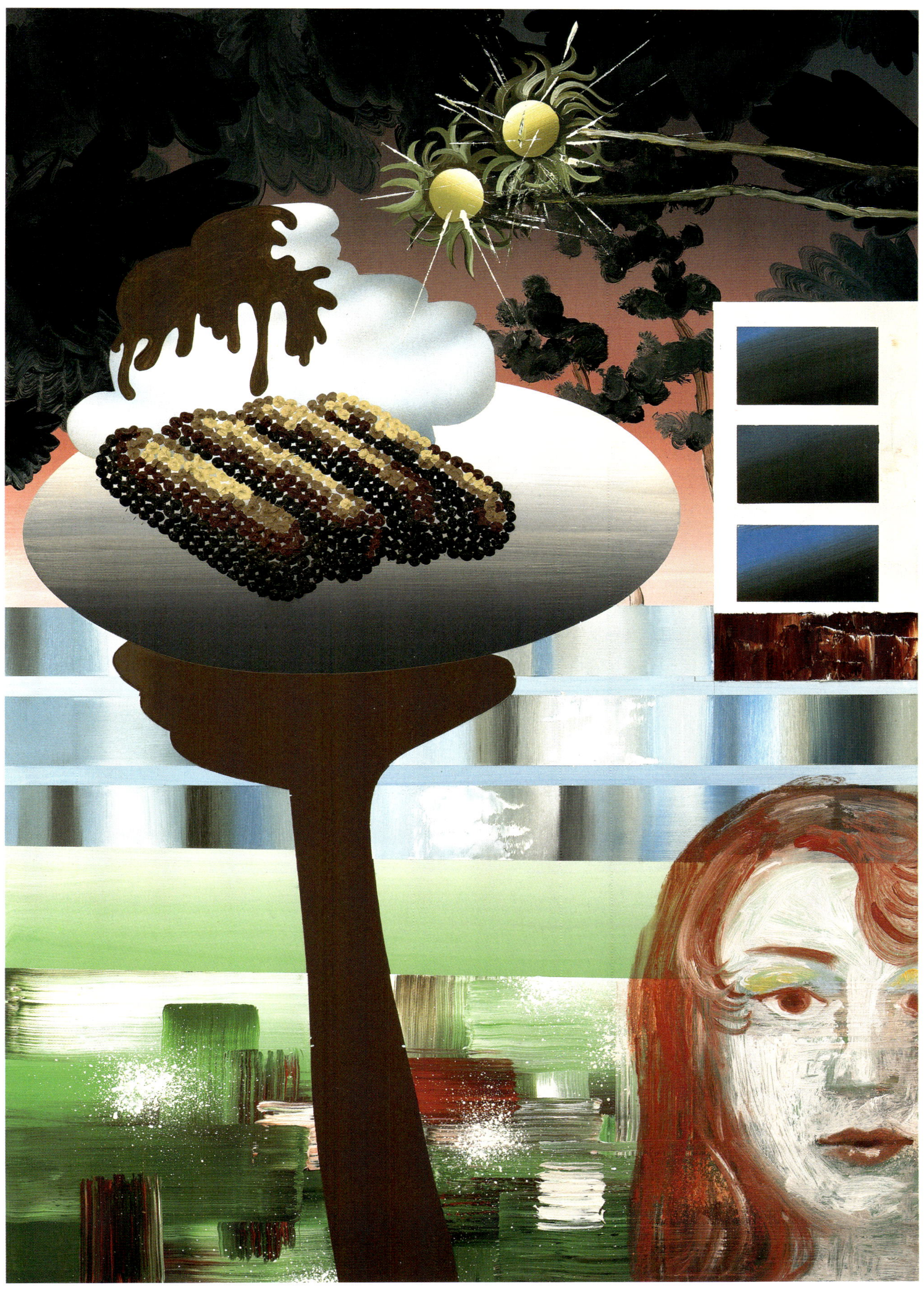

Intel Inside, 2003
45 x 35 cm
Öl und Acryl auf beschichteter
Spanplatte

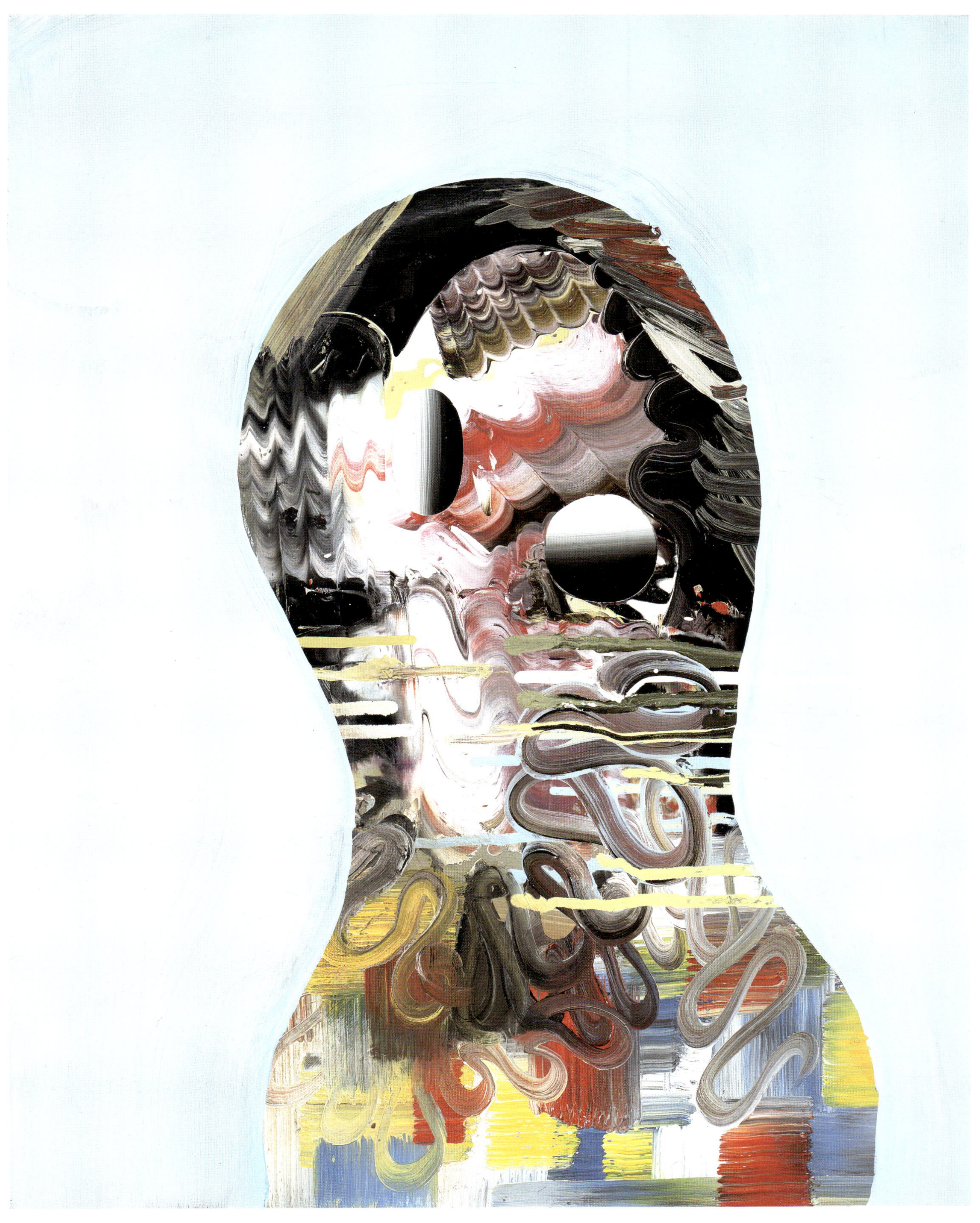

Studie zu WG 3, 2003
53 x 42 cm
Öl und Acryl auf beschichteter
Spanplatte

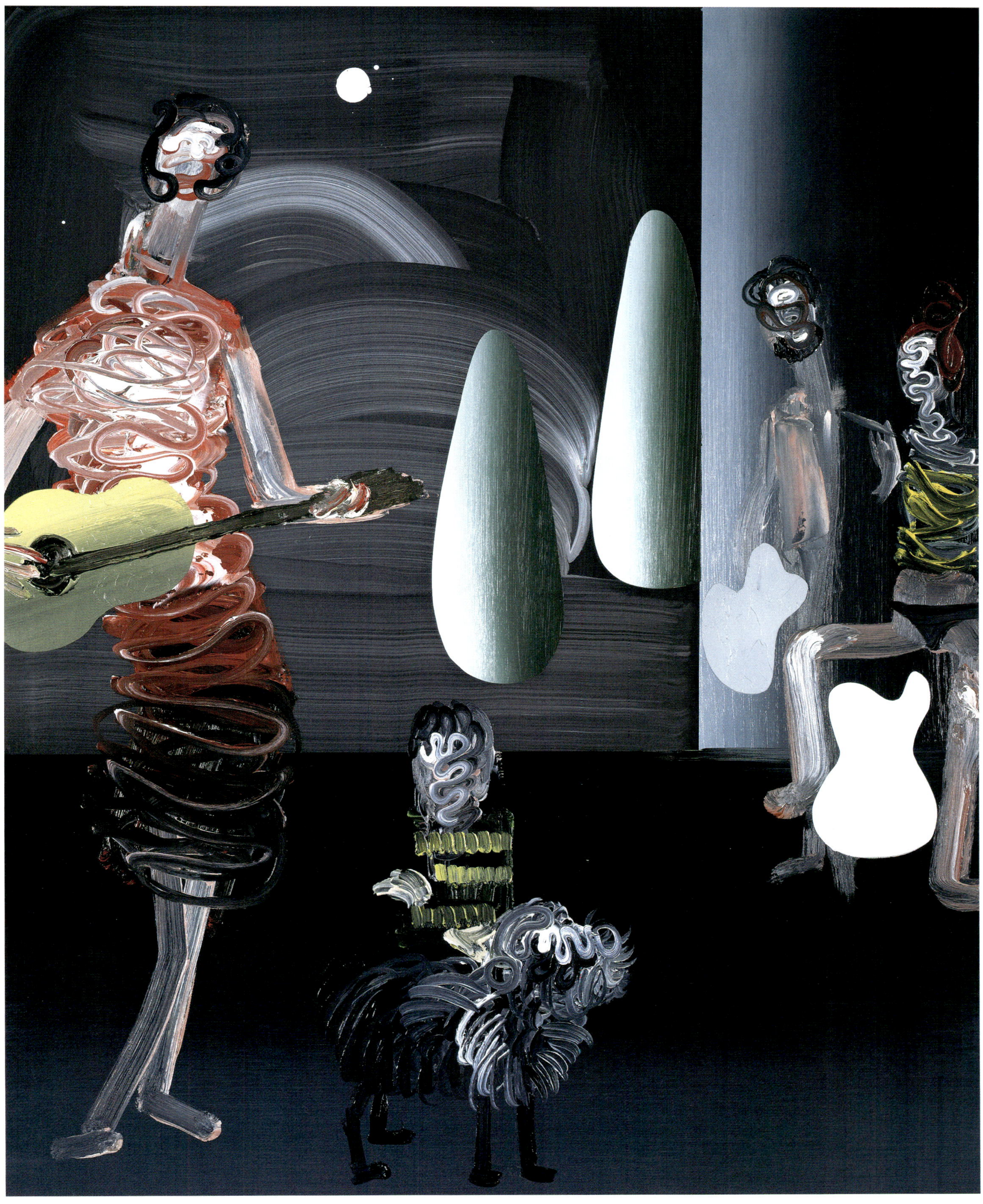

Wohngemeinschaft, 2003
245 x 205 cm
Öl, Lack und Acryl auf beschichteter
Spanplatte

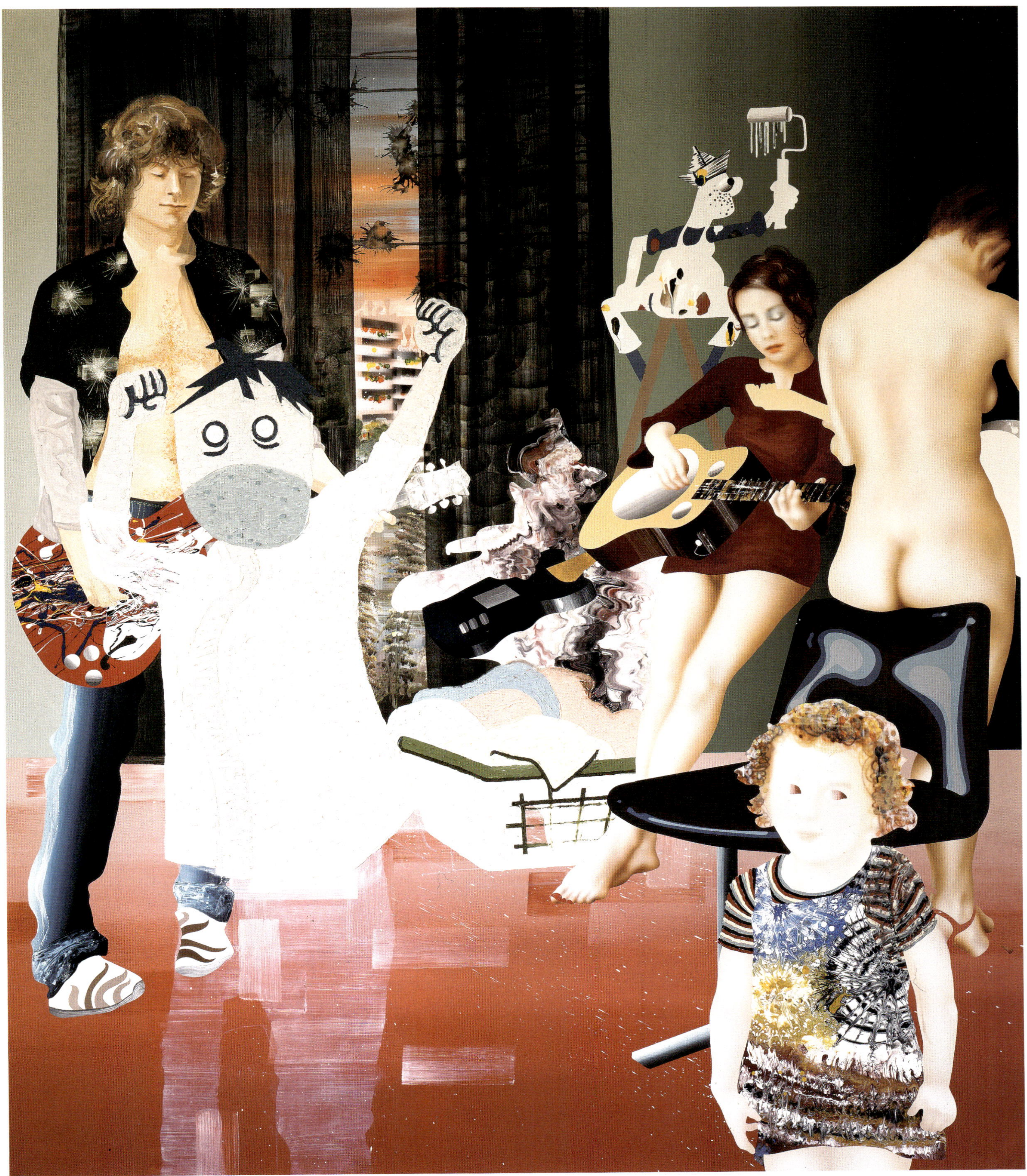

Tag der Röcke WG 2, 2003
245 x 205 cm
Öl, Lack und Acryl auf beschichteter
Spanplatte

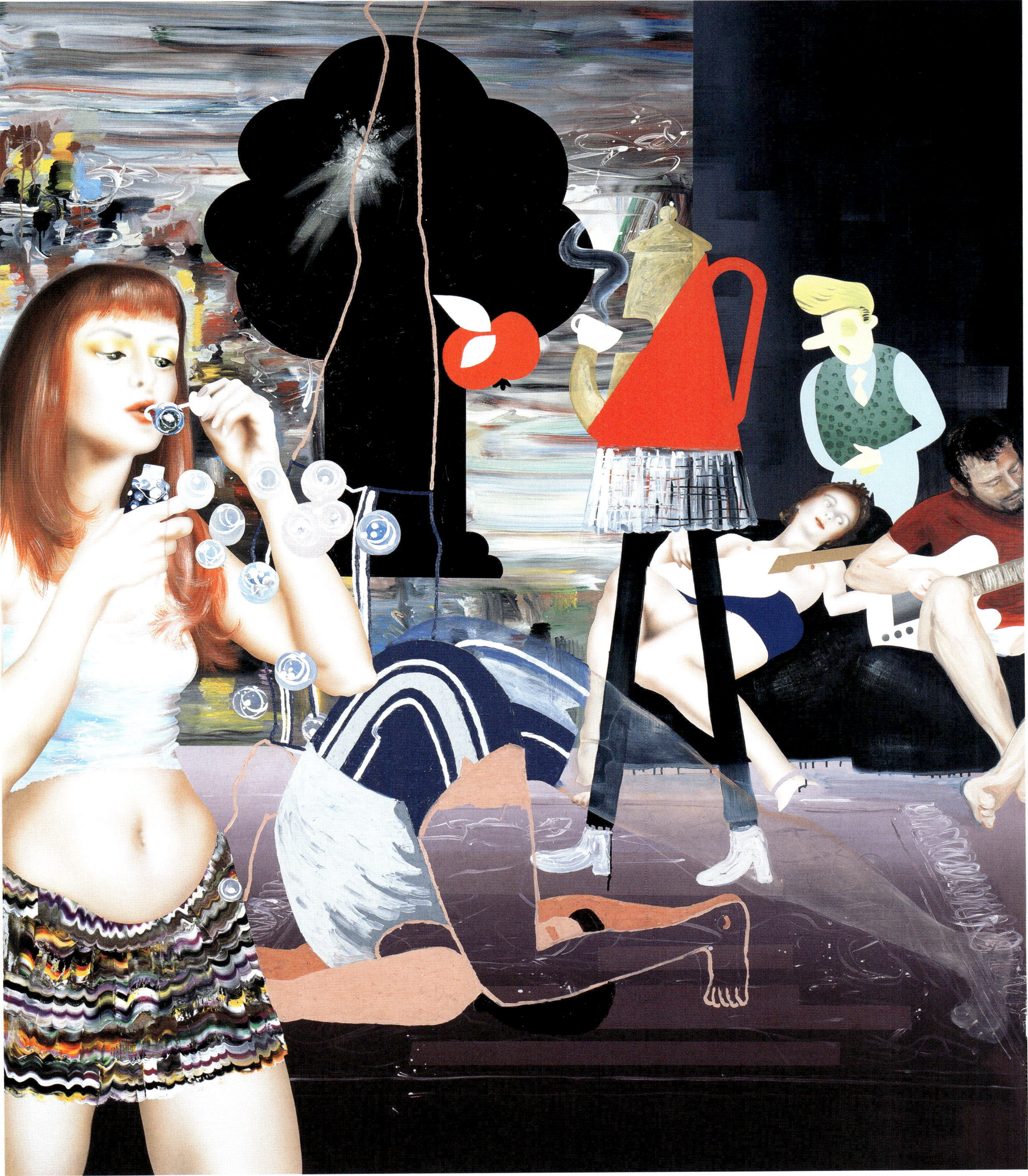

Unterholz, 2002
45 x 35 cm
Öl und Acryl auf beschichteter
Spanplatte

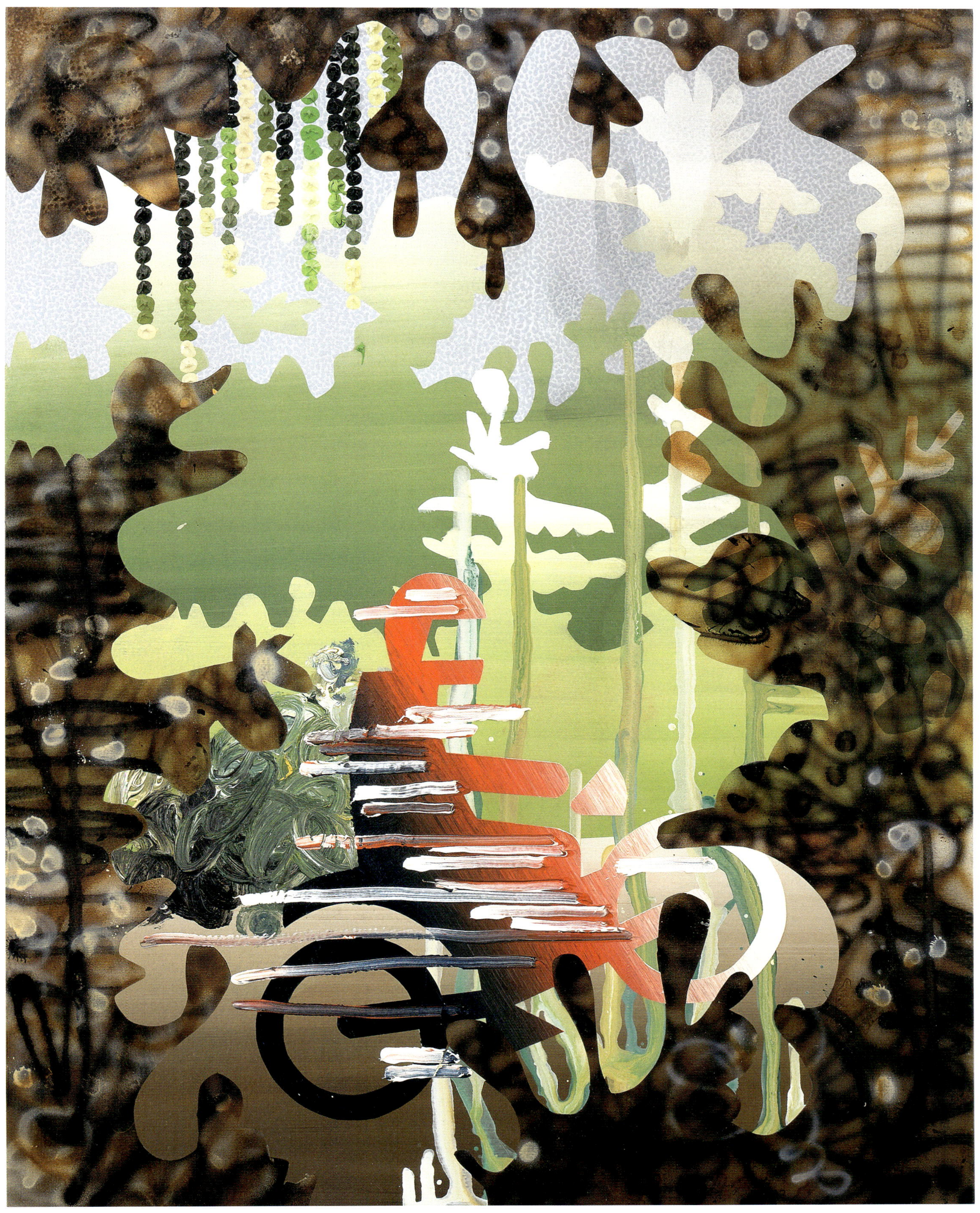

Selbstportrait Mittig, 2004
100,5 x 130,5 cm
Öl und Acryl auf beschichteter
Spanplatte

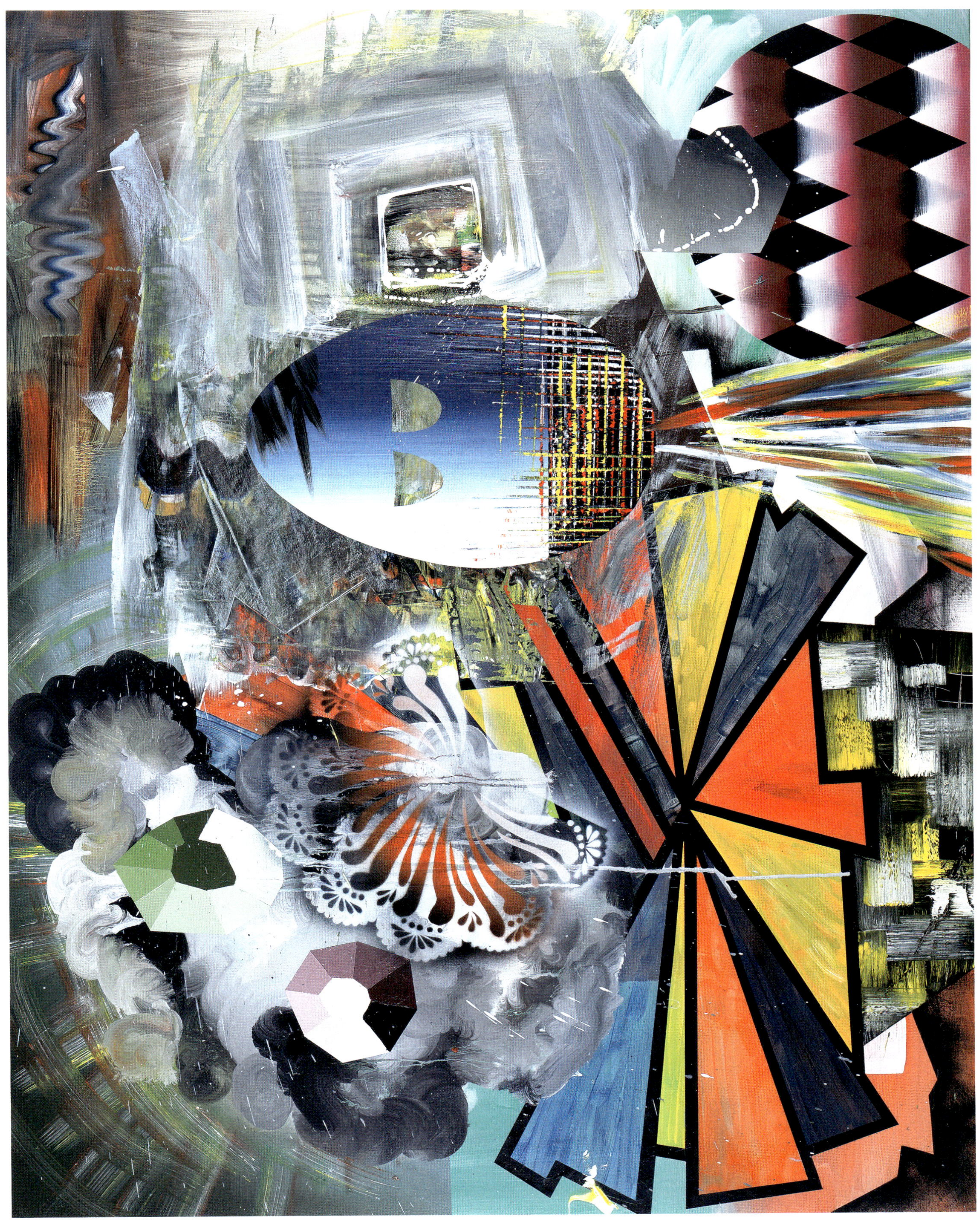

Studie zu Entrée, 2004
50 x 40 cm
Öl auf Leinwand

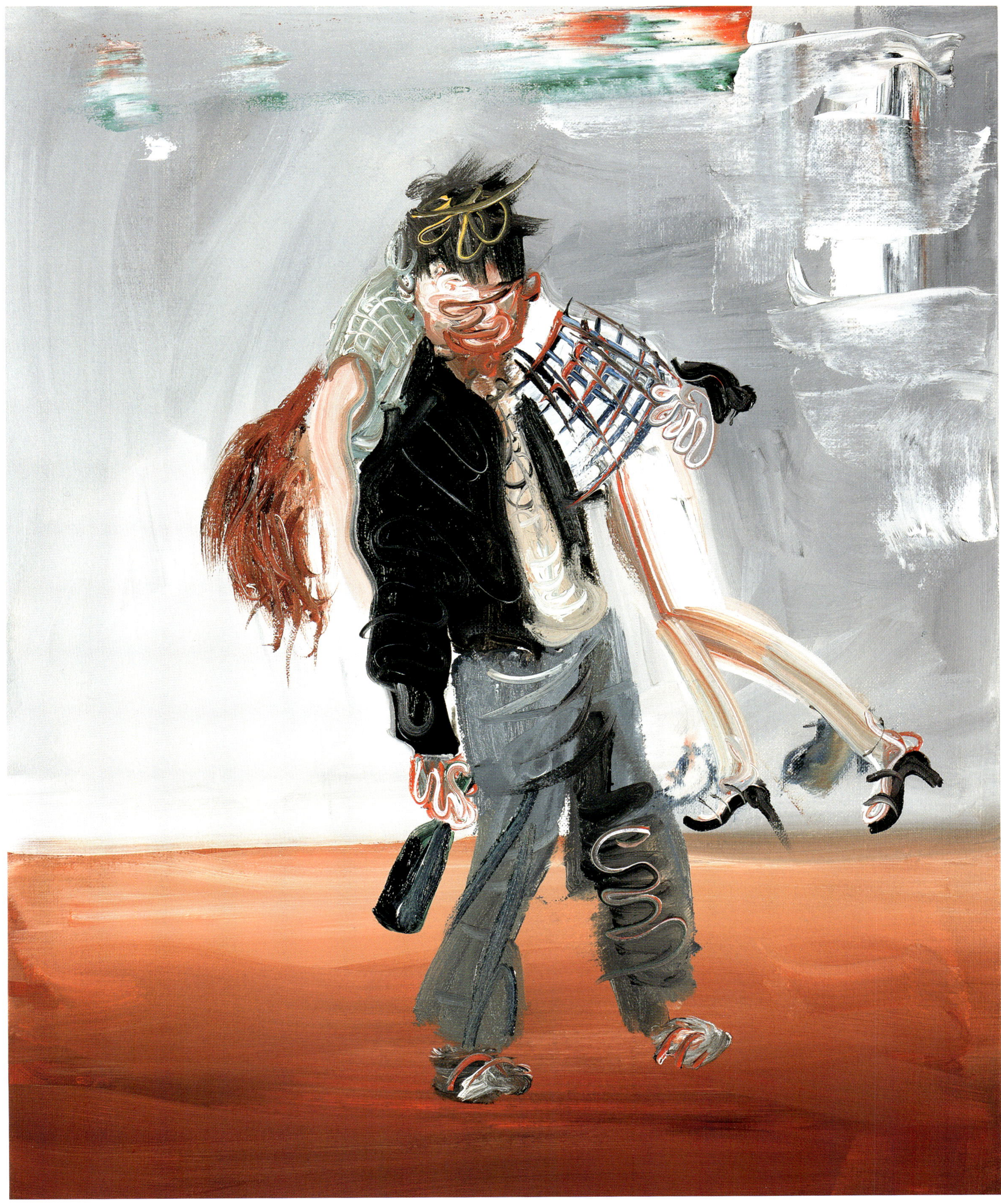

Entrée, 2003
256 x 206 cm
Öl, Lack und Acryl auf beschichteter
Spanplatte

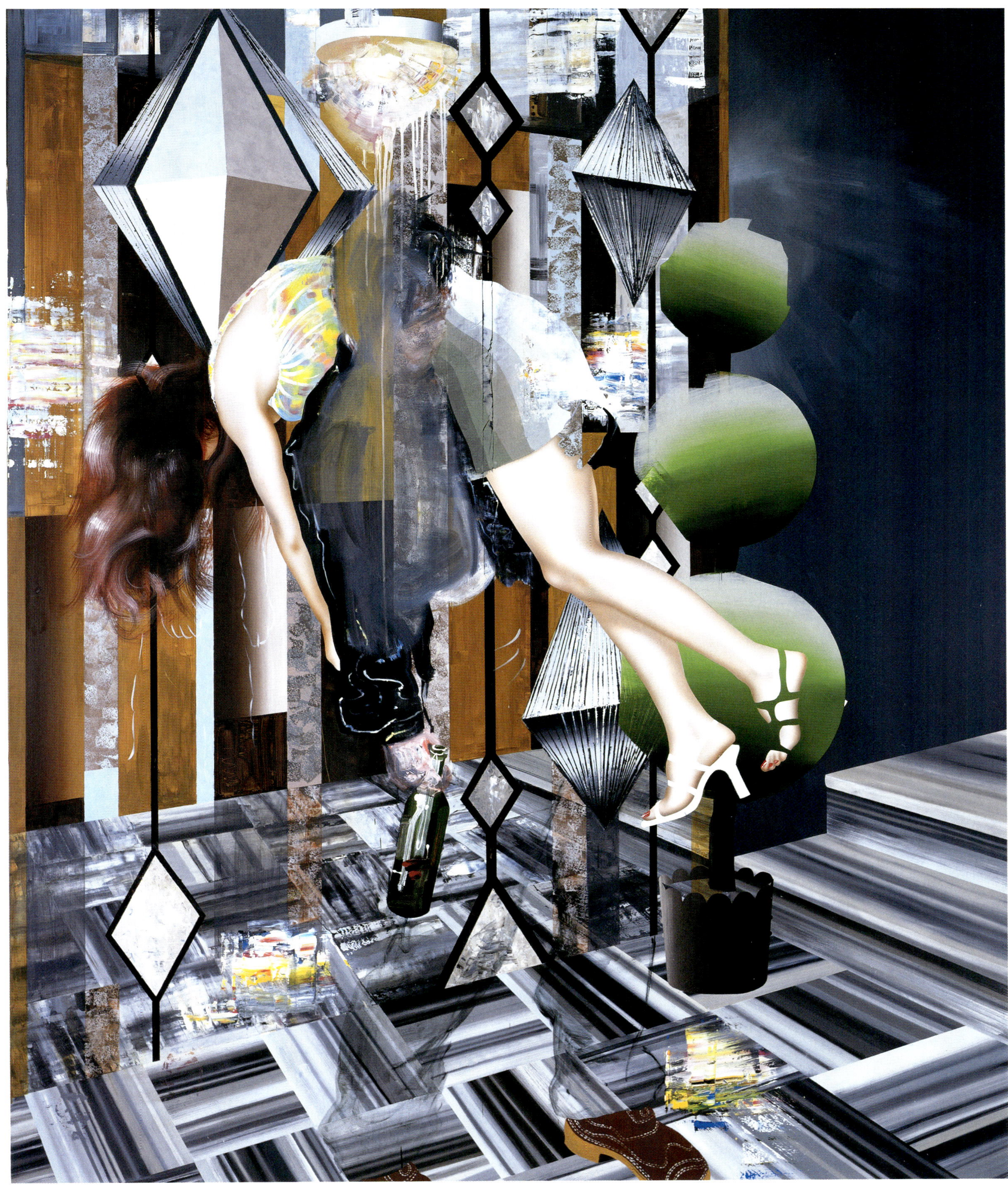

Glas 1, 2004
50 x 45 cm
Öl und Acryl auf beschichteter
Spanplatte

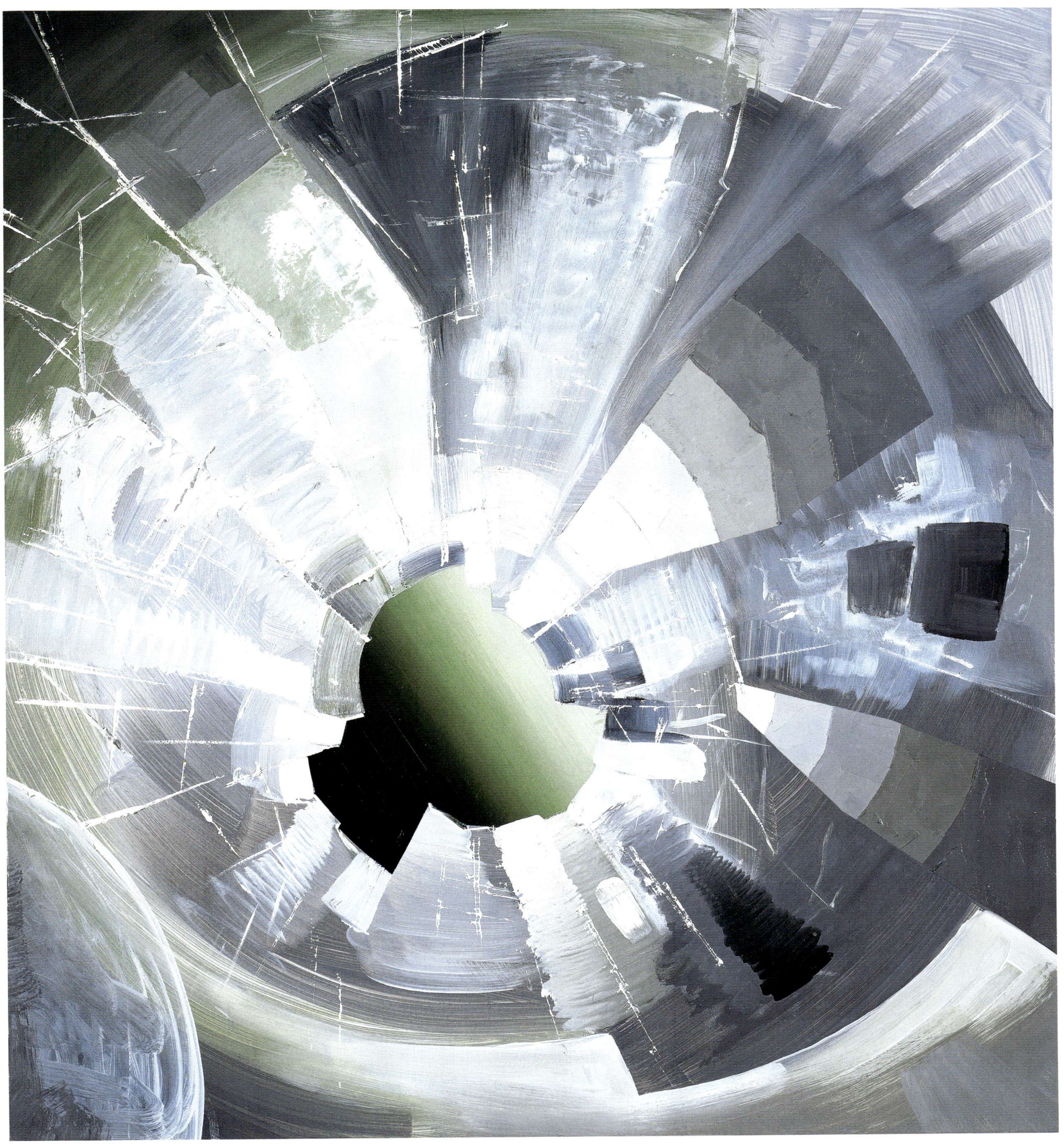

Glas 2, 2004
75 x 65 cm
Öl und Acryl auf beschichteter
Spanplatte

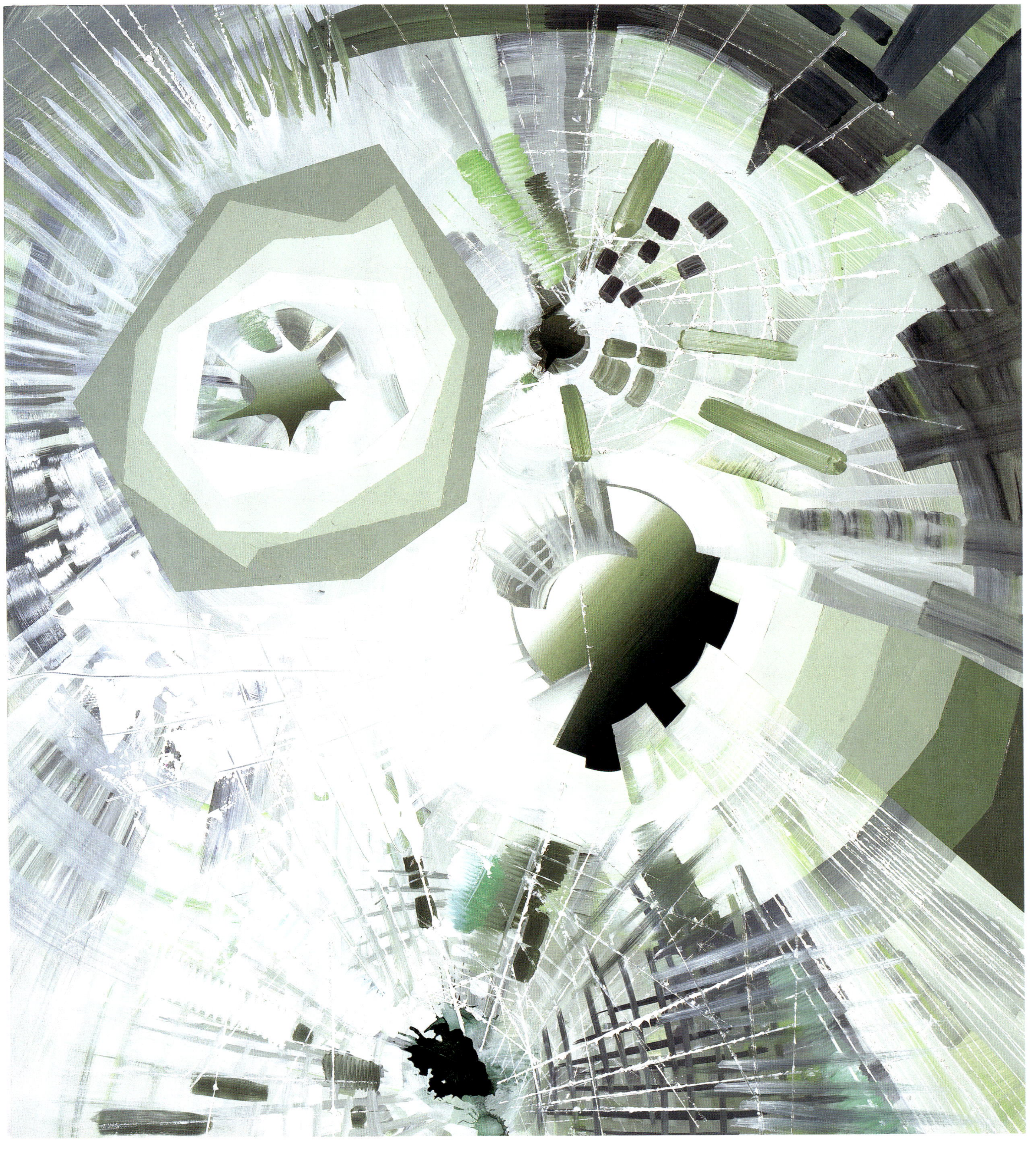

Bocca della verita, 2004
35 x 42 cm
Öl, Lack und Acryl auf beschichteter
Spanplatte

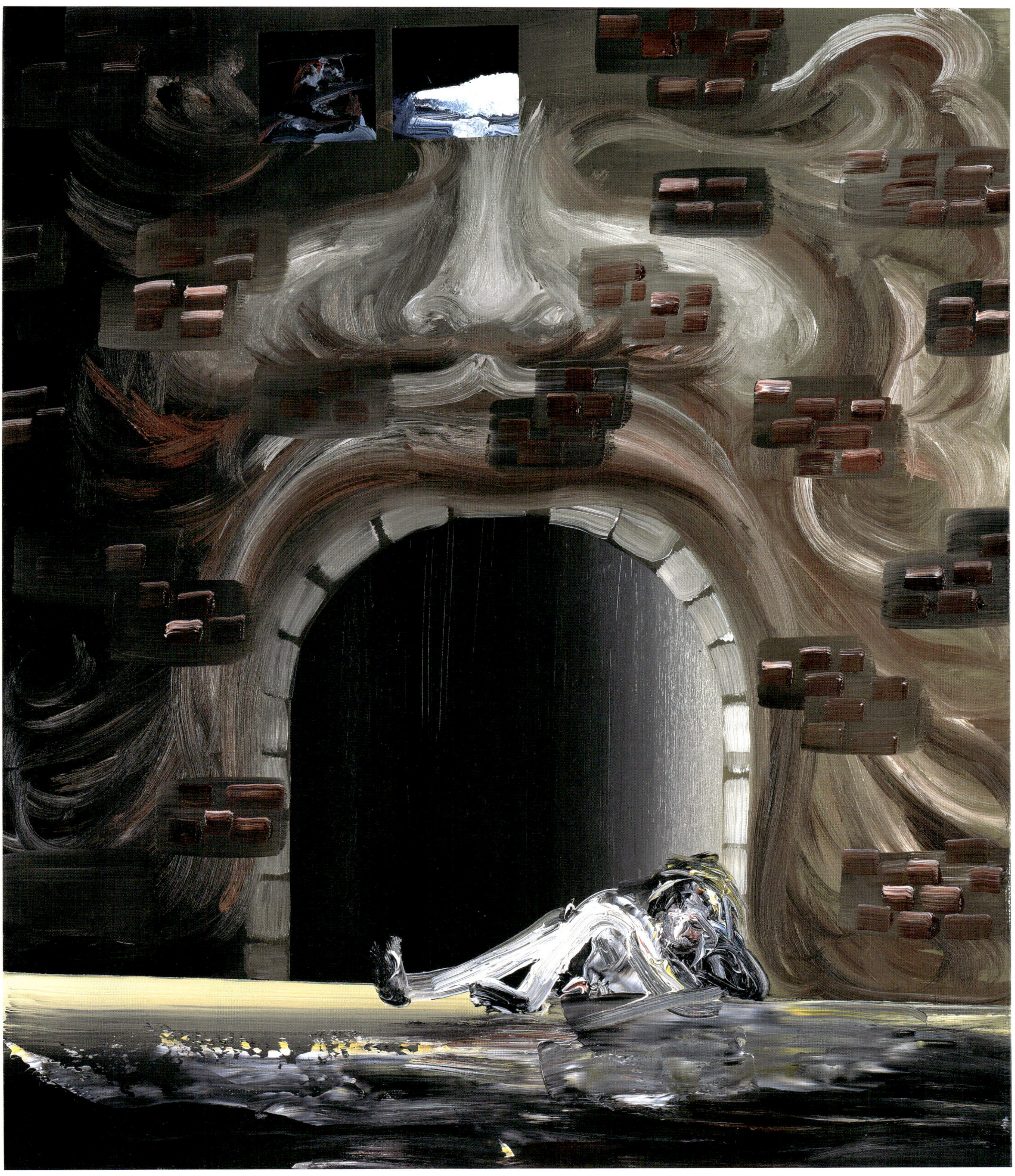

Heroïne, 2004
165 x 146 cm
Öl und Acryl auf beschichteter
Spanplatte

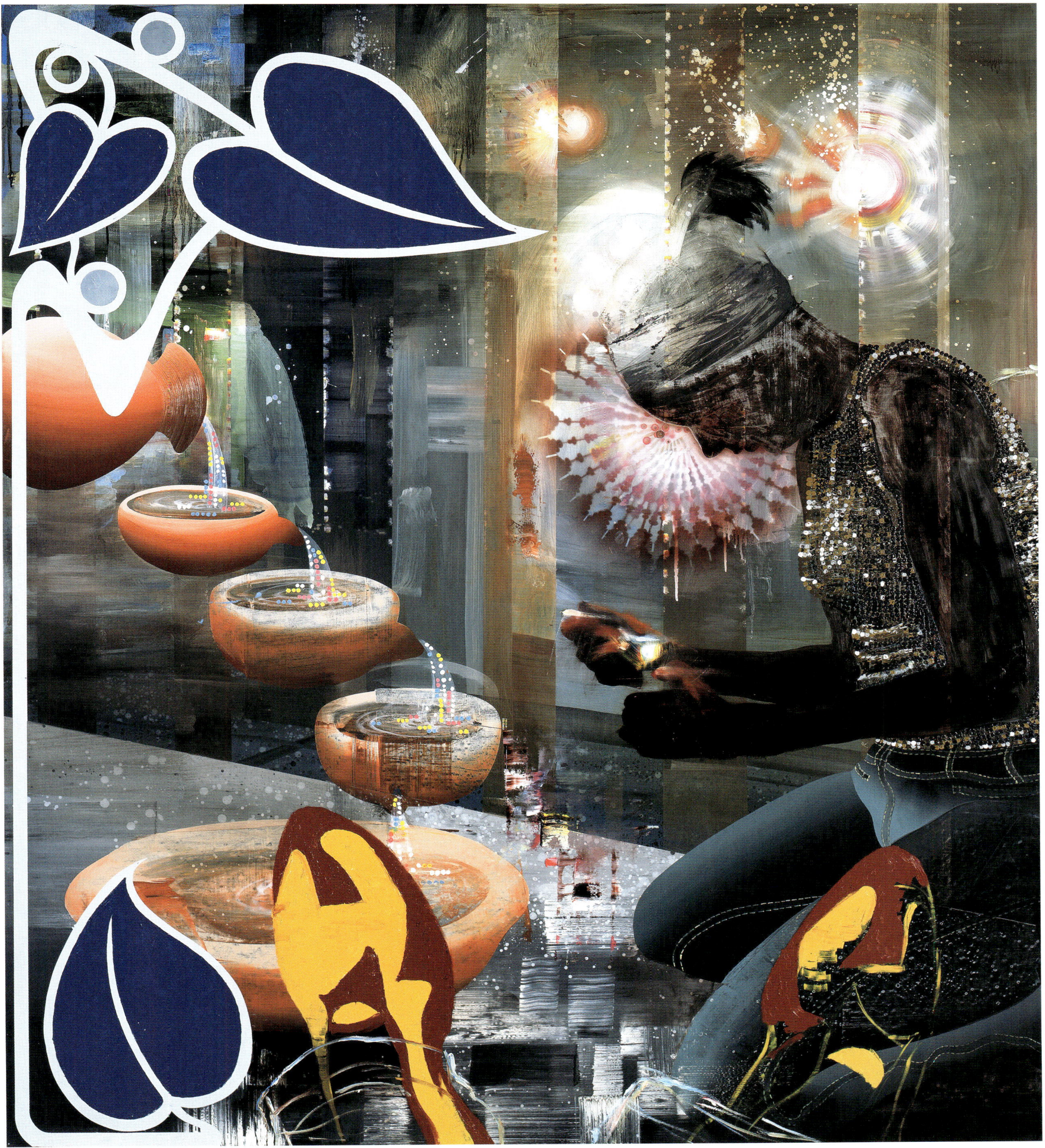

Blue Eyes, Red Nose, 2004
50 x 45 cm
Öl und Acryl auf beschichteter
Spanplatte

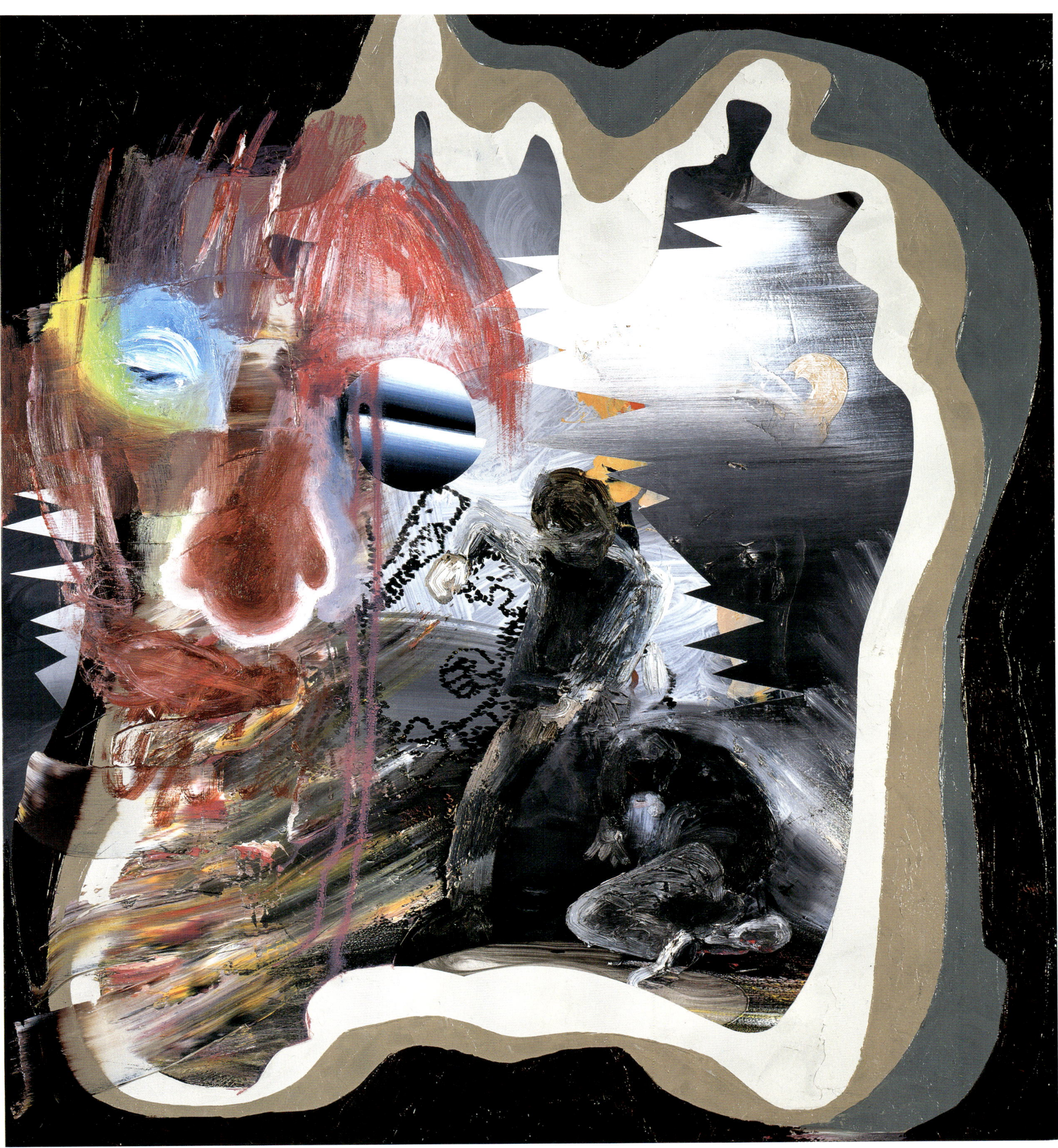

Münchner Ecke Elbe, 2004
40 x 30 cm
Öl auf Leinwand

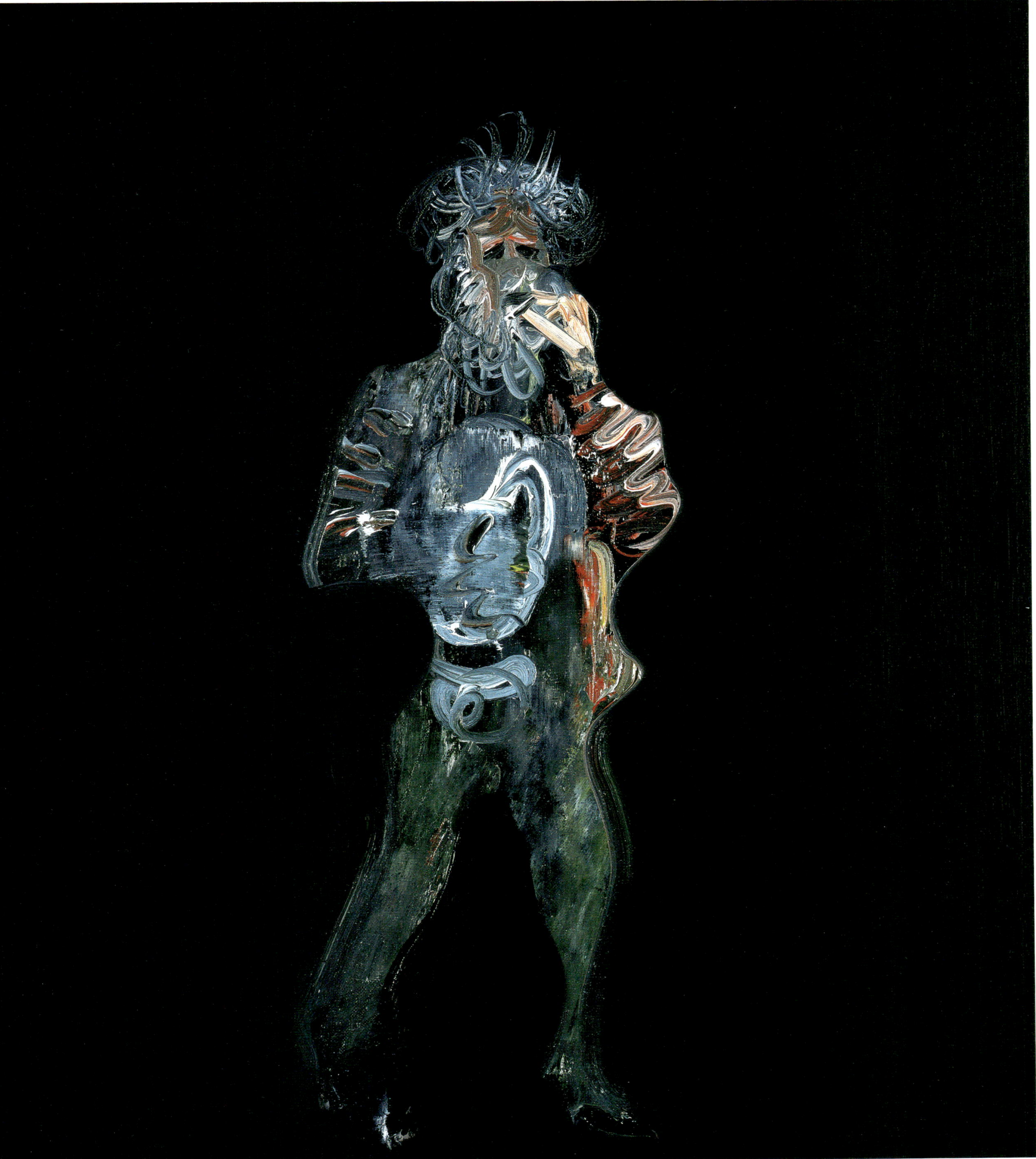

Blues, 2003
40 x 35 cm
Öl auf Leinwand

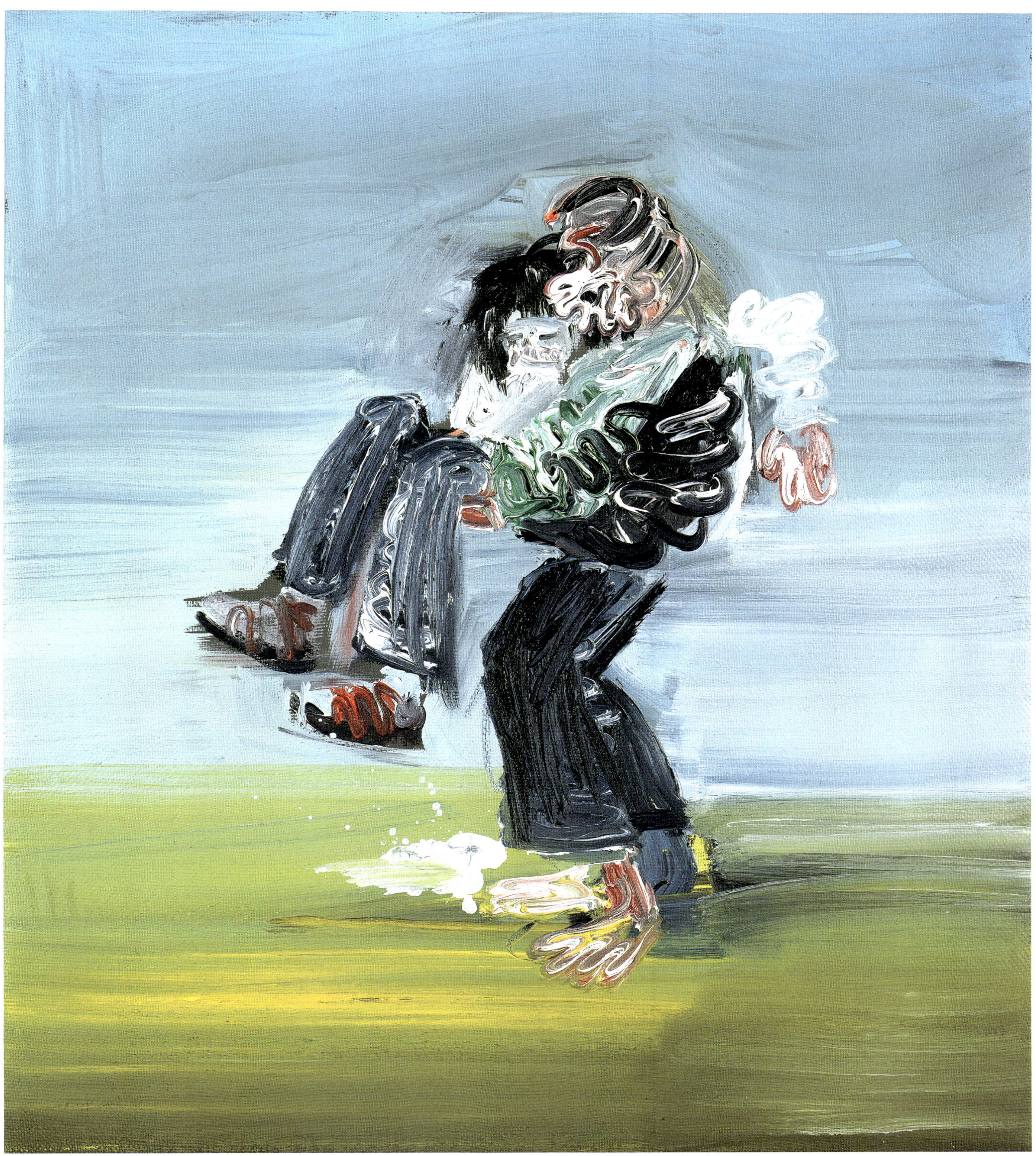

Minutenschlaf, 2004
60 x 50 cm
Öl und Acryl auf beschichteter
Spanplatte

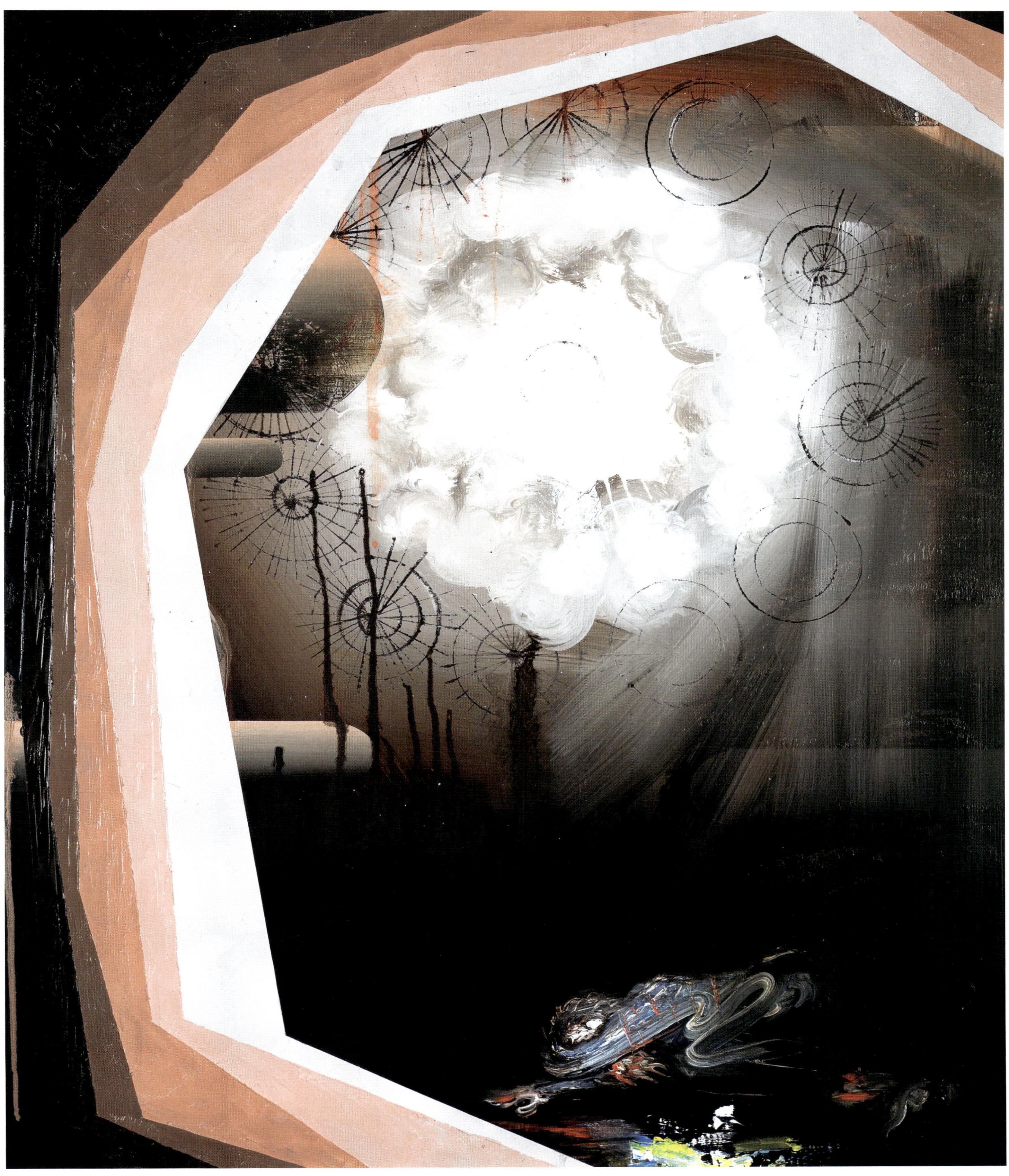

Toulouse, 2004
75 x 65 cm
Öl und Acryl auf beschichteter
Spanplatte

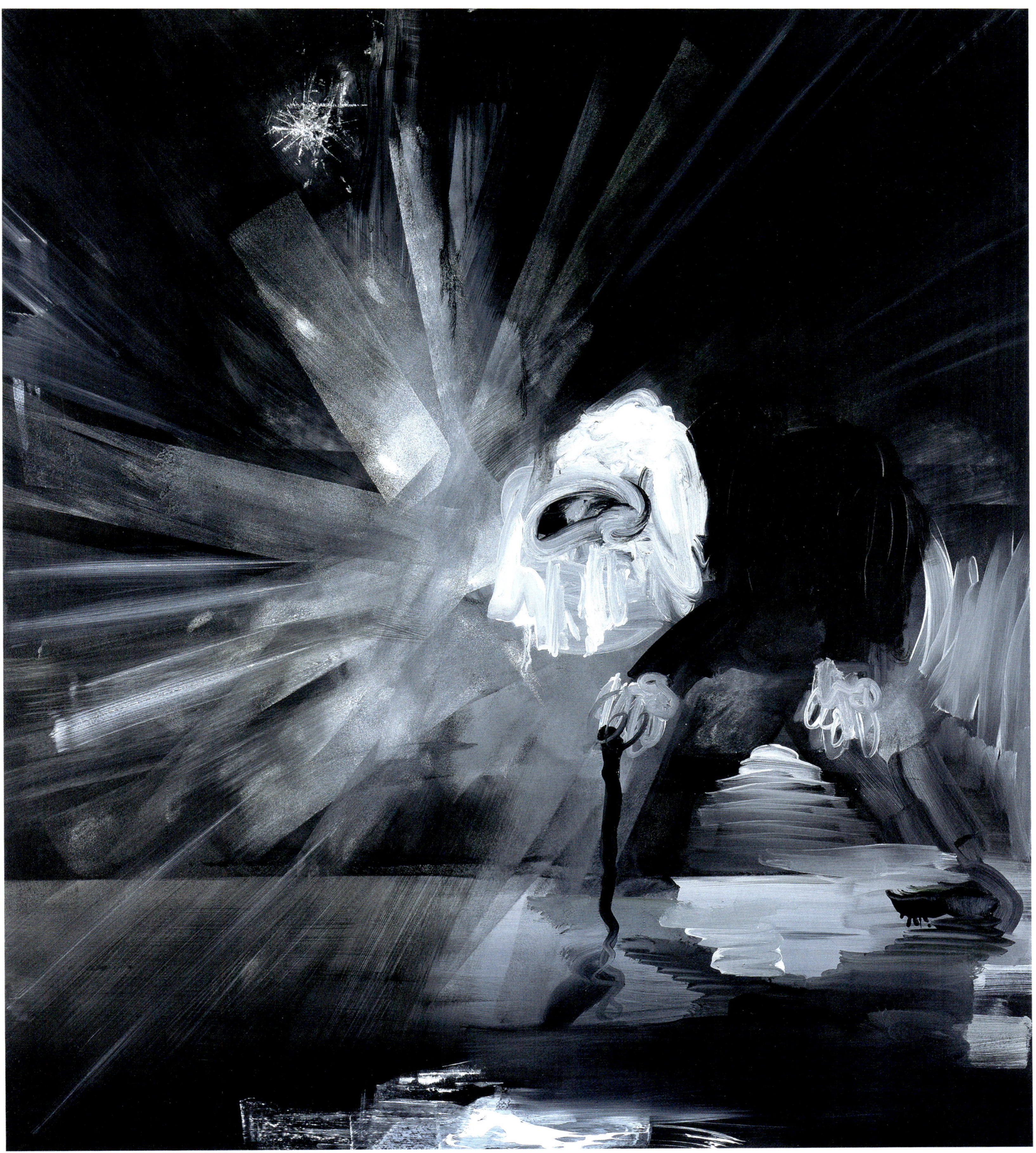

Wunschvorstellung vom Idealzustand, 2004
75 x 65 cm
Öl, Lack und Acryl auf beschichteter Spanplatte

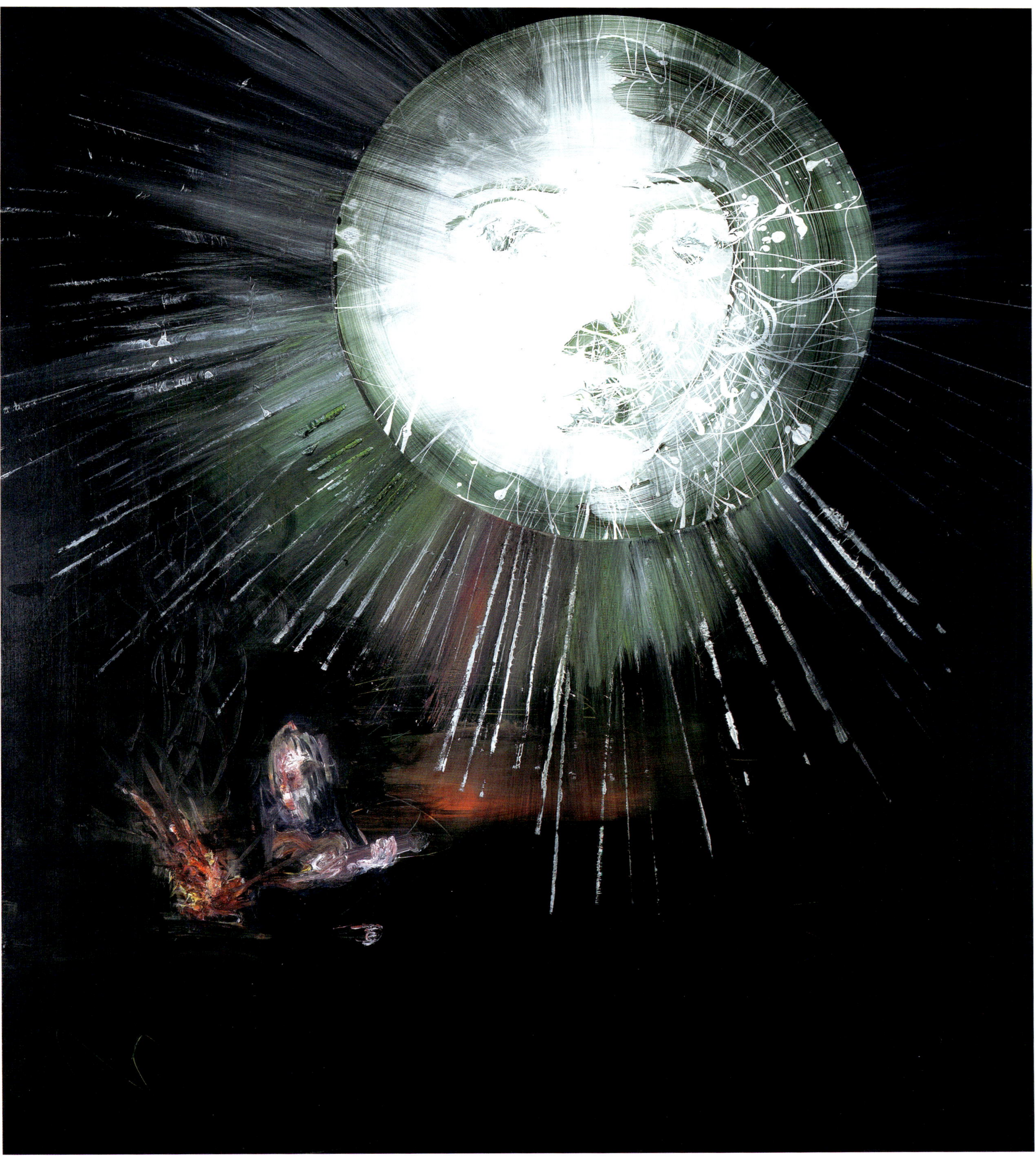

Charleston, 2004
54 x 35 cm
Öl auf Leinwand

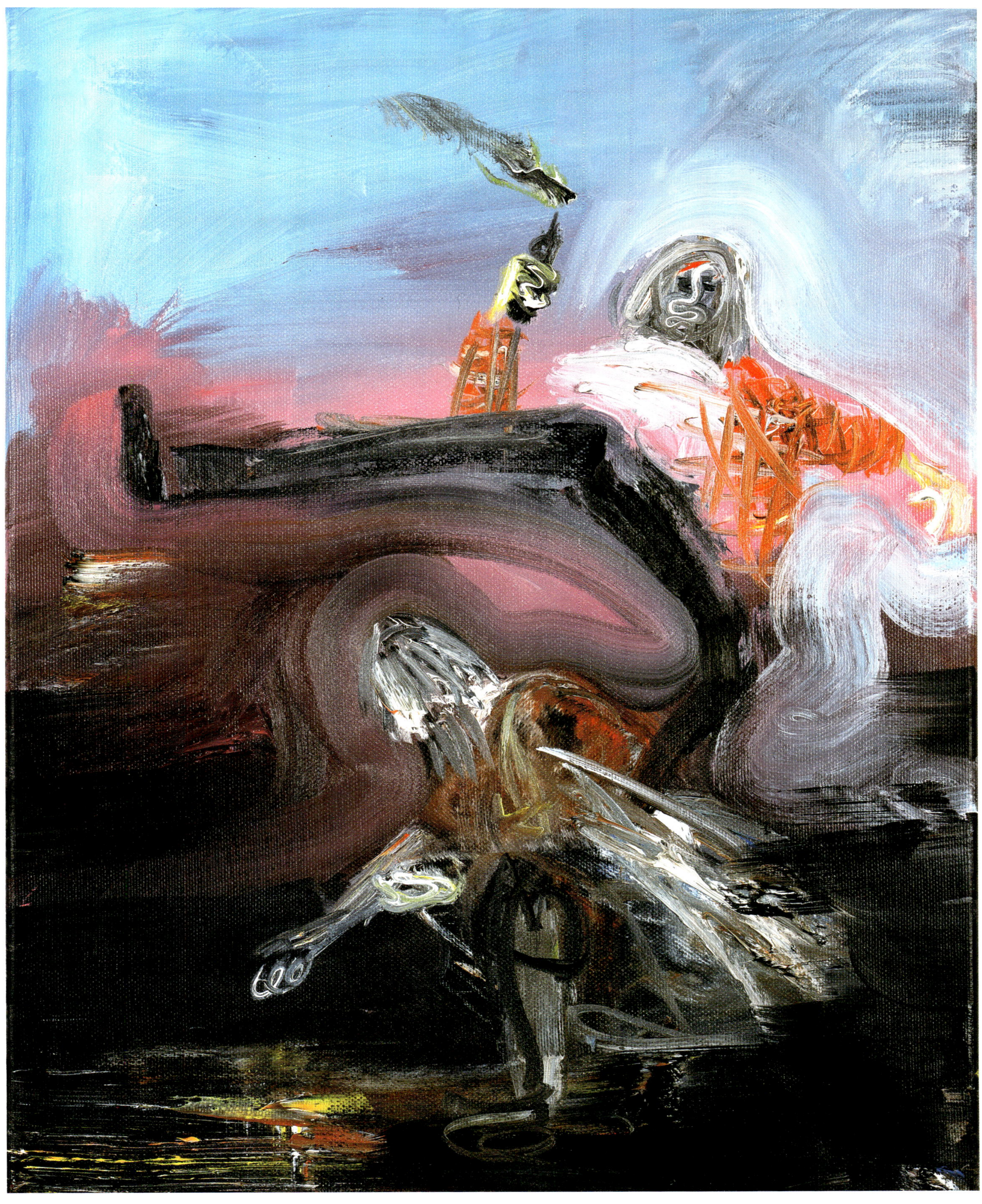

Quartier de la Gare, 2003
53 x 42 cm
Öl, Lack und Acryl auf beschichteter
Spanplatte

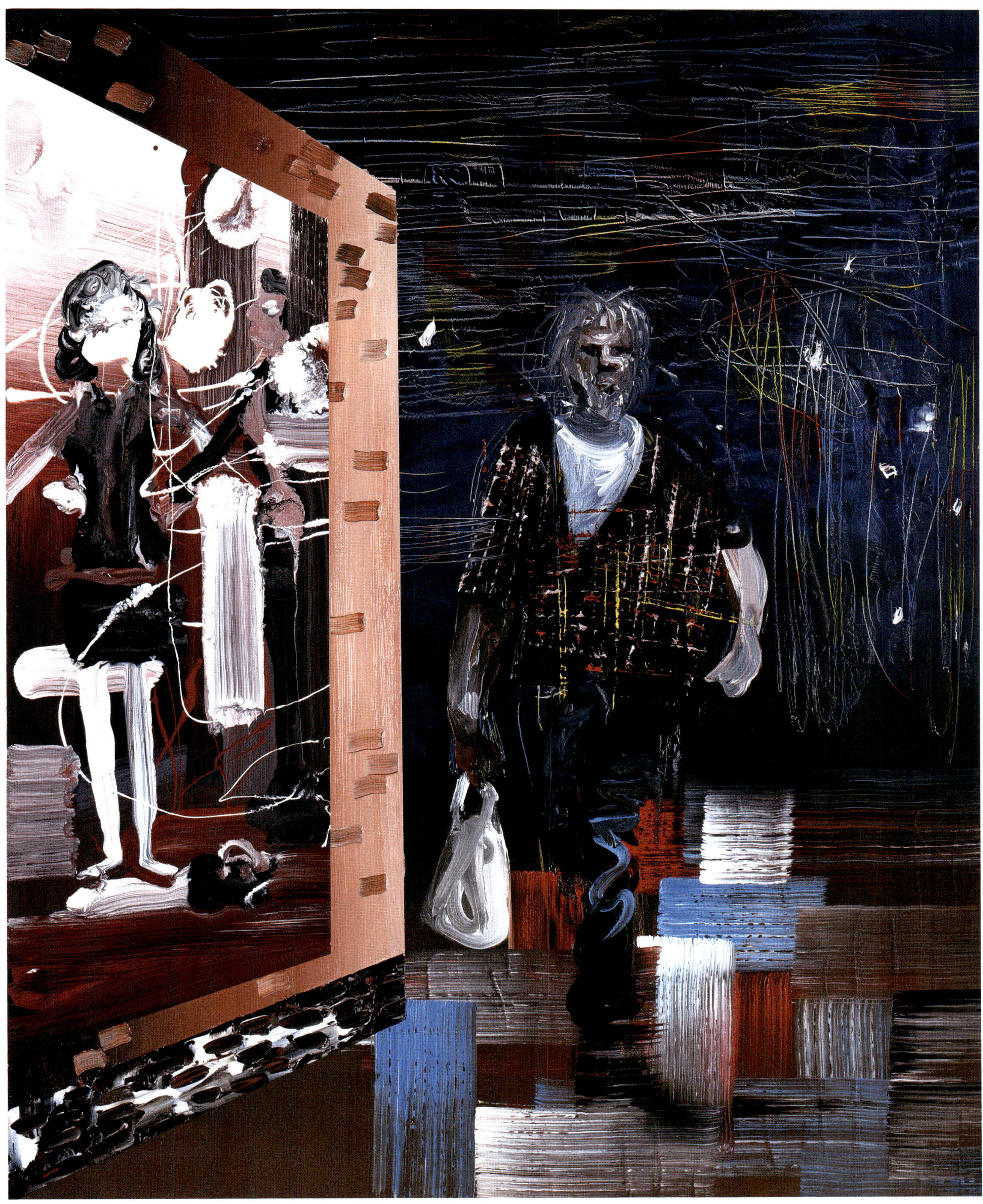

L' odeur des femmes, 2004
95 x 78 cm
Öl und Acryl auf beschichteter
Spanplatte

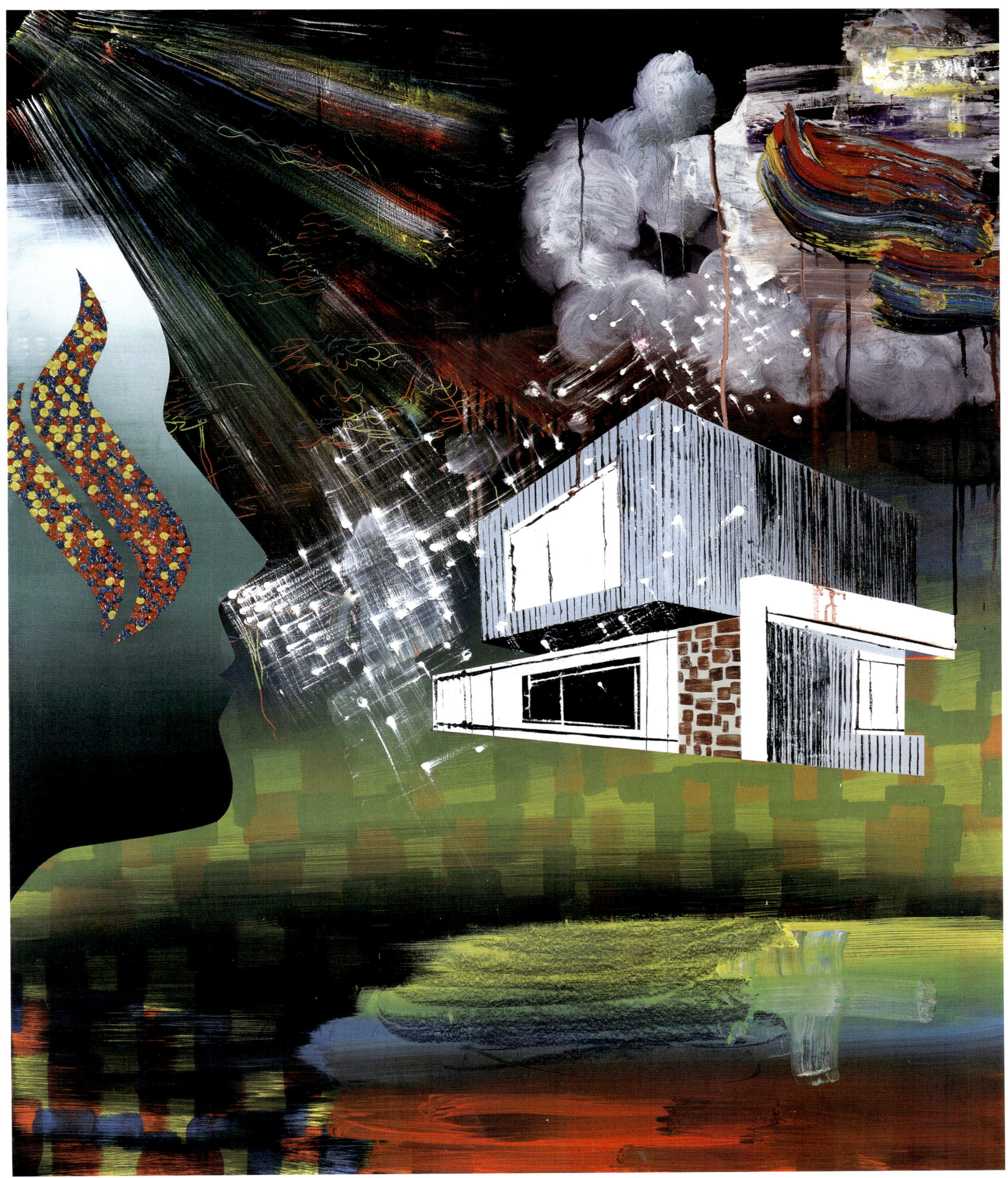

Gospel, 2004
70 x 50 cm
Öl auf Leinwand

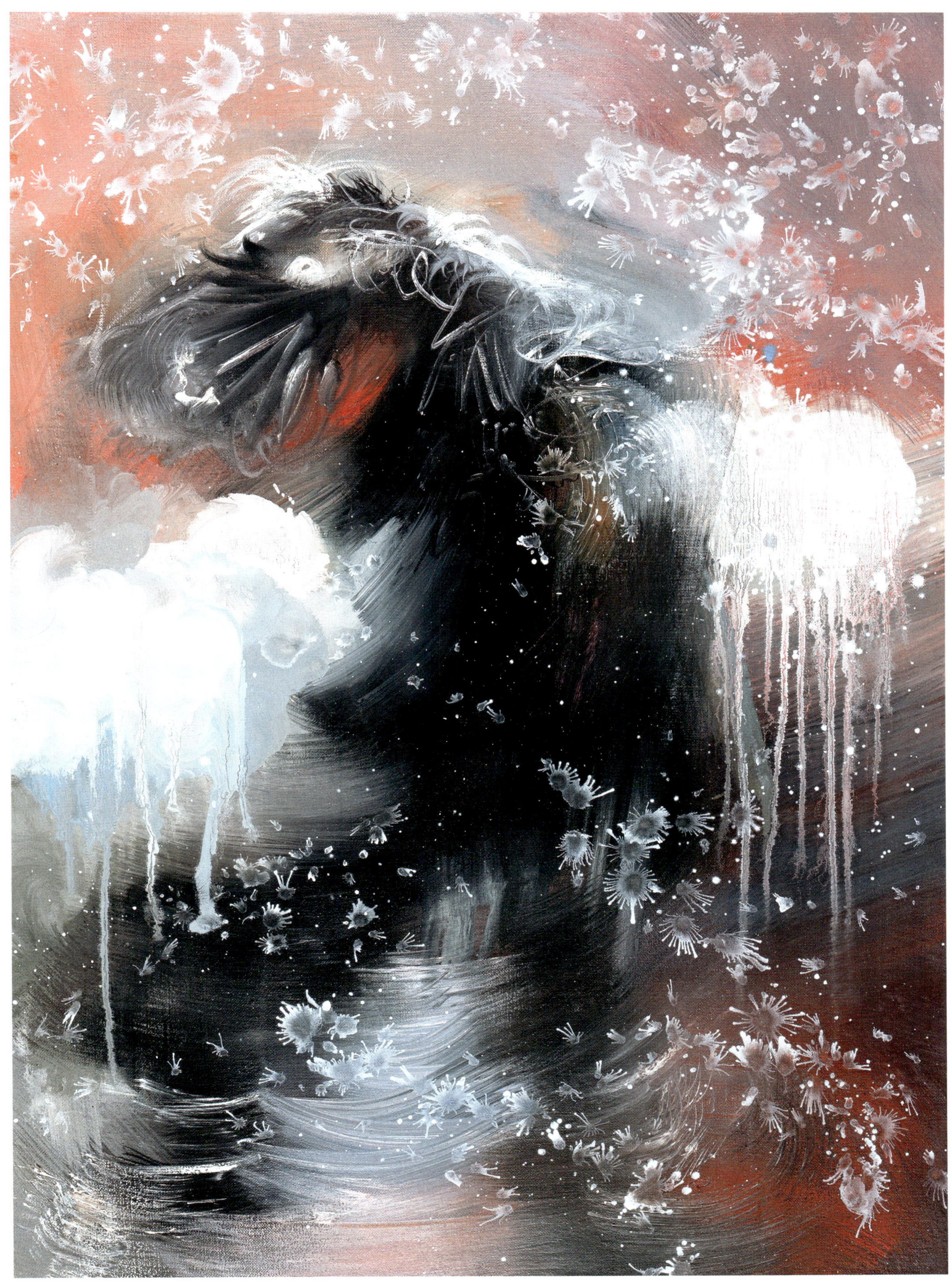

Smoking Area, 2004
ca. 65 x 104 cm, Diptychon
Öl, Lack und Acryl auf beschichteter
Spanplatte

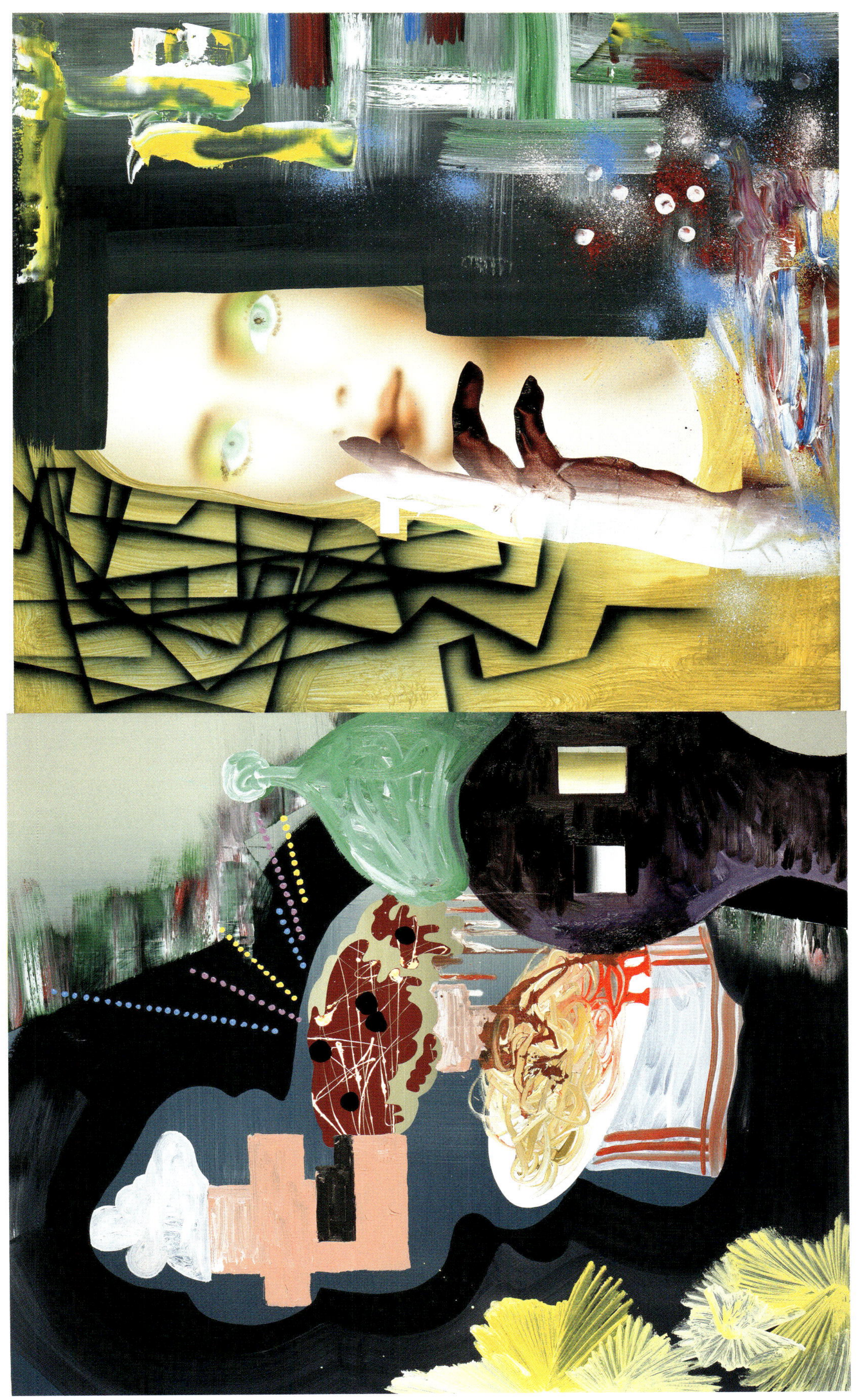

Want to see their business, 2004
130 x 100 cm
Öl und Acryl auf beschichteter
Spanplatte

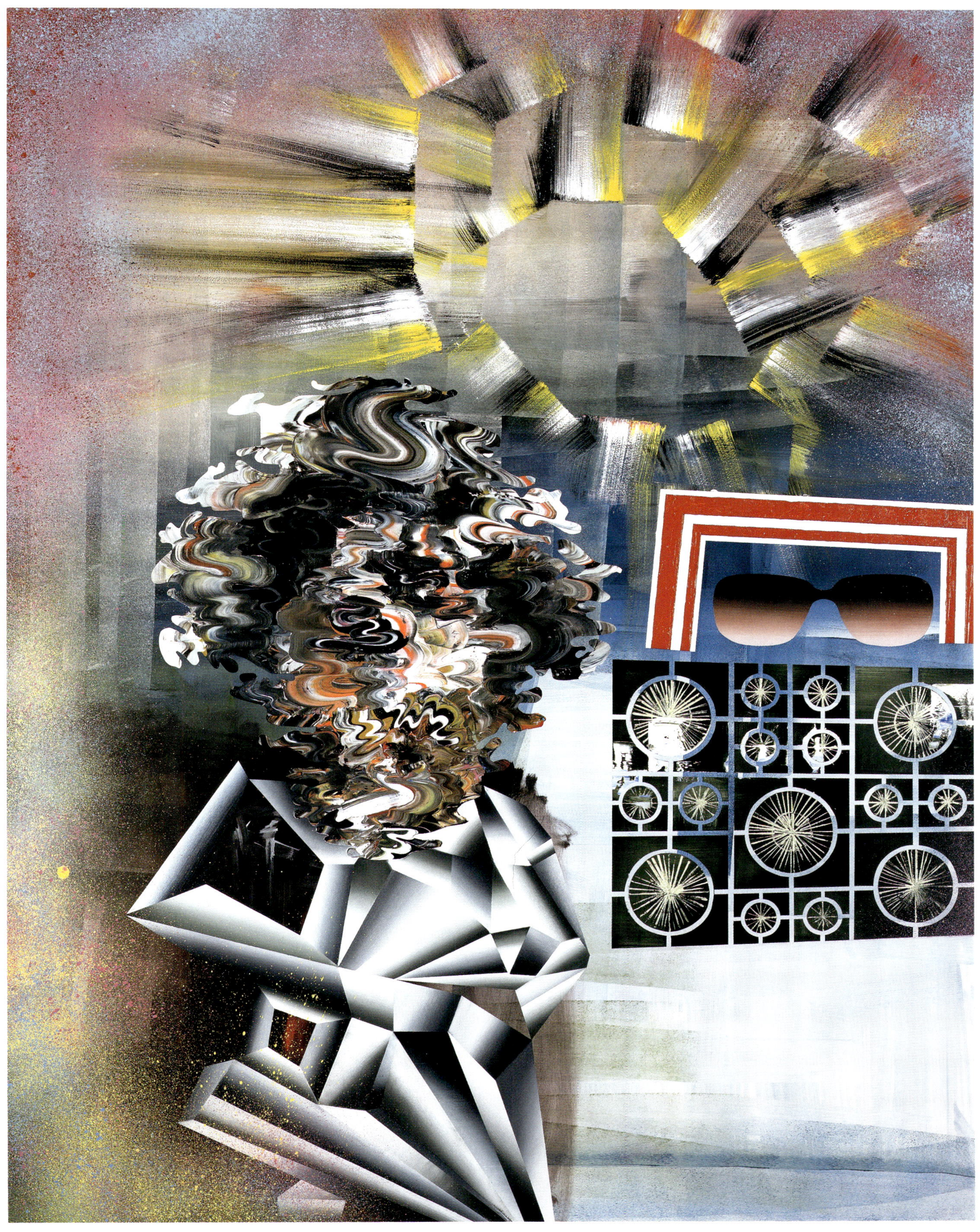

Concierge, 2004
75 x 65 cm
Öl und Acryl auf beschichteter
Spanplatte

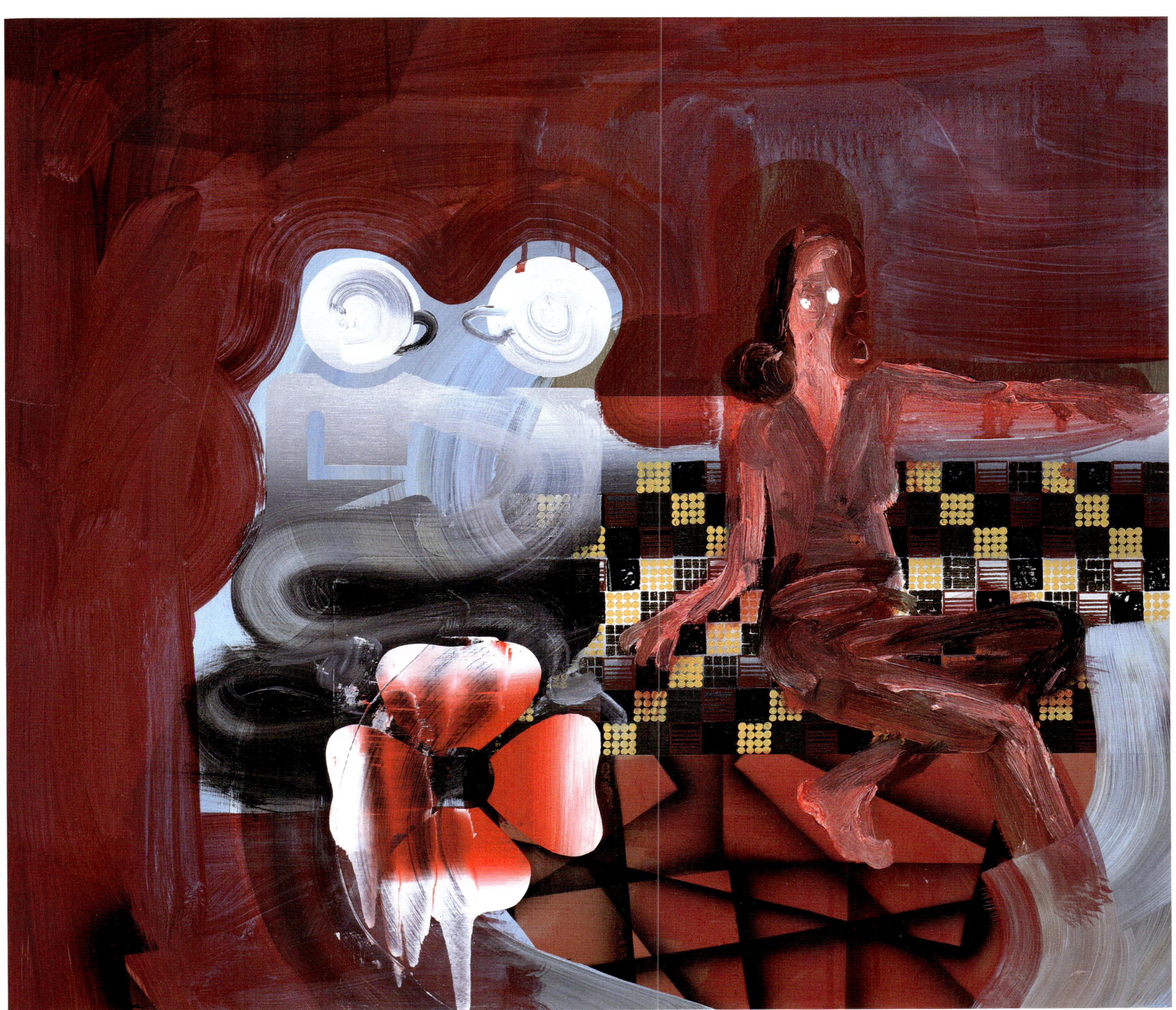

Serenade, 2004
250 x 205 cm
Öl, Lack und Acryl auf beschichteter
Spanplatte

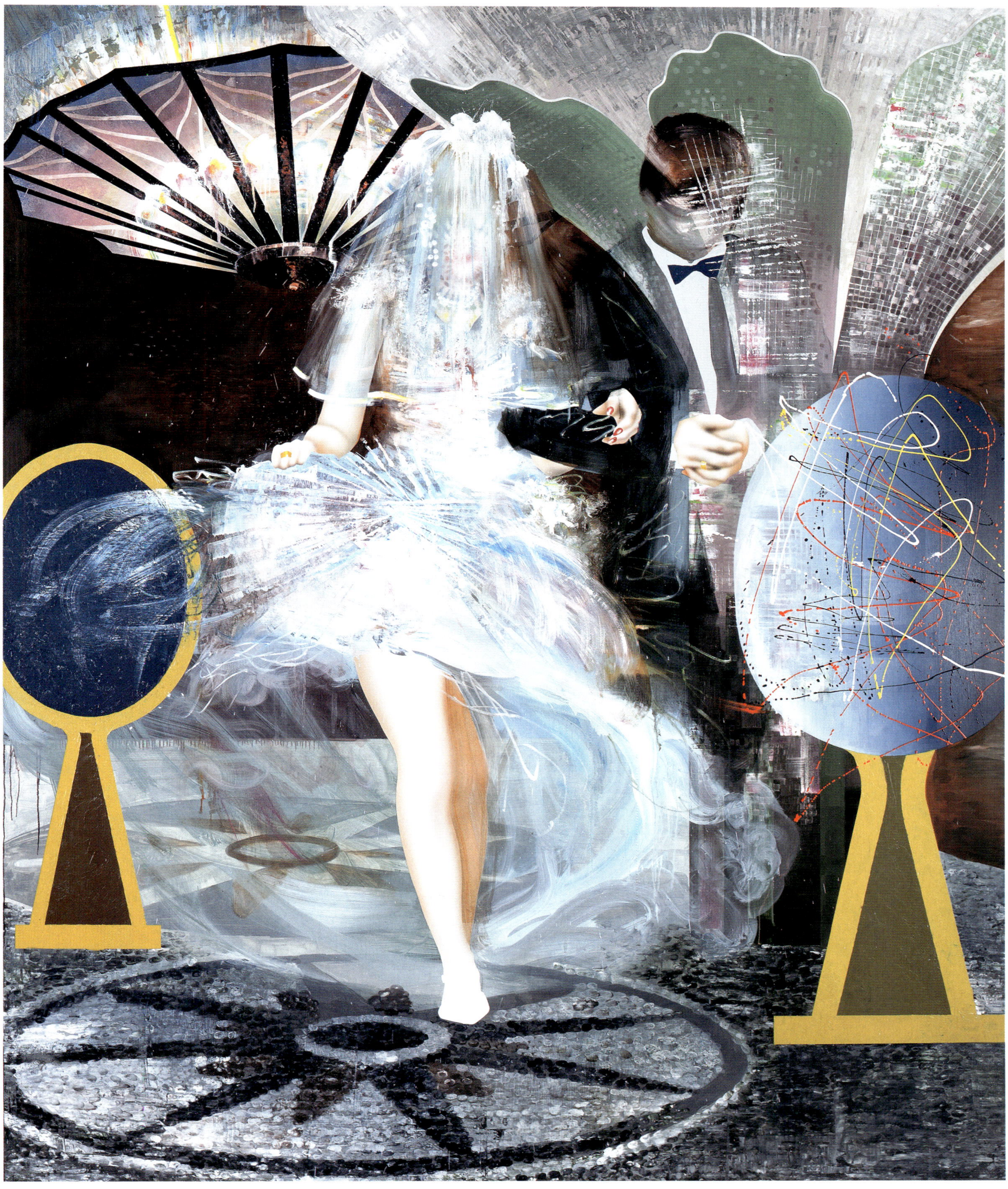

Haufen, 2004
50 x 57 cm
Öl und Acryl auf beschichteter
Spanplatte

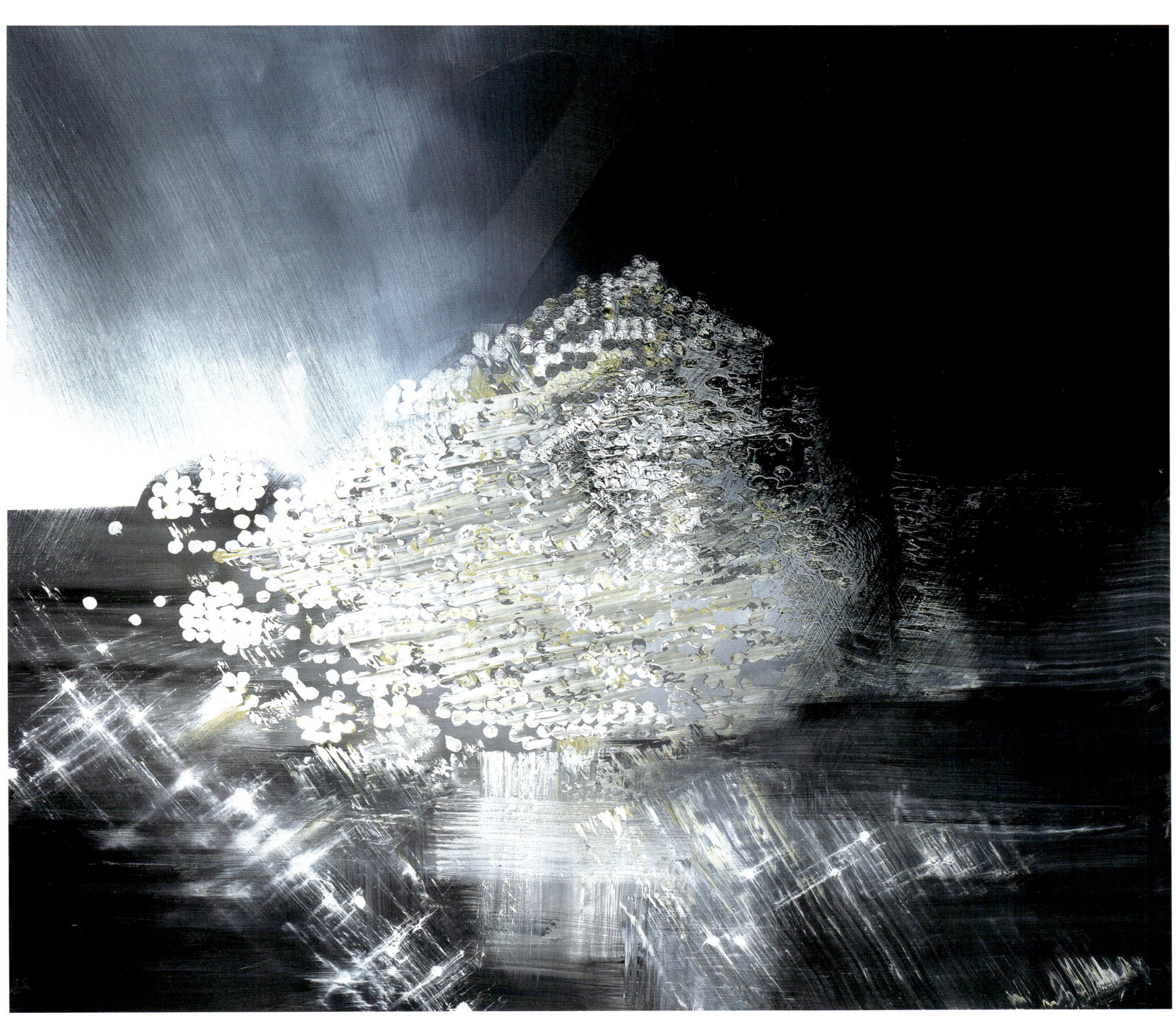

Le Garçon de la Maison 34, 2004
256 x 206 cm
Öl, Lack und Acryl auf beschichteter
Spanplatte

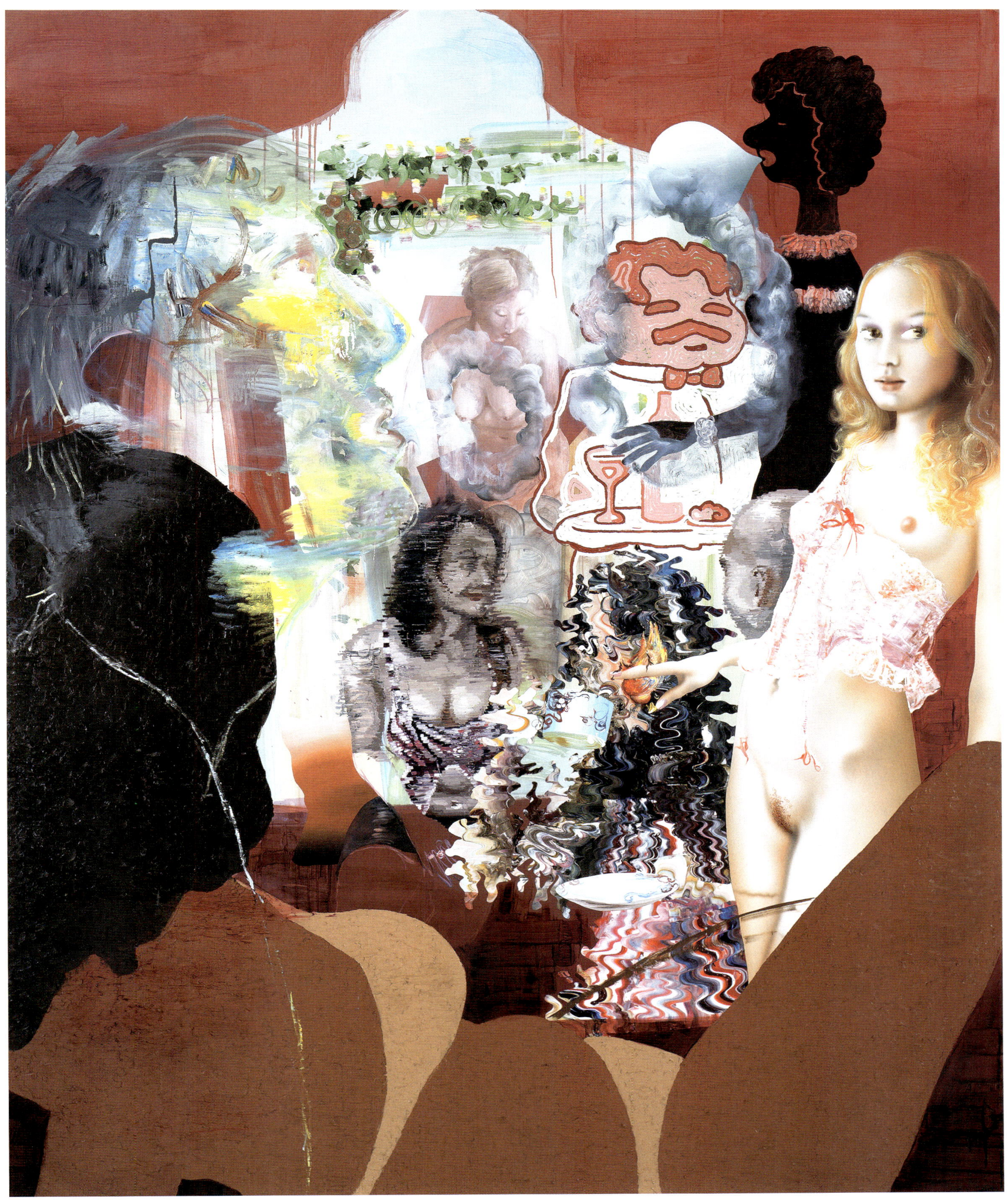

Bernhard Martin
Born in 1966 in Hanover
Lives in Berlin

Laurence Gateau, Director of the National Centre of Contemporary Art Nice and exhibition curator

Alexia Nicolaïdis, Artistic mediator

Villa Arson is happy to be contributing to the production of this catalogue and to witness the interest shown by the institution in the work of Bernhard Martin. In 2003 Villa Arson welcomed the resident artist for a period of four months. He benefited from a grant, an atelier and technical equipment supplied by the Ecole nationale supérieure d'art. In 2005, the Centre national d'art contemporain (National Centre for Contemporary Art) intends to hold a solo exhibition (26 February – 22 May). For this project, Bernhard Martin is renewing his curiosity cabinets from the baroque era by collecting and appropriating items, fragments and images.
This formal principle of research is equally applied to the actual hanging. He will be enhancing his own work with his personal collection of oeuvres by Gerhard Richter, Sigmar Polke, Frank Nitsche, etc. In his constructions as well as his paintings, Bernhard Martin merges the old with the new and the banal with the precious, sensing the need for a tangible totality. He puts forward an iconography related to a society of consumption, leisure, sex and drugs. The history of art affords him a vast field for investigation. He adapts academic canons in portraiture, genre painting or landscapes. On the same canvas, techniques and pictorial methods of style and of different époques intertwine to create a labyrinth in enigmatic composition. The coloured surfaces are smudged, polished, brushed, fluted and extend an invitation for a leisurely stroll. Rather than focussing on the exhibition itself, this publication presents the paintings and drawings from the four past years.

Painter as vagrant: Itinerant sources in the work of Bernhard Martin

Mark Gisbourne
Donnerstag, 16. Dezember 2004

I mistrust all systematisers and avoid them.
The will to a system is a lack of integrity.
FRIEDRICH NIETZSCHE [1]

Nothing has so deluded man as imagining life as a system that can be somehow fully lived. It is an idea that can be largely given over to the analogy of man as machine.[2] Indeed, and at all times, the premise for art and its pursuant practice has often appealed to visual aesthetics as being the means to ordering the affections of human life.[3] At other times art has gone even further and embraced the pessimistic suppositions of an aesthetic system that suggests the arts are a volitional escape from the world.[4] None of this is true of the painter Bernhard Martin whose work tends to be polyphonic rather than monophonic, which is to say that his paintings sing many songs and reveal many sources.[5] Martin's use of an array of itinerant motifs from what in the past might have been distinguished as either high or low, is cause on his part for celebration rather than regret.[6] For monophony will always tend towards a single exposition, an axial moment, a central point, and an interpretation imbued with a monocular narrative. Sometimes this is formally argued in the terms of social or political theory as a grand narrative, an exposing of one underlying reality that in turn supposes a dominant ontology or means of gaining systemic knowledge. Consciousness becomes in this context nothing more than the complex chemical pathway by which such ends are reached. And, in consequence human imagination is frequently suborned by the determination of dominant reason.

Now, why should I preface this essay with such a polemical set of assumptions? It is, perhaps, an attempt to stave off the accusation of eclecticism in Martin's work, or more importantly to express that a modern human life owes its comprehension just as much to the juxtapositions of the flea market as to the encyclopaedia. Though a close scrutiny of the latter quickly reveals the lunacy of juxtaposition created through arbitrary alphabetic tabulation.[7] What is being argued here is that the human imagination is most often vagrant and peripatetic, possessing a tendency to disordering the world just as much as in forging a particular cohesion. Hence the aphorism of Nietzsche that begins this essay. Bernhard Martin, himself, would never deny the vagrant peripatetic that has shaped his life thus far, indeed, he would accept that his imagination is one driven by motility. For in his paintings he does not privilege one source above another, be it Rembrandt or Hans Baldung Grien, Picasso or Warhol, the use of vernacular fabrics, advertising and popular design motifs, or a child's schoolbook. Hence nothing is fettered to a pre-ordained hierarchy in Martin's paintings. In consequence this means it is not a question of one grasping a particular iconography or hermeneutic, a motif from the past determining its present use. Rather it resides in the mastering of the interactivity of their present usage in a work - interactivity by definition is dynamic and motile.

The painter Bernhard Martin makes clear his use of eclectic iconography from the outset, 'you know it comes from the insisting presence of things in the world, on one level I don't like human beings and things in the world, but on another level I adore them. And, I only work on subject matter that I adore. So I am in a constant state of change, every year, or even every month I can seemingly change my opinion definitively."[8] This is evidenced throughout the development of his early work, which spans from the architectural models (he has always been interested in spatial installations that keep a sense of the space intact) through to medical illustrations, or even light sockets and fire alarms.[9] The pseudo or dream organs in works *Lasterorgan* (1992) and *Traumorgan* (1993), while they may reflect a phallocentric or vaginal-fallopian-uterine fantasy on the one hand, are completely fictional abstractions on the other. Indeed, executed in oil and canvas, wood, and screws, they owe as much to surrealistic forbears as they do to the medical textbook illustrations that served as their point of departure.[10] This characteristic flux of materialised metaphors has always been true of Martin, because he never seeks a simulacrum as such, and the small-scale paintings of *Feuermelder* or *Lichtschalter* (1990) are but discrete environmental interventions and not intended as *trompe-l'oeil* illusions of the objects themselves.[11]

It is on the basis of a plurality of referents that we must understand a work like *Bild Ohne Eigenschaften* (1994), a painting that appears as if it were a giant collage bringing together images drawn from the daily welter of the modern world.[12] What we in fact confront is a lateral rhizome of post-modern assimilation, a cubist painting next to a girly photo, next to a washing machine next to a city skyline, or a glass of beer next to a flying saucer, human organs jostling alongside kids' drawings, without any particular image given privilege or hierarchy.[13] Images may be kitsch or candid, informational and documentary, private and personal, projections of hidden desire and/or general consumption - the visual cacophony of our day-to-day world. Therefore while the painting appears to homage the conventions of collage (and at times the artist uses the collage technique), in reality it is a painting that forms a litany or summation.[14] For Bernhard Martin a painting completes an image in the way that a collage cannot.[15] A painting like *Bild Ohne Eigenschaften* (as its title suggests) and the later much larger *Futterstadl* (2000/2001), deliberately deny any qualitative privilege of specific content, for the very reason that they are no longer framed that way in the experiences of the artist's daily life. And, though like Gerhard Richter's *Atlas* (1989) they reveal any number of sources for Martin's work, where they differ is that the older master shows the schematic and systematic application of his ideas and motifs, while Martin stresses the arbitrary nature of contemporary visual experience. It is not a wanton arbitrariness, however, which is to say that it might be random for the sake of being random, but rather that the daily discards of chance and their discovery have a profound effect upon the artist. Hence my analogy to vagabondism and the flea market, where referents to high and low culture are freely found side by side, often through reproductive media.[16]

As suggested, it is the principle of painting that drives Bernhard Martin, regardless of other material referents that he might use, be it needlepoint, drawing, furniture, photography, installation or sculpture as painting. Thus the elasticity of painting and its power to reference other media is what most fascinates him. He sees himself quite specifically as testing the limits of painting. In works like *Schrank*, and *Torso*, and in *Waschmaschine* (1994), executed in oil, canvas and intarsia, they betoken a similarity with painted wood grain that have precursors in Cubist *papier collé* and Magritte. Yet they are not used for the purposes of iconographic reference or citing historical predispositions, but realised because, as he might argue, they were literally capable of being painted. In the double legibility that painting possesses, whether painting images off a television screen, or the pixillated images of a computer, two worlds are created, that of source and that of their displacement into a painting. The fact that painting can snare things from the world, represent them, conflate and re-assemble them is the reason why it is most persuasive to the painter. In this case the object-paintings were tied to a specific installation, in which the paintings stood both as referent objects and as paintings, and it was that which most interested him in relation to organising and planning the exhibiting space.[17]

The exhibition *Closets* (2000), also reveals another aspect of Martin's art, something which allies itself to two prevalent themes of private world(s), and the shared public experience of pleasure and entertainment. In many ways they reflect the love-hate relationship, those two- sided aspects of Bernhard Martin to which I have alluded above. There is the sense of the artist's withdrawal into the imagination and the private world that only the studio can generate and provide for, and conversely the celebratory excess prompted and provided by the world around him. In *Closets* he used furniture units of the type one might find at IKEA or MFI, which when installed in the gallery suggested a pseudo-minimal aesthetic. When opened and entered a completely different world was to be experienced. In *Single Disco – Whisper Club* (1999) and *Kings Corner* (2000), we are immersed in the nightclub world of Disco, or that of the GO-GO girl and the lap dancer, while in the half units of *Private Beach* it is a strand with differentiated lighting, and digital beach scene interior. Reminiscent in some respects of earlier works by Martial Raysse, *Private Beach* similarly plays with the porous boundaries between the imaginary and the real, since it also includes a beach shelf and actual towel.[18] More recently still the artist created a bar called *Hasenbar* (2002) as part of a festival project, and while the exterior looked like beehives or chocolate cup-cakes, it similarly dealt with the elision between dimensionality and surface – the sculptural dimension and the flatness of a painted surface.[19]

All this presages - as already stated - what is the central thrust of this essay, namely that painting always lies behind that which is expressed by the artist. And, it is true that for the last five years Martin has been overwhelmingly concerned with painting. While his use of other types of media have their applications, they are often subsumed within the investigative limits he finds in painting. In a painting like *Smoking Area* (2003) we see the full application of what has been discussed as regards source material. The right panel has a veritable kaleidoscope of references, spanning from a Gris-like Cubist wood-grain construction on the left to, perhaps, Richter-esque crosshatching on the right, and a kitsch and sentimental smoking blonde head posed in the centre. Conversely, the left panel has a plate of spaghetti and tea towel, what look like Ernst's grattage flowers on the left, a strange black head-form with square and rectangular eye openings, and a green inverted heart shape on top of the head. It is important to note the plurality of mark-making used to articulate the forms, not least because it stresses how the artist uses a myriad of different marks to mirror the diversity of forms and references he uses. There are formal issues of flatness and paint density that makes the surface of his paintings have a sense of tension. Or, again in a work like *Movie* (2004) where the rhinoceros (all facture and texture), appears mid-ground behind an airbrushed Balthus-ian reclining maid reading legs apart, with a loosely painted naked youth foreground left, his hands buried in the pixilated surface of a nude sand sculpture lying immediately across the foreground space. The painting also includes indexical signage, a lobster on a stick carried by another male nude his body smeared with paint, a hirsute and sketched male upper torso, a fire, an explosion, a silhouette, eyes in the dark. In short it is a cacophony of fragments juxtaposed without narrative, or at least such narrative as exists, might be assumed as one that takes on the cut and paste of a movie archive. Films like *Who Framed Roger Rabbit* and *Mary Poppins* spring immediately to mind. And, this is the important aspect of the painting, for we enter a world of non-linear assimilation emerging into a post-narratological world made up of mish-mash of sensory events. The familiar conventions of symbolic meaning have collapsed and been replaced by an open-ended set of ciphers that 'point towards' something, but as to what they 'point towards' tends to be an undefined outcome that can never be clearly known.

An easy or shared definition of reading and meaning is above all what is undermined by Martin's paintings, once an element is identified it immediately dissassociates itself from the site of its original iconography through that which accompanies it. We might want to say, this refers to Pop Art, that to Surrealism, to informal painting, or classical and Renaissance iconography, and so on. But Martin's paintings never allow such easy respite, and like a restive vagrant character he is ever moving onwards. The Hodgkin-esque world of a painting like *Schnupfen* (2003) seems far removed from a painting like *Heroine* (2004), and one is not entirely sure that they are by the same artist. *Schnupfen* is a painting as window, with a stylised lamp resting on the windowsill, and an abstract nose to the left honouring its title. The large nose alludes also to a severe case of flu that the artist suffered immediately after his arrival in Nice, and only strengthens the argument of Martin's use of the personal that becomes strangely integrated with other types of source material. *Heroine* is a painting of dream and addiction, a fantastical world of aura and hallucination, of stylisation and fanciful projection. The dichotomy may appear initially as a type of visual schizophrenia, but it is in fact a form of aesthetic nomadism.[20] For the aesthetic nomads builds from the immediacy around him, and they are explicitly hunter-gathers of images taking immediately what is to hand. Human memory takes on the form of accumulation, but the peripatetic (or wandering) and nomadic aspect is only realised by motility and through the process of making.

None of this undermines or prejudices that specific paintings may possess a tonality of content, or that they may be linked in specific ways. The painting *Wunschvorstellung vom Idealzustand* can be linked to *Toulouse* (2004), not only because they share the same Goya-esque content and canvas size, but because the sensations evoked are putatively the same. But, then it becomes difficult to connect the night-time scene in the background transition of *Fred The Bear* (2002) to these more recent paintings. *Fred the Bear* (or the bearskin), is an interior space whose frontal plane is invaded by large painted *decoupage* flowers, that owe less to the world of Goya and more to that of Matisse – two artists that would not normally sit comfortably together. And, two paintings like *Entrée* and *Le Garcon de la Maison 34* (2004), while they may share the same party theme of celebration and the sociality of café culture (as well as aspects of execution), soon become very distinct from one another when you investigate their contents. The latter with its modern day Eve (indebted to the tradition of Hugo van der Goes or Cranach) pointing to a cafe couple, behind whom is a cartoon-like 'garcon' as you might find in a child illustration. While presiding over this is a naked Madonna-figure in the rear ground and a painted *decoupage* bikini-clad figure in the frontal plane. Conversely, *Entrée* is an interior space full of pseudo-design elements, and a levitating or suspended (we suppose drunken) woman releasing an empty wine bottle in the mid-ground and central focus. In fact it is only on closer inspection we see the faint outline of a invisible male with his hand on the girl's skirt.

The placing together of definable figurative references with cartoon figures and popular contemporary graphics is a common feature of many of Bernhard Martin's recent paintings.

In *Tag der Röcke* (2003) a cartoon coffee-pot (the Duchampian 'coffee-pot' joke is not lost on the artist) marches right to left across the centre-field passing a would be yogi, while in the foreground left we find a blemish-less redhead in a tank top and mini-skirt blowing bubbles. A man and topless woman strum string-less guitars on a sofa mid-ground right, while behind them another cartoon figure grips his stomach. The painting is as much dream as substance, two visual worlds collide, but do so in a way that owes a debt to film where as stated the mixture of such different genres is now commonplace. In *Wohngemeinschaft* (2003), there is a similar resonance, as a Jim Morrison figure strums away on his electric guitar behind a yawning spectral cartoon-figure, and an unsupported female in a mini-dress, her pubes just discernable, similarly strums away next to a laundry basket, and in front of a strangely perched Miro-esque figure as a painter and decorator. The sentinel child of this post-60s atomised family stands foreground right making eye contact with the viewer. Is it the case of the child judging the man, the child as cipher of the real in the dream world of her parent's yesterday(s)? It would be dangerous to make such assumptions. But what is clear is that the simple compositional conventions of this painting are traditional, and it is only the inclusion of not immediately relatable themes that causes its puzzling effect. The same comments might be applied to a painting like *Il Fratello del Giardiniere* (2002), and *WG 2* (2003), which share the same sense of visual collision and contradiction.

In a work called *Indicazione geografica tipica* (2003), the central focus is a child's drawing in an undersea world accompanied by a drawing of hippies or rockers, a celestial orb floats above. This should remind us that Martin has not only illustrated children's physical education textbooks, but that many of his own drawings from early childhood are still in his possession – this is an artist who throws little or nothing away as concerns the visual imagination notwithstanding the roving aspects of his adult life. In fact Martin only really understands the world by seeing things. The child inside the adult is a recurrent textural theme that runs through his work. But his child is no innocent, rather it has been shaped by the Baroque dramas Martin first confronted in the museums of his childhood, the first drawing he made being after a portrait by Rembrandt. A painting *Blue Eyes, Red Nose* (2004), while it may impose a sketchy blob-like head and nose onto a biomorphic Arp-like field, also depicts a brutal murder reminiscent and born of nineteenth century realism as its main event. This is the paradox at the heart of so much of Martin's paintings. What we see as being very post-modern in terms of the layering of unrelated subjects is at the same time extremely traditional and even folkloristic in the way it is approached.

The interchangeable application of elements usually associated with a particular medium, *decoupages* or cut-outs for example, ultimately find their meaning for him in a painting. A work like *Unterholz* (2003), suggests it should be collage given that all the parts reflect a jigsaw-like cut out technique. However, a simple cut-out would not allow the freedom of subtle transition within the elemental parts of the image that only painting freely allows. And, Martin feels less comfortable simply making a collage and then painting on top of it, though he has also experimented in this area. The different types of paint application, already mentioned, also warrant further development and scrutiny. The sheer variety is astonishing. In a painting like *Quartier de la Gare* (2003), inspired by the world of prostitutes around Frankfurt Bahnhof (this translation of motifs is common to his work) you find the blocked and dragged brush-stroke reminiscent of Hoffmann or Richter, above this on a blue field is the graphism derived in large measure from Martin's interest in child art, their use of materials, wax paintings and potato prints. Scratched, and/or thickly and thinly applied, this language forms a polyphony of expressive means that compliment the diverse plurality of the motifs he uses. Genres similarly collide which might be pseudo-folkloric in a painting like *Acker* (2004), or can be simply ironic as in *La Bocca de la Veritá* (2004). In the latter a collapsed derelict sits slumped in front of a dark tunnel opening, and the title of the funfair game acts as analogy that simply doubles the classical reference to a fountain or grotto entrance. If this is the mouth of truth then the drunk certainly has not found it and been left outside.

Such readings are always speculative given what I have already stated as to how Bernhard Martin extracts his images from the world, for the connotations may be personal or public in differing respects. Yet, as Louis Aragon was wont to say of the Surrealists, Martin is a 'chasseur des images', a hunter and seeker-out of images both elitist and banal. In a painting like *These Wonderful Ten Minutes Alone* (2002) we confront a gallery corridor with a window, two lovers sensuously sketched by the continuous flow of brushstrokes are coupled together, while foreground left strange Triffid-like plants viewing the coupling. The commonplace, the fantastical, the conventions of images within images, the recessive carpet, and the gradation of wall colour give the painting a sensuous flow. It is a world of indexes, allusions and referents to a painting still in the process of becoming a painting. That may in the end be the reason why Martin is essentially and passionately a painter, because painting always lies ahead of him as still something to be made and remade. The visual vagrancy with which he pursues his daily processes and practice is closely attuned to the reality he lives, and it might be argued, also true to the general tenor of how we experience our contemporary world. The systemic approaches of modernism saw painting as an end (at an end), surely a complete misunderstanding of how it functions in the reality of a painter's mind. Martin would say that the true reality of painting for the painter is that it is always at its beginning.

1 FRIEDRICH NIETZSCHE, 'MAXIMS AND ARROWS', *TWILIGHT OF THE IDOLS*, ENG. TRANS., R.J. HOLLINGDALE, HARMONDSWORTH, 1968; APH. 26, P.25 (THE GERMAN ORIGINAL WAS FIRST PUBLISHED AS *GÖTZEN DÄMMERUNG*, 1889).

2 "MAN IS SO COMPLICATED A MACHINE THAT IT IS IMPOSSIBLE TO GET A CLEAR IDEA OF THE MACHINE BEFOREHAND, AND HENCE IMPOSSIBLE TO DEFINE IT," (JULIEN OFFRAY DE LA METTRIE, *L'HOMME MACHINE*, 1748); THIS CARTESIAN TRADITION IS BEST CRITIQUED IN THE CLASSICAL LITERATURE (AND IN A TEXT CURRENTLY BEING REVIVED) BY HENRI BERGSON, *L'EVOLUTION CREATRICE*, PARIS, 1907; ENG. TRANS., ARTHUR MITCHELL, 'THE EVOLUTION OF LIFE – MECHANISM AND TELEOLOGY' IN, *CREATIVE EVOLUTION* (1911), DOVER BOOKS, NEW YORK, 1998, PP. 1-97: THE CURRENT INTERFACE BETWEEN NEURO-PHYSIOLOGY AND CONSCIOUSNESS THEORY HAS SEEN A REMARKABLE REVIVAL OF BERGSON IN RECENT YEARS, NOTABLY THROUGH THE WRITINGS OF GILLES DELEUZE.

3 IT COULD BE ARGUED THAT THE MOST RECENT FAR REACHING ATTEMPT WAS THAT ARTICULATED BY MINIMALISM (ESPECIALLY THE POSITIONS OF DONALD JUDD, FRANK STELLA, AND MEL BOCHER), SEE, LAWRENCE ALLOWAY, 'SYSTEMIC PAINTING', MEL BOCHNER 'SERIAL ART, SYSTEMS, SOLIPSISM', RICHARD WOLLHEIM, 'MINIMAL ART', IN, GREGORY BATTCOCK (ED.) *MINIMAL ART: A CRITICAL ANTHOLOGY*, NEW YORK, 1968 (AND SUBEQUENT EDITIONS), PP. 37-60, 92-102, 387-399.

4 THIS WAS CERTAINLY THE POSITION OF ARTHUR SCHOPENAUER, IN *DIE WELT ALS WILLE UND VORSTELLUNG* [1818], 2 VOLS, 1844, "WHEN THE IDEA APPEARS, SUBJECT AND OBJECT CAN NO LONGER BE DISTINGUISHED IN IT, BECAUSE THE IDEA, THE ADEQUATE OBJECTIVITY OF THE WILL, THE REAL WORLD OF REPRESENTATION, ARISES ONLY WHEN THE SUBJECT AND OBJECT RECIPROCALLY FILL AND PENETRATE EACH OTHER COMPLETELY…" SEE VOL. 1, BOOK 3, PP. 33-38, 52.

5 USE OF A MUSICAL METAPHOR MERELY EXTENDS THE SCHOPENHAUER REFERENCE ABOVE, *IBID.*

6 THE EXPRESSION 'HIGH AND LOW' AS USED HERE DERIVES FROM KIRK VARNADOE, *HIGH & LOW*, MOMA, NEW YORK, 1990.

7 JORGE LUIS BORGES, 'TLÖN, UQBAR, ORBIS, TERTIUS', IN, *OBRAS COMPLETAS.* BUENOS AIRES, EMECÉ EDITORES, 1974; ENG. TRANS., *LAYBRINTHS SELECTED STORIES & OTHER STORIES*, NEW DIRECTIONS, NEW YORK & LONDON, 1964, PP. 1-18; THIS TEXT IS ALSO CITED AS THE SOURCE OF IDEAS FOR, CARLOS BASUALDO, 'THE ENCYLOPEDIA OF BABEL', IN, *DOCUMENTA XI PLATFORN 5_EXHIBITION*, KASSEL, 2002 PP. 55-62.

8 TAPED INTERVIEW WITH THE ARTIST MADE IN NOVEMBER 2004. IN THE POSSESSION OF THE PRESENT AUTHOR.

9 *BERNHARD MARTIN: EIN BAD IN DER MENGE*, EX. CAT., GALERIE SIEGFRIED SANDER, KASSEL, 199, PP. 28-33. THE DEVELOPMENT OF MODEL BUILDINGS BY MARTIN, SERVED A PAINTER'S NEED IN THAT HE INVENTED BUILDINGS SHOWING TOTALLY DIFFERENT ARCHITECTURAL ASPECTS FROM EACH VIEWPOINT. IN THIS HIS WORK NEEDS TO BE DISTINGUISHED FROM THOSE SCULPTURED MODELS GENERATED CONTEMPORANEOUSLY BY THOMAS SCHÜTTE, SEE, THOMAS SCHÜTTE, PHAIDON. LONDON, 1998, PP. 44-61.

10 *IBID* PP. 11-17.

11 *IBID* P. 8.

12 HE SPEAKS OF THESE DIVERSE MODERN AND TRADITIONAL SOURCES AS BEING "THEY ARE MY OWN BOSCH'S GARDEN OF EARTHLY DELIGHTS," TAPED CONVERSATION NOVEMBER, 2004, IN POSSESSION OF THE PRESENT AUTHOR. SEE, *BERNHARD MARTIN: SOFTCORE*, EX. CAT., MANNHEIMER KUNSTVEREIN, VERLAG FÜR MODERME KUNST, NÜRNBERG, 2001, ILLS 005-008.

13 GILLES DELEUZE AND FELIX GUATTARI, 'RHIZOME', IN, *ONE THE LINE*, SEMIOTEXT(E), NEW YORK, 1983, PP. 1-68; THE TEXT ALSO APPEARS AS THE INTRODUCTORY CHAPTER TO *A THOUSAND PLATEAUS* (HEREAFTER) THE RHIZOME IS DISTINGUISHED FROM THE 'ARBORESCENT', INSOMUCH AS IT IS A DE-CENTRED FORM OF GROWTH AND DEVELOPMENT NOT RELY ON A SINGLE CONCEPT OR CORE NARRATIVE.

14 BERNHARD MARTIN FREQUENTLY REFERS TO THE INFLUENCE OF MATISSE'S CUT-OUTS. TAPED INTERVIEW, NOVEMBER 2004, IN POSSESSION OF THE PRESENT AUTHOR.

15 THE TRANSLATION OF COLLAGES INTO PAINTINGS WAS A COMMON FEATURE OF THE GERMAN SURREALIST ARTIST MAX ERNST; SEE, WERNER SPIES, *COLLAGES*, LONDON, THAMES & HUDSON, 1998.

16 VANESSA JOAN MÜLLER, 'ÜBER DAS HAMSTERN UND VAGABUNDIEREN/ABOUT HOARDING AND VAGABONDISM', IN *BERNHARD MARTIN: SOFTCORE* OP. CIT, NP.

17 EXHIBITION INSTALLATION, GALERIE VOGES + FRANKFURT, 1994. ILLUSTRATED IN *BERNHARD MARTIN: EIN BAD IN DER MENGE*, PP. 24-27.

18 'CLOSETS', SPENCER BROWNSTONE GALLERY, NEW YORK, 2000; ILLUSTRATED IN *BERNHARD MARTIN: SOFTCORE* OP CIT, NP.

19 MARION PIFFER DAMIANI (ED.), *FEST KUNST*, KATALOG ZUM KUNSTPROJEKT, ALTSTADFEST, BRIXEN, FOLIO VERLAG, WIEN/BOZEN, 2002, PP. 92-99.

20 GILLES DELEUZE & FELIX GUATTARI, 'THE AESTHETIC MODEL: NOMAD ART', IN, *A THOUSAND PLATEAUS: CAPITALISM AND SCHIZOPHRENIA*, ENG. TRANS., BRIAN MASSUMI, LONDON, THE ATHLONE PRESS, 1988 "THE INTERLINKAGES DO NOT APPLY IN AMBIENT SPACE IN WHICH THE MULTIPLICITY WOULD BE IMMERSED AND WHICH WOULD MAKE DISTANCES INVARIANT: RATHER THEY ARE CONSTITUTED ACCORDING TO ORDERED DIFFERENCES THAT GIVE RISE TO INTRINSIC VARIATIONS IN THE DIVISION OF A SINGLE DISTANCE. THE QUESTIONS OF ORIENTATION, LOCATION, LINKAGE ENTER INTO PLAY IN THE FAMOUS WORKS OF NOMAD ART…."
P. 493-494.

Dear Bernhard, just got back from Palermo where I spent New Years Eve with other refugees from the north, all brought together by a vivacious common friend. We had hoped to get some sunshine, but instead stood in the ceaseless rain. The heterogeneous bunch spent three days together to explore the city's sights, enjoy the *dolce vita* and improvise a New Year party. This coming together was also the balancing out of rules of the game and group associations like in a commune; this ranged from money matters to pairs' claims of good taste and knowledge. To judge from their life, the group should have actually come across quite worldly, but a surprising pettiness set in and, filled with prejudice, they attempted to live out a Sophisticate's world.

And all the time I had to think of your commune pictures, where I followed their creation last year in the Villa Arson in Nice. When I later saw your finished pictures, I was wholly aghast because they were absolutely nowhere close to my expectations and image of a commune. They were hallmarked by the romantic idea of living together, that of the "Flower Power" generation, or at least that of scholarship students in a fantastic place like Nice. This living together determines a moment of direct experience of lifestyles and the visions of others that one would mostly otherwise hardly ever think about or search for. This form of sociological study in a microcosm would have been interesting, but for the invariable group pressure to grill together in the garden or even accompany songs on the guitar. All these things that one thought were left behind as a teenager and now emerge again in your pictures. All that romanticised smugness of being young and beautiful, looking around the world with a loose and sexually open frame of mind, and then sticking precisely to the weekly cleaning plan and washing the designer clothes cleanly according to the instructions. Not a spark of anarchy, but from morning to night bodies steeling themselves, and good-mood laughter with makeup firmly on their faces. Always, deliberating between elementary security and a little daring.

Your answer to me was just "Heike, that's the way it is, a world full of petty bourgeois life ideals, I cover nothing over and precisely that is the touch of charm." But you do make it look nicer and you make the whole thing even worse in that you make them sparkle and they come across under a pop surface together with the cheap dream of an Alessi teapot that simply cannot be lacking in the young environment. And then the whole thing is also invariably a little indecent, the girls without a slip in short skirts and pretty, slightly curved tummies and such innocent faces, eyes cast down and a complexion that one can only dream of. There is a little bit of romantic David Hamilton soft porn about it. Your boys are not treated so well and embody the idea of a classic working class, looking like small office employees or gardeners. Although, this does exercise a certain attraction for the ladies, that of lordship and merciless voyeurism. It is so direct that it comes across like something between relief and shame, because it lays open the small life patterns and dreams that are simply terribly banal. Looking like the traditional family with fine living and a little bit of sexiness. And I longed so much for a hippy commune from my childhood as in the old days and not like with the down-to-earth law and medical students of my college days - simply for divergence, always quietly in the background with me.

My warmest regards

Heike

What happens when people meet in unfamiliar surroundings in a close space and eat strawberries even in winter?

Heike Munder, Director migros museum für gegenwartskunst, Zürich
Zurich, 9.1.2005

Studie zu fliegender Teppich, 2000
42 x 29,7 cm
Mixed Media

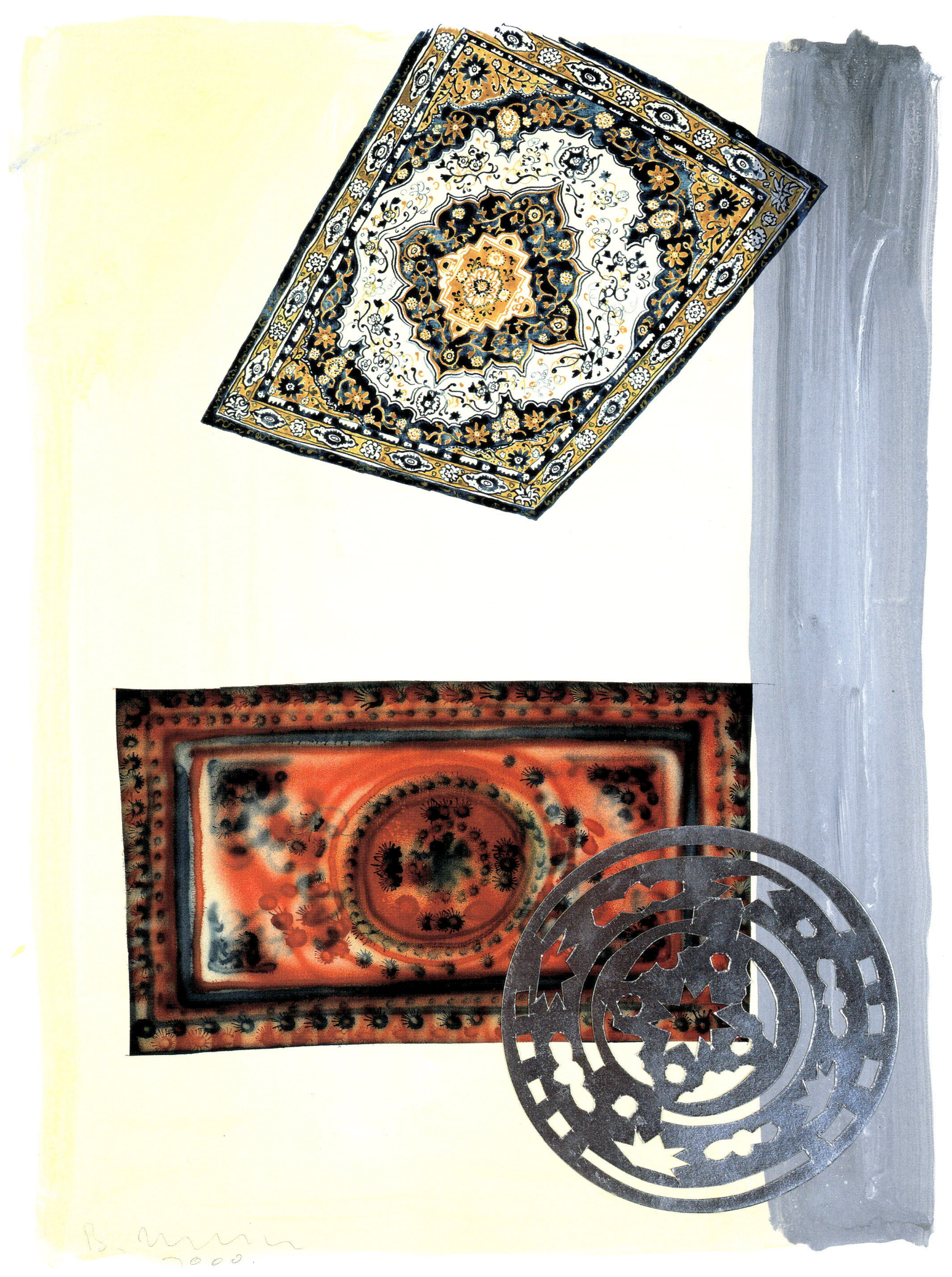

Sunny Day, 2003
70 x 100 cm
Mixed Media auf Papier

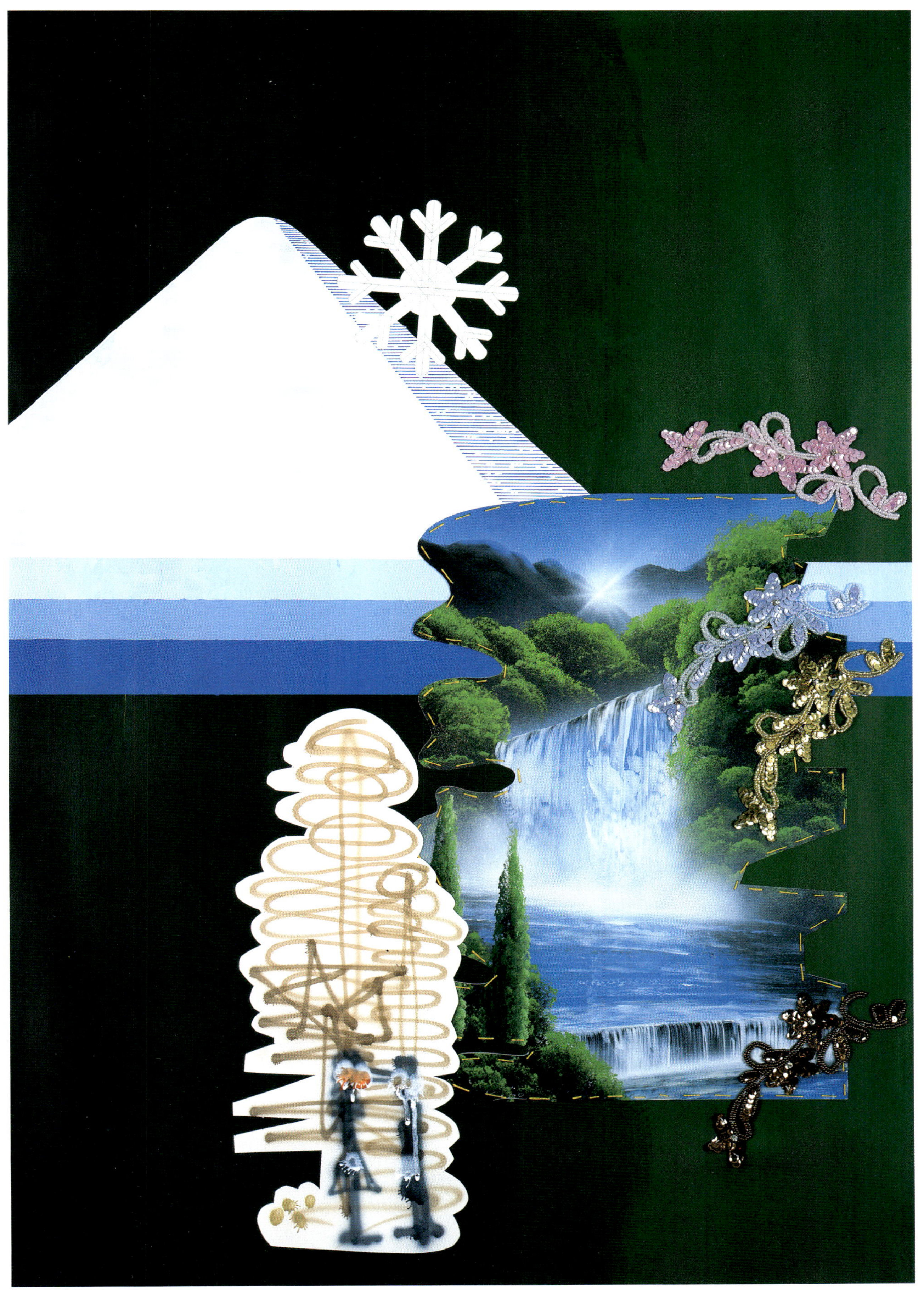

Indicazione geografica tipica, 2003
100 x 70 cm
Mixed Media auf Papier

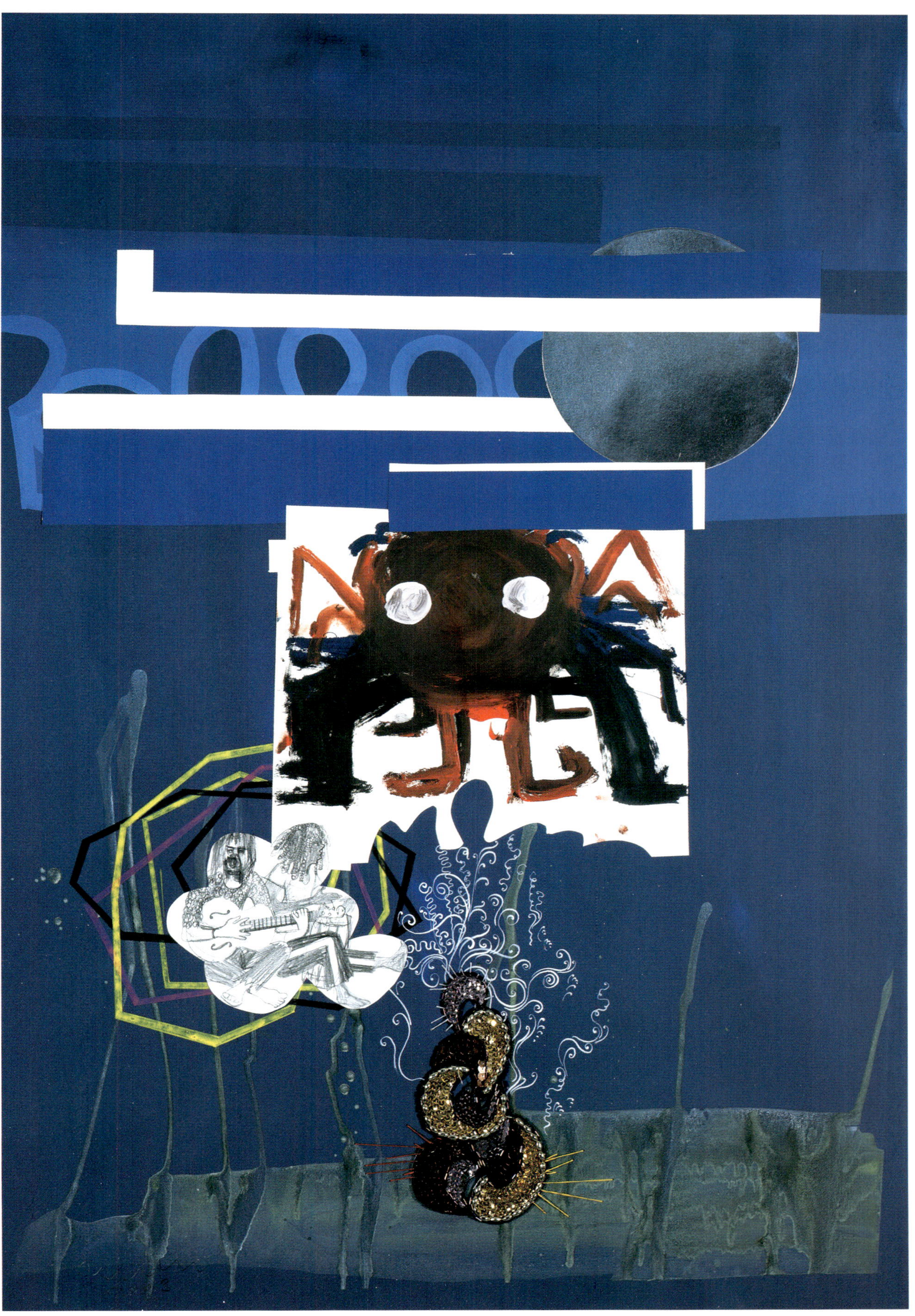

Il riposato, 2003
100 x 70 cm
Mixed Media auf Papier

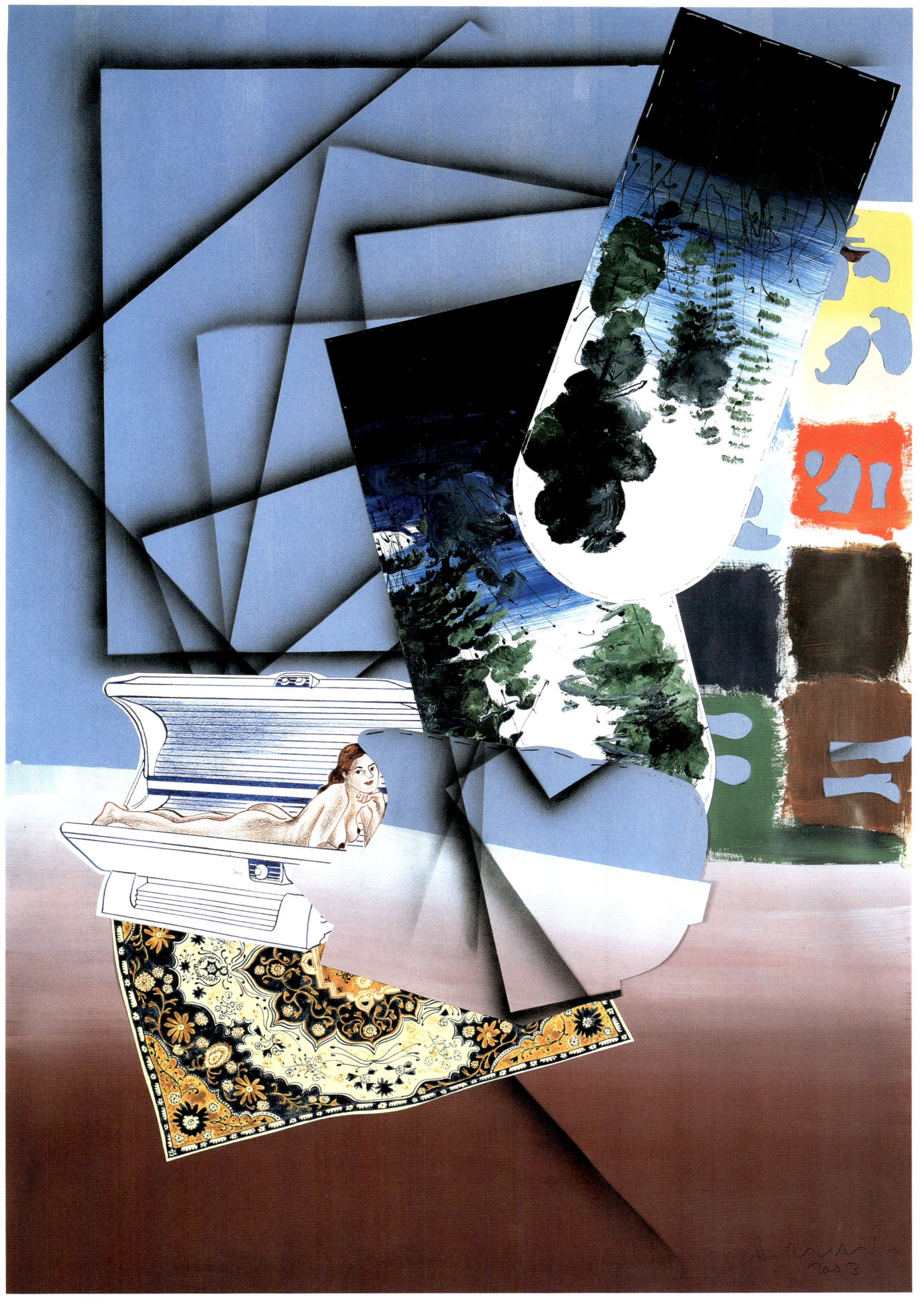

Sättigungsbeilage, 2004
100 x 70 cm
Mixed Media auf Papier

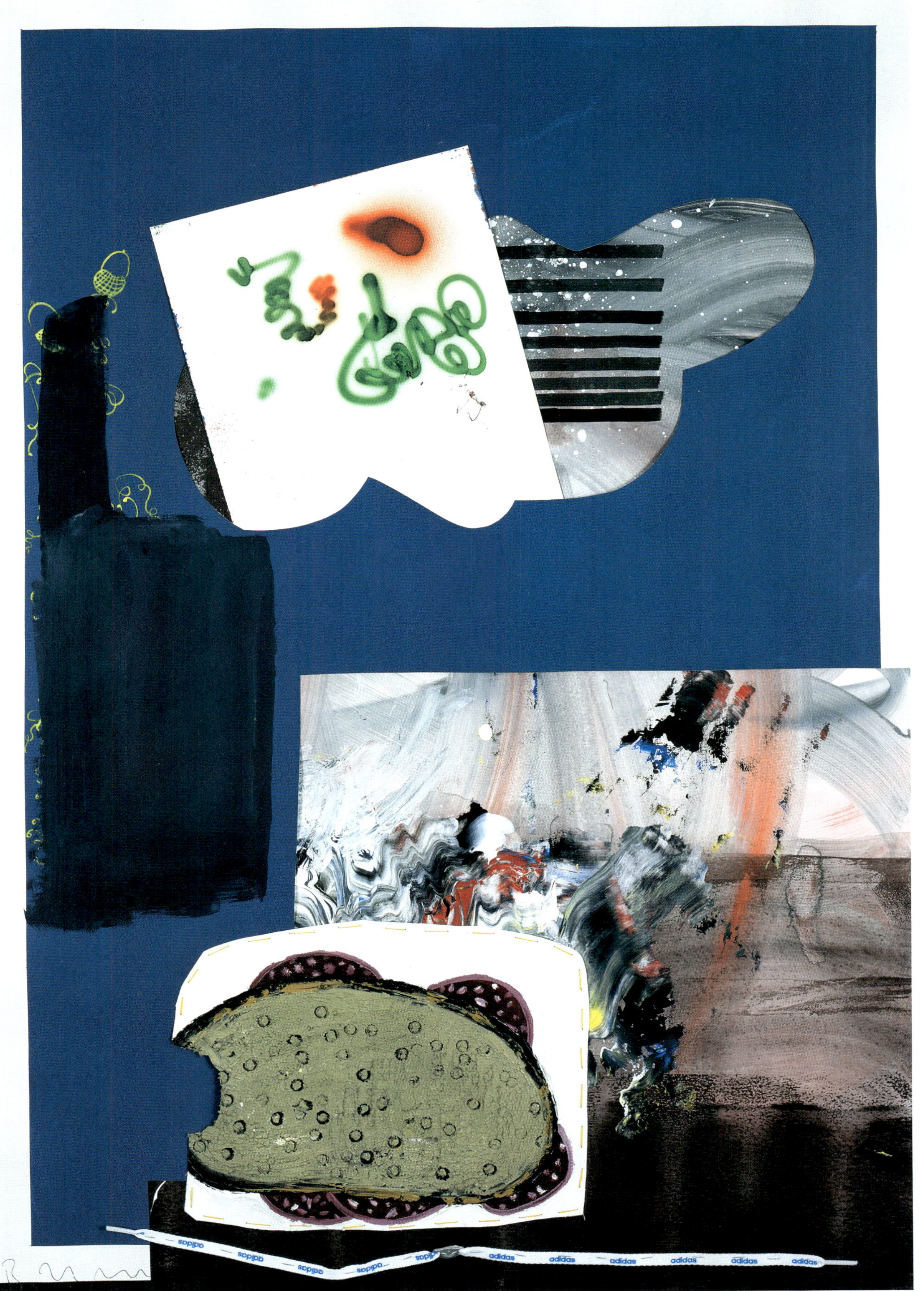
adidas
adidas
adidas
adidas
adidas
adidas
adidas
adidas
adidas
adidas

Belluno, 2004
100 x 70 cm
Mixed Mecia auf Papier

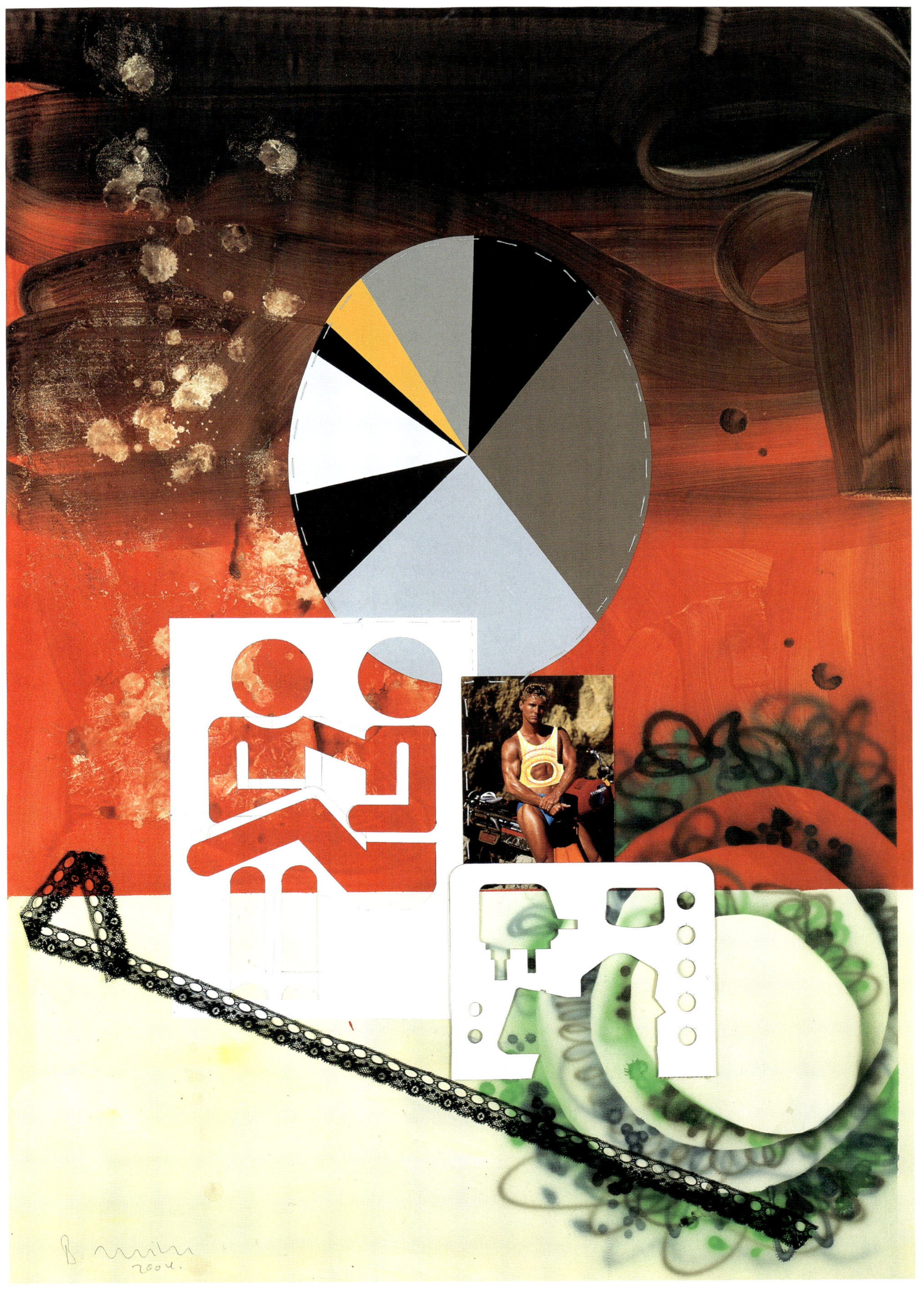

Nektar-Duell, 2004
42 x 29,7 cm
Mixed Media auf Papier

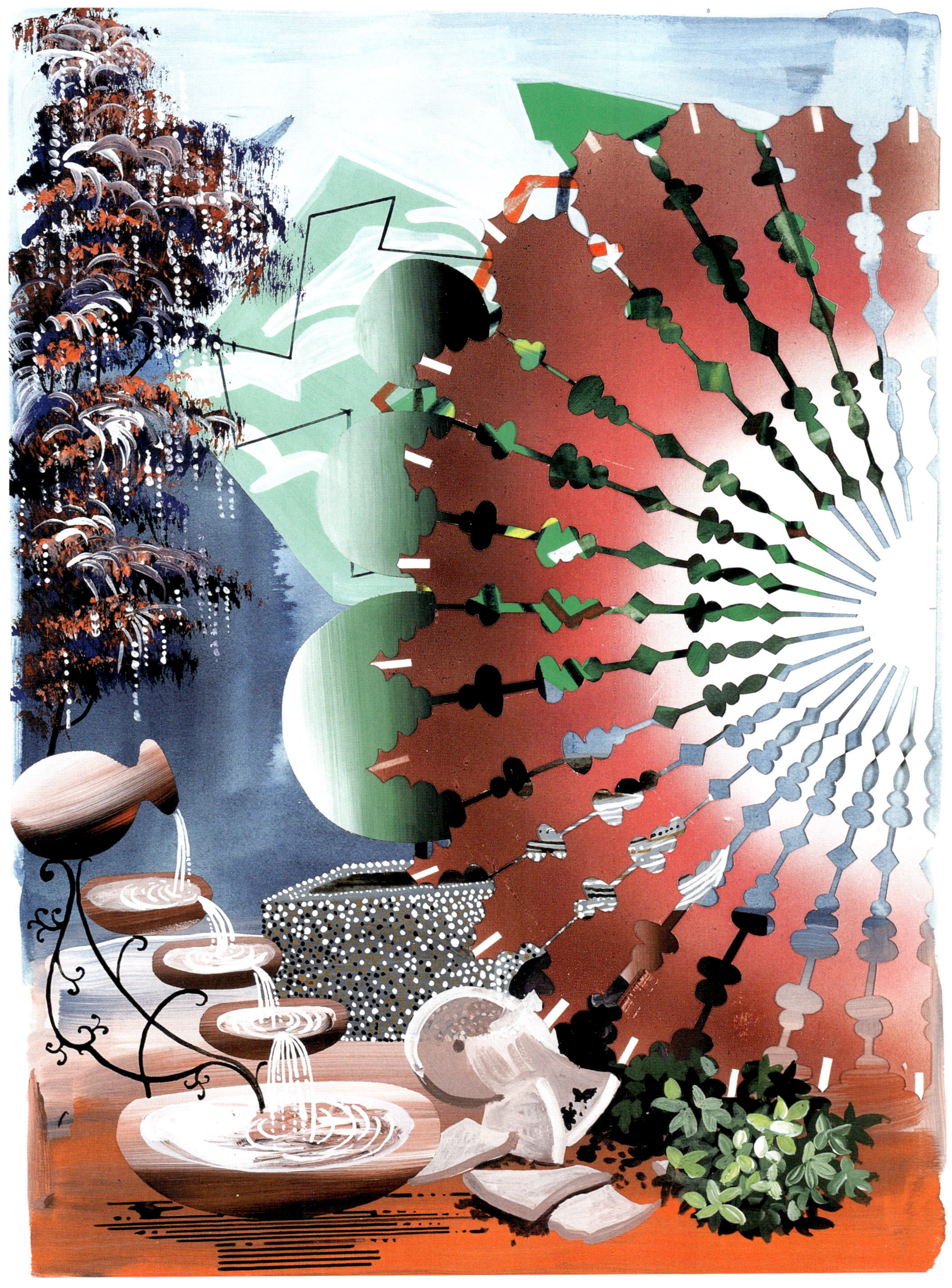

Aire de je t'embrasse, 2004
100 x 70 cm
Mixed Media auf Papier

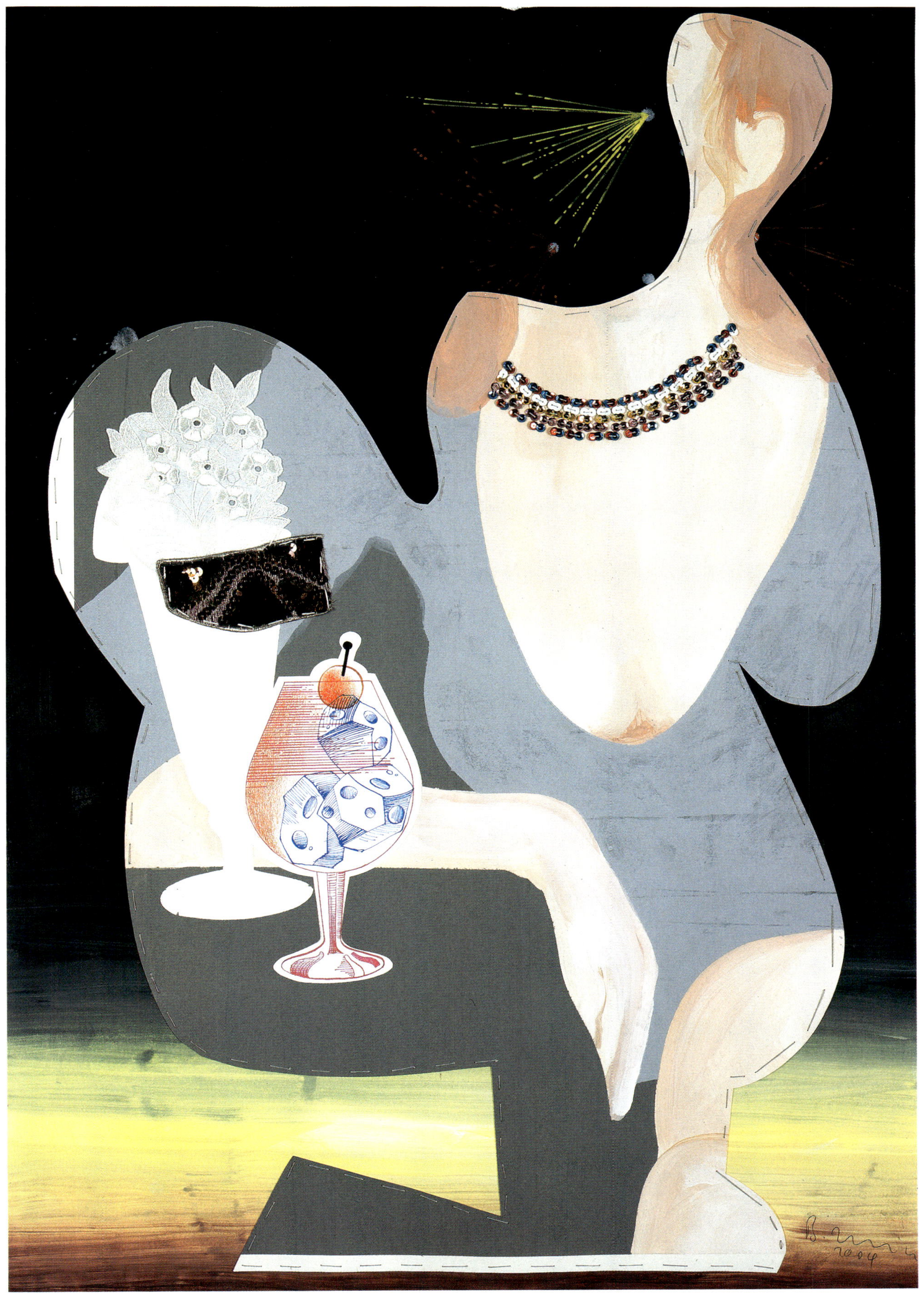

Eimer und Sack, 2004
100 x 70 cm
Mixed Media auf Papier

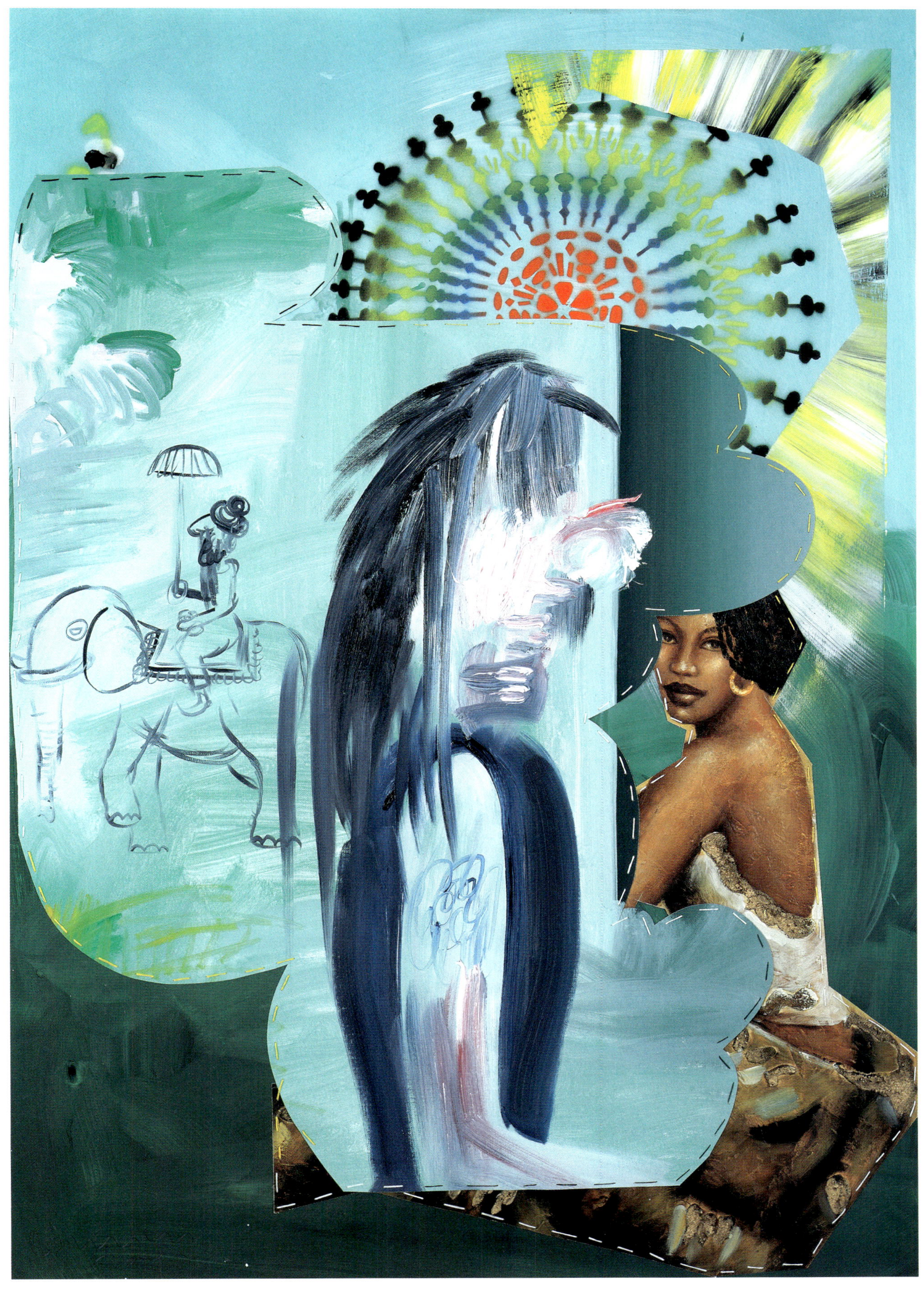

Il bar di conigliette No. 2, 2003
60 x 90 cm
Mixed Media auf Papier

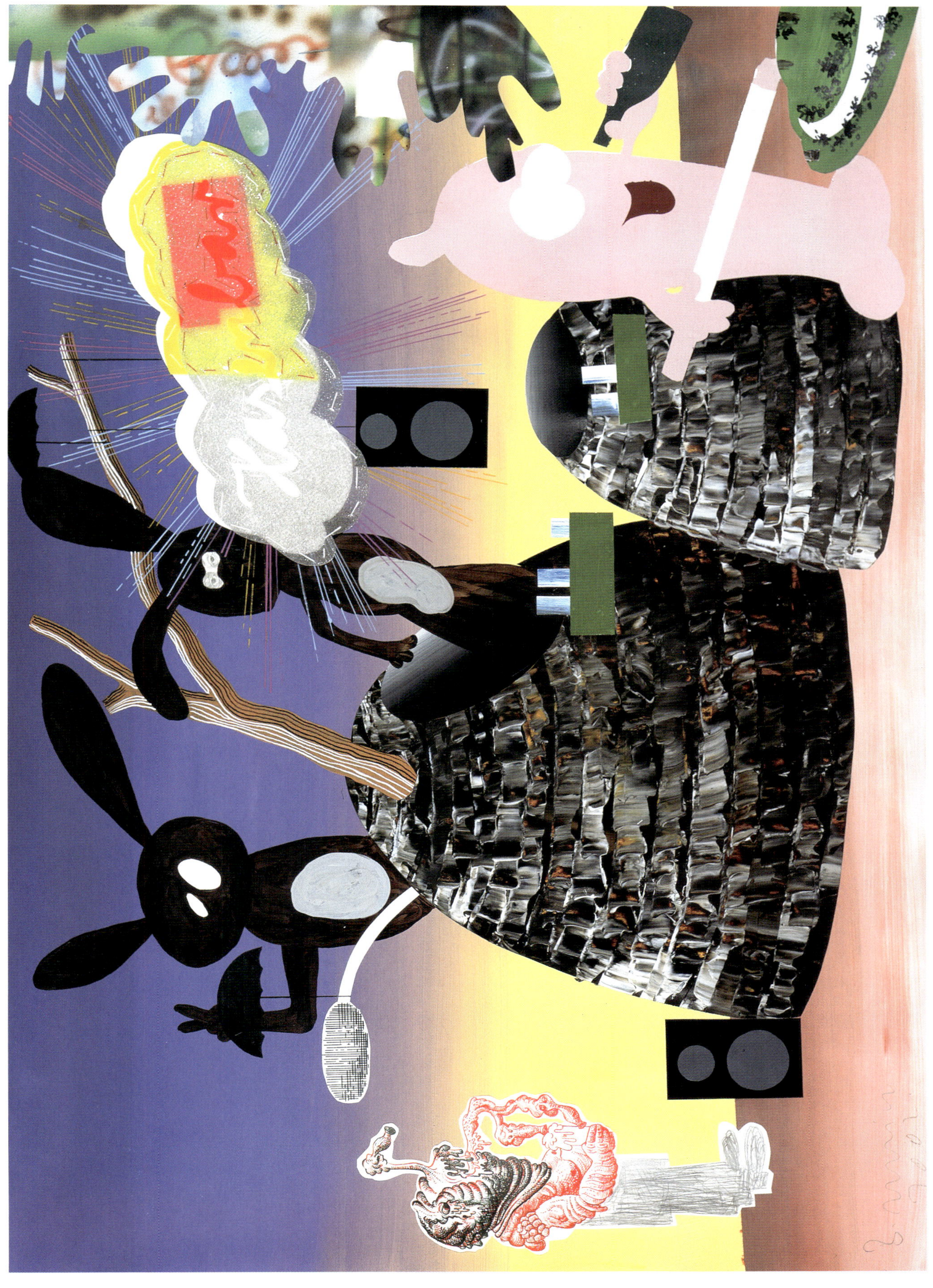

INDEX

01, 2004 BESITZ DES KÜNSTLERS
02, OHNE JAHR BESITZ DES KÜNSTLERS
03, 2004 BESITZ DES KÜNSTLERS
04, OHNE JAHR BESITZ DES KÜNSTLERS
05, 2004 COURTESY GALERIE THADDAEUS ROPAC SALZBURG/PARIS
06, 2004 COURTESY GALERIE THADDAEUS ROPAC SALZBURG/PARIS
07, 2004 COURTESY GALERIE THADDAEUS ROPAC SALZBURG/PARIS
08, OHNE JAHR COURTESY GALERIE THADDAEUS ROPAC SALZBURG/PARIS
09, 2004 COURTESY GALERIE THADDAEUS ROPAC SALZBURG/PARIS
10, OHNE JAHR BESITZ DES KÜNSTLERS
11, OHNE JAHR BESITZ DES KÜNSTLERS
12, OHNE JAHR COURTESY GALERIE THADDAEUS ROPAC SALZBURG/PARIS
13, OHNE JAHR BESITZ DES KÜNSTLERS
14, OHNE JAHR BESITZ DES KÜNSTLERS
15, OHNE JAHR BESITZ DES KÜNSTLERS
16, OHNE JAHR BESITZ DES KÜNSTLERS
17, OHNE JAHR BESITZ DES KÜNSTLERS
18, OHNE JAHR BESITZ DES KÜNSTLERS
19, 2004 BESITZ DES KÜNSTLERS
20, 2004 BESITZ DES KÜNSTLERS
21, 2004 BESITZ DES KÜNSTLERS
22, 2004 COLLECTION MOMA NEW YORK
23, 2004 COLLECTION MOMA NEW YORK
24, 2004 COLLECTION MOMA NEW YORK
25, 2004 COLLECTION MOMA NEW YORK
26, 2004 BESITZ DES KÜNSTLERS
27, 2004 BESITZ DES KÜNSTLERS
28, 2004 COLLECTION MOMA NEW YORK
29, 2004 BESITZ DES KÜNSTLERS
30, 2004 BESITZ DES KÜNSTLERS
31, 2004 BESITZ DES KÜNSTLERS
32, 2004 BESITZ DES KÜNSTLERS
33, 2004 BESITZ DES KÜNSTLERS
34, 2004 BESITZ DES KÜNSTLERS

DÄMMERUNG MIT FWS, 2002 PRIVATE COLLECTION
THESE WONDERFUL 10 MINUTES ALONE, 2003 COLLECTION FIONA BERTRAN SPAIN
ORANGERIE, 2001 PRIVATE COLLECTION FRANKFURT
IL FRATELLO DEL GIARDINIERE, 2003 COURTESY EMMANUEL PERROTIN PARIS
WEDDING SEQUENCE, 2002 PRIVATE COLLECTION FRANKFURT
SCHNUPFEN, 2003 COLLECTION THYSSEN-BORNEMISZA ART CONTEMPORARY, COURTESY GALERIE THADDAEUS ROPAC SALZBURG/PARIS
SOIREE, 2002 PRIVATE COLLECTION GENEVA
TERRASSENTAG, 2003 PRIVATE COLLECTION, COURTESY GALERIE THADDAEUS ROPAC SALZBURG/PARIS
AOSTA SUNSET, 2002 PRIVATE COLLECTION
MATINÉE, 2002 PRIVATE COLLECTION GENEVA
AFTER THE RAIN IT SMELLS SO WELL, 2002 PRIVATE COLLECTION
APARTMENT 418, 2003 COLLECTION SPENCER BROWNSTONE NEW YORK
EISHEILIGE, 2003 PRIVATE COLLECTION, COURTESY GALERIE THADDAEUS ROPAC SALZBURG/PARIS
CRYSTALINE, 2004 PRIVATE COLLECTION ATHENS
ZWEI HASELNÜSSE, 2003 COLLECTION RENÉ SCHMITT, FRANKFURT
INTEL INSIDE, 2003 PRIVATE COLLECTION BERLIN
STUDIE ZU WG 3, 2003 PRIVATE COLLECTION, COURTESY GALERIE THADDAEUS ROPAC SALZBURG/PARIS
WOHNGEMEINSCHAFT, 2003 PRIVATE COLLECTION
TAG DER RÖCKE WG 2, 2003 COURTESY GALERIE THADDAEUS ROPAC SALZBURG/PARIS
UNTERHOLZ, 2002 COLLECTION TONY STUDLEY, HOLLAND
SELBSTPORTRAIT MITTIG, 2004 PRIVATE COLLECTION MUNICH, COURTESY GALERIE THADDAEUS ROPAC SALZBURG/PARIS
STUDIE ZU ENTRÉE, 2004 COURTESY GALERIE THADDAEUS ROPAC SALZBURG/PARIS
ENTRÉE, 2003 PRIVATE COLLECTION EUROPE, COURTESY GALERIE THADDAEUS ROPAC SALZBURG/PARIS
GLAS 1, 2004 COURTESY GALERIE THADDAEUS ROPAC SALZBURG/PARIS
GLAS 2, 2004 COURTESY GALERIE THADDAEUS ROPAC SALZBURG/PARIS
BOCCA DELLA VERITA, 2004 PRIVATE COLLECTION PARIS, COURTESY GALERIE THADDAEUS ROPAC SALZBURG/PARIS
HEROÏNE, 2004 PRIVATE COLLECTION, COURTESY GALERIE THADDAEUS ROPAC SALZBURG/PARIS
BLUE EYES, RED NOSE, 2004 PRIVATE COLLECTION GHERI SACKLER, COURTESY GALERIE THADDAEUS ROPAC SALZBURG/PARIS
MÜNCHNER ECKE ELBE, 2004 COLLECTION ACKERMANS RICHMOND
BLUES, 2003 BESITZ DES KÜNSTLERS
MINUTENSCHLAF, 2004 COURTESY SPENCER BROWNSTONE GALLERY NEW YORK
TOULOUSE, 2004 PRIVATE COLLECTION LONDON
WUNSCHVORSTELLUNG VOM IDEALZUSTAND, 2004 PRIVATE COLLECTION, COURTESY GALERIE THADDAEUS ROPAC SALZBURG/PARIS
CHARLESTON, 2004 BESITZ DES KÜNSTLERS
QUARTIER DE LA GARE, 2003 PRIVATE COLLECTION
L' ODEUR DES FEMMES, 2004 COURTESY SPENCER BROWNSTONE GALLERY NEW YORK
GOSPEL, 2004 BESITZ DES KÜNSTLERS
SMOKING AREA, 2004 PRIVATE COLLECTION, COURTESY GALERIE THADDAEUS ROPAC SALZBURG/PARIS
WANT TO SEE THEIR BUSINESS, 2004 COURTESY SPENCER BROWNSTONE GALLERY NEW YORK
CONCIERGE, 2004 PRIVATE COLLECTION, COURTESY GALERIE THADDAEUS ROPAC SALZBURG/PARIS
SERENADE, 2004 COURTESY GALERIE THADDAEUS ROPAC SALZBURG/PARIS
HAUFEN, 2004 COLLECTION MARKUS WEISBECK, FRANKFURT
LE GARÇON DE LA MAISON 34, 2004 PRIVATE COLLECTION, COURTESY GALERIE THADDAEUS ROPAC SALZBURG/PARIS
STUDIE ZU FLIEGENDER TEPPICH, 2000 PRIVATE COLLECTION ATHEN
SUNNY DAY, 2003 COLLECTION G. PAPADIMITRIOU ATHEN
INDICAZIONE GEOGRAFICA TIPICA, 2003 COLLECTION G. PAPADIMITRIOU ATHEN
IL RIPOSATO, 2003 COLLECTION G. PAPADIMITRIOU ATHEN
SÄTTIGUNGSBEILAGE, 2004 PRIVATE COLLECTION SYDNEY PICASSO PARIS, COURTESY GALERIE THADDAEUS ROPAC SALZBURG/PARIS
BELLUNO, 2004 COURTESY GALERIE THADDAEUS ROPAC SALZBURG/PARIS
NEKTAR-DUELL, 2004 BESITZ DES KÜNSTLERS
AIRE DE JE T'EMBRASSE, 2004 COURTESY GALERIE THADDAEUS ROPAC SALZBURG/PARIS
EIMER UND SACK, 2004 COURTESY GALERIE THADDAEUS ROPAC SALZBURG/PARIS
IL BAR DI CONIGLIETTE NO. 2, 2003 COLLECTION MARIANNE EL HARIRI FRANKFURT

NYMPHENBURG, 2002/2003
300 X 400 CM
GOBELIN MIT APPLIZIERTEM LEDER, PAILLETTEN, REFLEXFOLIE, SPITZE UND KNÖPFEN
BESITZ DES KÜNSTLERS

BIOGRAPHIE

1966	GEBOREN IN HANNOVER
1983-89	STUDIUM AN DER HOCHSCHULE FÜR BILDENDE KÜNSTE, KASSEL
	ABSCHLUSS BEI HARRY KRAMER
1984-87	AUFENTHALT IN BARCELONA
1990-91	DAAD STIPENDIUM, BARCELONA
1993	KÜNSTLERHAUS BETHANIEN, BERLIN
1996	Z3 STIPENDIUM, LEUBE, SALZBURG
1998	ARBEITSSTIPENDIUM DER HESSISCHEN KULTURSTIFTUNG
1999	GASTPROFESSUR AN DER AKADEMIE DER BILDENDEN KÜNSTE
	NÜRNBERG
2003	RÉSIDENCE À LA VILLA ARSON, NIZZA
	LEBT UND ARBEITET IN BERLIN

EINZELAUSSTELLUNGEN / SOLO EXHIBITIONS

2005 "BERNHARD MARTIN, LARI PITTMAN, VÉRONIQUE BOUDIER", VILLA ARSON NICE (K)
2004 "BAHNHOFSVIERTEL", GALERIE THADDAEUS ROPAC, SALZBURG
2003 "GARTENCENTER", SPENCER BROWNSTONE GALLERY, NEW YORK
"MY WAY HOME", MIT DEXTER DALWOOD UND LISA RUYTER, THADDAEUS ROPAC GALERIE, SALZBURG
"DRAWINGS", UNLIMITED CONTEMPORARY ART, ATHEN
"OEUVRES RÉCENTES", GALERIE THADDAEUS ROPAC, PARIS
2002 "ICH ZEIGE IHNEN GERNE MEINEN NASSBEREICH", MAMCO GENÈVE, GENF
2001 "SOFTCORE", MANNHEIMER KUNSTVEREIN, MANNHEIM (K)
"PS.1" MOMA, NEW YORK
"FUTTERSTADL" GALERIE VOGES + DEISEN, FRANKFURT AM MAIN
2000 "PUDERDÖSCHEN", SPENCER BROWNSTONE GALLERY, NEW YORK
1999 "D'ANYS COLLATERALS", GALERIE ALEJANDRO SALES, BARCELONA (K)
"MEMBERS ONLY", JUNGE KUNST E.V., WOLFSBURG (K)
1998 "UNTITLED JOB GETTING IMAGE I", GALERIE ALMUT GERBER, KÖLN
"UNTITLED JOB GETTING IMAGE II" SERGE ZIEGLER GALERIE, ZÜRICH
1997 "HEALTH PACK", GALERIE VOGES + DEISEN, FRANKFURT AM MAIN (K)
1996 "AL DENTE", ID-GALERIE, DÜSSELDORF
"PASSANTEN HERBERGE", ACP GALERIE, SALZBURG
1995 "EIN BAD IN DER MENGE", GALERIE SIEGFRIED SANDER, KASSEL (K)
1994 "HOLZWEGE", GALERIE VOGES + DEISEN, FRANKFURT AM MAIN
1993 "MARTINATOR I", MUSEUM FRIDERICIANUM, KASSEL
"DIE ANATOMIE DES DR. M.", KÜNSTLERHAUS BETHANIEN, BERLIN
1992 "B.M'S LENTO, POCO PRESTO, ALLEGRO", ID-GALERIE, DÜSSELDORF (K)
1990 "FIT MIT B.MARTIN", SCHLOSS BELLEVUE, KASSEL
"PRIMAVERA FOTOGRAFICA" (MIT S.REUSSE), GALERIE V. BERNAT, BARCELONA (K)
1989 "SALON MARTIN", GALERIE CONRADS, NEUSS
1988 "LACHWUT", PRODUZENTENGALERIE, KASSEL

GRUPPENAUSSTELLUNGEN / GROUP EXHIBITIONS

2004 "DIREKTE MALEREI", KUNSTHALLE MANNHEIM
"TV TODAY", MONTEVIDEO, AMSTERDAM
"THE FUTURE HAS A SILVER LINING", MIGROS MUSEUM, ZÜRICH (K)
2003 "HOW HIGH CAN YOU FLY", KUNSTHAUS GLARUS
"DEUTSCHEMALEREIZWEITAUSENDDREI", FRANKFURTER KUNSTVEREIN, FRANKFURT AM MAIN (K)
"CARTOON", RIVA GALLERY, NEW YORK
"LEE 3 TAU CETI CENTRAL ARMORY SHOW" VILLA ARSON, NIZZA (K)
"SELECTED PAINTINGS", MW PROJECTS, LONDON
"FINAL CUTS", CURATED BY MILOVAN FARRONATO, UNION, LONDON
2002 "DARK SPRING", URSULA BLICKLE STIFTUNG, KRAICHTAL (K)
"DIE KUNST DES FESTES", BRIXEN / SÜDTIROL (K)
"NÉ UN 3 SEPTEMBRE", FRAC BOURGOGNE, DIJON
2001 "NEUE WELT" FRANKFURTER KUNSTVEREIN, FRANKFURT AM MAIN(K)
"OVER", UNLIMITED, ATHEN
"TIRANA BIENNALE I", TIRANA, ALBANIEN (K)
"I LOVE DIJON", NOUVELLES SCÈNE, LE CONSORTIUM, DIJON
2000 "CAMPING-CAMPING", VOLKSBAD, NÜRNBERG (K)
"VOILÀ - LE MONDE DANS LA TETE", MUSÉE D'ART MODERNE DE LA VILLE DE PARIS, PARIS
"BACK TO KASSEL", KUNSTVEREIN KASSEL, KASSEL
"EIN|RÄUMEN", KUNSTHALLE HAMBURG, HAMBURG (K)
1999 "SURPRISE I", KUNSTRAUM B2, LEIPZIG
"SYMPATHICUS", STÄDTISCHES MUSEUM AM ABTEIBERG, MÖNCHENGLADBACH
"DAS LACHEN DES OVID", GALERIE VOGES + DEISEN, FRANKFURT AM MAIN
"ZEICHNUNGEN", GALERIE ALMUT GERBER, KÖLN
1998 "REVUE", EIN GASTSPIEL DER GALERIE VOGES + DEISEN IM SIEMENS ARTLAB DER GALERIE HILGER, WIEN
"PRIMAVERA", ALLIANZ, KÖLN (K)
"CHINESE WHISPERS", HISTORISKA MUSEET, STOCKHOLM
"ACHT MAL ACHT MAL ACHT", FRANKFURTER KUNSTVEREIN, FRANKFURT AM MAIN (K)
"THEMEN ZUR VARIATION", ACP GALERIE, SALZBURG
1997 SERGE ZIEGLER GALERIE, ZÜRICH
"GEDENKAUSSTELLUNG HARRY KRAMER", KUNSTHALLE LINGEN
"VON KOPF BIS FUSS", URSULA BLICKLE STIFTUNG, KRAICHTAL, LINZ, GRAZ (K)
"DIE STADT", KUNSTVEREIN SCHLOSS PLÖN, PLÖN
"HUGE GARAGE SALE", MAK CENTER, LOS ANGELES
1996 "FÖRDERPREIS SAAR FERNGAS", LUDWIG HAAK MUSEUM, LUDWIGSHAFEN (K)
"SKULPTURENGARTEN RUPERTGASSE", SALZBURG
"LOVE HOTEL", DOKUMENTA HALLE, KASSEL
"GRÜSSE AUS FRANKFURT", GALERIE VOGES + DEISEN ZU GAST BEI GALERIE VIERTE ETAGE, BERLIN
"DIE SKIZZE", GALERIE VOGES + DEISEN, FRANKFURT AM MAIN
1994 ID GALERIE IM KUNSTVEREIN LINGEN, LINGEN (K)
"EINSTIEGSDROGEN", GALERIE SIEGFRIED SANDER, KASSEL
"FREUNDSCHAFTSSPIEL", GALERIE VOGES + DEISEN, FRANKFURT AM MAIN
1993 "STEMPELLUST", GALERIE VON DER MILWE, AACHEN
1990 "DER HUMOR IST DER REGENSCHIRM DER WEISEN", FLUXEUM, WIESBADEN
1989 "OBERFLÄCHLICHE IDEEN", ID GALERIE, DÜSSELDORF (K)
1988 "DIN A 4 ZEICHNUNGEN", PRODUZENTENGALERIE, KASSEL

BIBLIOGRAPHIE

- IDEN, PETER. KEINE HEIMKEHR INS PARADIES. FRANKFURTER RUNDSCHAU, 3.12.04.
- VON BURG, DOMINIQUE. EINSAMER RAVER IM IKEA-SCHRANK. ZÜRICHSEE-ZEITUNG, 22.9.04.
- ENCKE, JULIA. DER SILBERNE FADEN. SÜDDEUTSCHE ZEITUNG, 6.9.04.
- MACULAN, LENA. DIE ILLUSION DER BELIEBIGKEIT. PARNASS, HEFT NR. 4, SEPT./OKT. 04.
- RUMP, GERHARD CHARLES. AT THE FAIR. ART + AUCTION, SEPT. 04.
- ILLIES, FLORIAN. DIE AUGENZEUGEN DES UNSICHTBAREN. MONOPOL NR. 4, OKT/NOV. 04.
- HOFFMANS, CHRISTIANE. BEUYS' BESTES GROUPIE. WELT AM SONNTAG, 18.7.04.
- KOMAREK, EVA. CHRONIST DES ALLTÄGLICHEN LEBENS. WIRTSCHAFTS BLATT, 4.06.04.
- NINE TO FIVE. 4 SEITIGES CENTERFOLD MONOPOL NR.1, APRIL/MAI 04.
- HOHMANN, SILKE. VIEL SCHÖNER IST ES, WENN ES SCHÖN IST. FRANKFURTER RUNDSCHAU, 2.4.04.
- KARCHER,EVA ZURÜCK ZUM SALON. VOGUE DEUTSCHLAND, APRIL 04.
- UNLIMITED CONTEMORARY ART. TIME OUT ATHEN, NR. 40.
- O'REILLY, SALLY. SELECTED PAINTINGS. FRIEZE NR.79, DEZ. 03.
- PISANO, HORTENSE. JUNG, KREATIV,ERFOLGREICH. JOURNAL FRANKFURT, NR.9/03.
- HÜBL, MICHAEL. DEUTSCHEMALEREIZWEITAUSENDUNDDREI. KUNSTFORUM INTERNATIONAL, BAND 164, MÄRZ-MAI 03.
- SCHWEIZER AUSSTELLUNGEN/GEMALTE VERSATZSTÜCKE. NEUE ZÜRICHER ZEITUNG, 15.2.2003.
- HOFFMANN, GABRIELE. EIN WECHSEL AUF DIE NÄCHSTE ZUKUNFT. STUTTGARTER ZEITUNG, 14.2.03.
- PREUSS, SEBASTIAN. BIS ZUR OBERFLÄCHE UND NICHT WEITER. BERLINER ZEITUNG, 31.1.03.
- FLÜGE IN UNBEKANNTE HÖHEN. DIE SÜDOSTSCHWEIZ/GLARNER NACHRICHTEN, 21.1.03.
- BAIER, UTA. DIE ANSPRUCHSLOSE GENERATION. DIE WELT, AUSGABE BERLIN/ HAMBURG, 18.1.03.
- HOW HIGH CAN YOU FLY. KUNSTBULLETIN, 03/2003.
- SCHWARZE, DIRK. MALEREI MUSS NICHT NEU ERFUNDEN WERDEN. HESSISCH-NIEDERSÄCHSISCHE-ALLGEMEINE, 5.2.03.
- HOHMANN, SILKE. DER TRIVIALKULTUR-TRANSFORMER. FRANKFURTER RUNDSCHAU, 11.2.03.
- LUSTREISEN INS MALER-PARADIES. BILD-FRANKFURT, 15.1.03.
- BUHR, ELKE. DER LUFTBALLON FLIEGT NOCH. FRANKFURTER RUNDSCHAU, 15.1.03.
- MAL WIEDER. FRANKFURTER ALLGEMEINE SONNTAGSZEITUNG, 12.1.03.
- ILLIES, FLORIAN. MALEREI HOCH ZWEI DER SPIEGEL, NR. 3, 13.1.03.
- KARCHER, EVA. MIAMI WEISS, SÜDDEUTSCHE ZEITUNG, 6.12.02.
- SCHMIT, SOPHIE. FIAC LUX. FEMMES, PARIS, OCT. 2002.
- HEINICK, ANGELIKA. EIN KRANICH BAUT SEIN NEST... 29.FIAC. FRANKFURTER ALLGEMEINE ZEITUNG,KUNSTMARKT , 26.10.02.
- FIAC 02, LE QUOTIDIEN, 26.10.02, NR. 3.
- INIZIA DAL BAR DIE CONEGLIETTI. IL MATTINO DI BOLZANO, 24.8.02.
- FOCUS GERMANY. FLASH ART MAY-JUNE 02, NR. 224.
- SKULPTUR ALS DISKURSRAUM. DER KURIER AUS. BRUCHSAL, 27.03.02.
- KUNST MIT BOTSCHAFT. DIE RHEINPFALZ, 21.03.02.
- IHLEFELD, CLAUDIA. DER TRÜGERISCHE GLANZ VON GEWALT IM ALLTAG, HEILBRONNER STIMME, 20.03.02.
- DE VRIES, JANNEKE. BERNHARD MARTIN, ARTIST KUNSTMAGAZIN. NR. 51.
- FARRONATO, MILOVAN. BERNHARD MARTIN, TEMA CELESTE NR. 91.
- GOCKEL, CORNELIA. FRÜHLING LÄSST SEIN SCHWARZES TUCH..., SÜDDEUTSCHE ZEITUNG, 19.03.02.
- THE ARMORY SHOW, GROWN UP AND IN LOVE WITH COLOUR, NEW YORK TIMES, 22.02.02.
- FOKIDIS, MARINA. MAN OUT OF TIME, SYMBOL/ATHEN 15.12.01.
- BOOKS + CATALOUGES, TEMA CELESTE NR 89.
- SMOLIK, NOEMI. NEUE WELT, ART FORUM INT., 12.2001.
- PESCH, MARTIN. BERNHARD MARTIN, FRIEZE, NR. 62, S.102/103.
- SCHARFFENBERGER, KAI. ER MACHT AUF COOL, SIE BLEIBT EISKALT, LEO/MAGAZIN DER RHEIN-NECKAR-ZEITUNG.
- CHLUMSKY, MILAN. BILDER EINER OBERFLÄCHLICHEN REALITÄT, RHEIN-NECKAR-ZEITUNG, 9.10.01.
- NEUE WELT, TEMA CELESTE, SEPT/OKT. 2001.
- NADJIBI, SOHRA. NEUE WELT, FRITZ FRANKFURT 9/2001.
- HEYBROCK, CHRISTEL. NICHTS GIBT ES BEI IHM, WAS NICHT GEHT, MANNHEIMER MORGEN, 15.09.20[illegible].
- RÜDENAUER, ULRICH. EIN BISCHEN AMERIKA IST ÜBERALL, DARMSTÄDTER ECHO, 26.07.2001.
- RÜDENAUER, ULRICH. KÜCHENFENSTER, GUCKKERS PERSPEKTIVE, SAARBRÜCKER ZEITUNG, 24.07.2001.
- WAGNER, THOMAS. ES GIBT VIEL ZU TUN AUF UNSEREM BETONIERTEN HOF, FRANKFURTER ALLGEMEINE ZEITUNG, 19.07.2001.
- VISIONÄR, PRINZ FRANKFURT 6/2001 .
- CRÜWELL, KONSTANZE. EINE SINGLE-DISCO AUF KLEINSTEM RAUM, FRANKFURTER ALLGEMEINE ZEITUNG, 02.06.2001.
- NEUE WELT, FRANKFURTER RUNSCHAU, 01.06.2001.
- BECKER, JOSEF. FRANKFURTS VERSAUTESTE AUSSTELLUNG, BILD FRANKFURT, 01.06.2001.
- HOHMANN, SILKE. NATO KUNST, JOURNAL FRANKFURT, 05.01 .
- DER MARTINATOR, PRINZ FRANKFURT 5/2001 .
- JUNGWIRTH, NIKOLAUS. MUTTER TERESA IM FUTTERSTADEL, FRANKFURTER RUNDSCHAU, 17.05.2001.
- RÖNNAU, JENS. EINRÄUMEN/ARBEITEN IM MUSEUM, KUNSTFORUM INTERNATIONAL BD. 153, JAN-MÄRZ 2001.
- WAS AUS DEM RAHMEN FÄLLT, SÜDDEUTSCHE ZEITUNG, FEUILLETON, 04.01.2001.
- MUMMENHOF JULIA. BJÖRN UND DER TIGER, SZENE HAMBURG 11/2000.
- GLAUNER, MAX. KAUFHAUS UND OPFERHÖHLE. FREITAG, 24.11.2000.
- BERGER. CORNELIA. KUNSTHALLE VON INNEN DURCHLÜFTET, HARBURGER ANZEIGEN U. NACHRICHTEN, 20.10.2000.
- JAHN, WOLF. DIE HAMBURGER KUNSTHALLE WIRD ZUR BÜHNE, HAMBURGER ABENDBLATT, 20.10.2000.
- BERGER, CORNELIA. VON INNEN HER DURCHLÜFTET, BERGEDORFER ZEITUNG, 20.10.2000.
- PFAFF, DIRK. DIE JUNGEN WILDEN EROBERN DIE KUNSTHALLE, BILD STUTTGART, 12.10.2000.
- SIMON SAYS, NEW YORK, SEPT./OKT. 2000.
- ZELTE UND WOHNWAGEN IM BECKEN, NÜRNBERGER ZEITUNG, 08.06.2000.
- RADLMAIER, ANDREAS. DIE KUNST GEHT BADEN, NÜRNBERGER ABENDZEITUNG, 14.06.2000.
- DOZENTENLEBEN: BERNHARD MARTIN, PLÄRRER UNIMAGAZIN, NÜRNBERG, HEFT 30 S.34/35.
- PRIVATE DANCING, BALLETT INTERNATIONAL/TANZ AKTUELL, 4/2000.
- KARWEIK, HANS-ADALBERT. STILLEBEN AUS ACRYL, LEDER UND STYROPOR, BRAUNSCHWEIGER ZEITUNG 2 06.1999.
- DIE KLEINSTE DISCO DER WELT WOLFSBURGER NACHRICHTEN, 15.06.1999.
- WER AUF DEM LÜMMELSOFA SITZT WIRD SELBER ZUM KUNSTWERK, WOLFSBURGER NACHRICHTEN 07.06.1999.
- KUNSTWERK ZUM EROBERN, WOLFSBURGER ALLGEMEINE, 07.06.1999.
- N64 - SIT ON GROOVE 6/7/99, S.8.
- PLAYPAD: KUNST ZUM WOHLFÜHLEN, WOLFSBURGER ALLGEMEINE, 05.06.1999.
- BERNHARD MARTIN INSZENIERT EINEN CLUB MIT LEDERSOFA UND SINGLE DISCO ZUM TREFFEN, WOLFSBURGER NACHRICHTEN, 01.06.1999.
- MEMBERS ONLY, WOLFSBURGER RUNDBLICK, 30.05.1999.
- UNTER DEM HAMMER. MAX 4/99, S. 254.
- PESCH, MARTIN. DIE WELT ALS BILD MONOGRAPHIE, KUNSTFORUM INTERNATIONAL BD. 144, S. 213 - 221.
- STAHL, ENNO. WITZ, WURST UND WELLEN, KÖLNER STADT ANZEIGER, 10.03.1999.
- MEIXNER, CHRISTIANE. SCHÖNES BLENDWERK, KÖLNER STADT ANZEIGER, 22.11.1998.
- ZAP, ZAP DURCH DIE KUNSTLANDSCHAFT, FRANKFURTER RUNDSCHAU, 17.08.1998.
- FÄLSCHER: BERNHARD MARTIN, KUNSTZEITUNG NR. 21, 5/1998.
- CRÜWELL, KONSTANZE. SUBJEKTIVE BLICKE AUF DIE JUNGE SZENE, ART NR.4, APRIL 1998.
- ILLIES, FLORIAN. WIE SOLL MAN DIE WELT ANSEHEN?, FRANKFURTER ALLGEMEINE ZEITUNG, 21.03.1998.

- MÜLLER, MICHAEL-GEORG. JUNGE TALENTE AUF DER ART FRANKFURT, WELT AM SONNTAG, 15.03.1998.
- WOLFF, THOMAS. DIE SCHNECKE STRECKT DIE AUGENFÜHLER AUS, FRANKFURTER RUNDSCHAU, 18.02.1998.
- HIERHOLZER,MICHAEL. NEW YORKER FALTEN UND EIN KLEBRIGER RAUM, FRANKFURTER ALLGEMEINE ZEITUNG 18.02.1998.
- KAUFEN! KUNST MIT ZUKUNFT, AMICA 6/1997, S.160.
- CRÜWELL, KONSTANZE. HUMORVOLLE VERWEIGERUNG, FRANKFURTER ALLGEMEINE ZEITUNG, 29.04.1997.
- ALLES IM QUADRAT, FRANKFURTER RUNDSCHAU, 02.04.1997.
- PRILL, SANDRA, ÖLBILDER WIE AUS DEM COMPUTER, AMICA 12/1996, S.160.
- WUNDERWERKE MIT SEITENHIEBEN, BERLINER MORGENPOST, 03.09.96.
- MODELLE IM SCHMEICHELDESIGN, BERLINER TAGESSPIEGEL, 31.08.96.
- WOLF, ROBERT. ALLTAG WIRD INTERESSANT, SALZBURGER VOLKSZEITUNG, 02.11.1996.
- PABINGER, DANIELE. DIE ZEITGEISTIGEN PIXEL, SALZBURGER NACHRICHTEN, 24.10.1996.
- FÜR SICH GENOMMEN, KRONEN ZEITUNG, 03.11.1996.
- VON DER PUTZFRAU ZUM PAPST, WIRTSCHAFTSWOCHE , 17.10.1996.
- BE MAGAZIN NR.1, MAI 1994, INSERT (S.45).
- PRODUZENTENGALERIE: KUNST UND WOHNEN, KASSEL KULTURELL, DEZ.1994 S.19.
- CRÜWELL, KONSTANZE. HOLZ-ILLUSIONEN: BERNHARD MARTINS INTARSIEN, FRANKFURTER ALLGEMEINE ZEITUNG, 05.12.1994.
- LOERS, VEIT. DER MARTINATOR AUS KASSEL, ROGUE NR. 25 SEPT./OKT. 1994, S.36.
- HIMMEL UND HÖLLE, KASSEL KULTURELL, NR.8, S.42.
- PORTRAIT MIT WISCHMOP UND EIMER, WESTDEUTSCHE ZEITUNG, 11.01.1993.
- SCHNECKENBURGER, MANFRED. JUVENILER ALTMEISTER, ROGUE NR. 15.
- SCHABERNACK MIT REQUISITEN, WESTDEUTSCHE ZEITUNG, 17.06.1992.
- PERFEKTE BILDSTÖRUNGEN, RHEINISCHE POST, 02.06.92.
- EINE AMÜSANTE AUGENTÄUSCHUNG, HESSISCH-NIEDERSÄCHSISCHE ZEITUNG, 01.02.1992.
- APEX NO 11, INTERMEZZO, AKTIONEN IN DER GALERIE CONRADS, S.281-284.
- BLASE, CHRISTOPH. A 57 ABFAHRT NEUSS-BÜTTGEN, DANN IMMER GERADEAUS, KUNSTBULLETIN 6/1990.
- START INS GLÜCK, HESSENGLÜCK - MAGAZIN FÜR LOTTO UND TOTOFREUNDE 6/1990, S. 12-13.
- GRAM, ANDREAS. SALON MARTIN, KASSEL KULTURELL 2/1990.
- SCHAWELKA, KARL. FIT MIT BERNHARD MARTIN, HIER UND JETZT, GÖTTINGER STADTMAGAZIN 2/1990.
- LEHNART, ILONA. ERNST UND UNERNST, HESSISCH NIEDERSÄCHSISCHE ALLGEMEINE, 26.02.1990.
- BRINKMANN H. IN MEINER WOHNUNG WILL ICH MICH WOHLFÜHLEN, NGZ 16.08.1989.
- NOLL, ARMIN. IN DIE HÖLLE EINGELADEN, HESSISCH NIEDERSÄCHSISCHE ALLGEMEINE, 08.04.1989.
- SCHWARZE, DIRK. KARIKATUR-KUNST, HESSISCH NIEDERSÄCHSISCHE ALLGEMEINE, 16.11.1988.
- DOCUMENTA PRESS, 09/1987.

KATALOGE

- ART BASEL/MIAMI BEACH. HATJE CANTZ, 2003.
- LEE 3 TAU CETI CENTRAL ARMORY SHOW. VILLA ARSON, NIZZA 2004.
- SPUR 04, THE CHEAP CHAMPAGNE ISSUE-X. MATERIAL VERLAG, HAMBURG 2004.
- FEST KUNST. FOLIO VERLAG, WIEN/BOZEN 2004.
- NOT AFRAID. RUBELL FAMILY COLLECTION, PHAIDON, 2004.
- DEUTSCHEMALEREIZWEITAUSENDDREI, FRANKFURTER KUNSTVEREIN, TEXT: INGO NIEMANN/NICOLAUS SCHAFHAUSEN, LUKAS & STERNBERG, N.Y./BERLIN, 2003.
- DARK SPRING, URSULA BLICKLE STIFTUNG, KRAICHTAL, TEXT: NICOLAUS SCHAFHAUSEN, VANESSA J. MÜLLER, 2002.
- SOFTCORE, VERLAG FÜR MODERNE KUNST NÜRNBERG TEXT: VANESSA JOAN MÜLLER, 2001.
- TIRANA BIENAL I, GIANCARLO POLITI EDITORE, MAILAND, 2001.
- NEUE WELT, HRSG. NICOLAUS SCHAFHAUSEN , FRANKFURTER KUNSTVEREIN, LUKAS & STERNBERG, NEWYORK 2001 .
- VISUELL, HRRSG. DEUTSCHE BANK ART, FRANKFURT AM MAIN, 2001.
- EIN|RÄUMEN, HRSG. HAMBURGER KUNSTHALLE, HATJE CANTZ STUTTGART, 2000.
- CAMPING-CAMPING, HRSG. AKADEMIE DER BILDENDEN KÜNSTE NÜRNBERG, TEXT: KARLHEINZ LÜDEKING, NÜRNBERG2000.
- LANDSCHAFTEN EINES JAHRHUNDERTS, HRSG. DEUTSCHE BANK AG, FRANKFURT AM MAIN1999.
- COWBOYS, TEXT. FRANZISKA NORI, GALERIE ALEJANDRO SALES, BARCELONA,1999.
- MEMBERS ONLY, JUNGE KUNST.E.V., WOLFSBURG, TEXT: MARTIN PESCH,1999.
- VON KOPF BIS FUSS, HRSG. PETER WEIERMAIR, EDITION STEMMLE, ZÜRICH,1997.
- HEALTH PACK, TEXT: DOROTHEA STRAUSS, HRSG. GALERIE VOGES+DEISEN, 1997.
- JUNGE KUNST SAAR FERNGAS FÖRDERPREIS, SAAR FERNGAS AG, SAARBRÜCKEN, 1996.
- EIN BAD IN DER MENGE, HRSG. GALERIE SIEGFRIED SANDER UND GALERIE VOGES+DEISEN, TEXTE: VEIT LOERS, MANFRED SCHNECKENBURGER, HARM LUX, FLORIAN WALDVOGEL, 1995.
- DER SANDER MULTIPLES UND AUFLAGENGRAFIKEN, HRSG. GALERIE SIEGFRIED SANDER, KASSEL1995.
- LENTO,POCO PRESTO, ALLEGRO, TEXT: MANFRED SCHNECKENBURGER, ID GALERIE, DÜSSELDORF 1992.
- CHEZ LE COIFFEUR SCHÜLZ, KASSEL 1991.

DIESE PUBLIKATION ERSCHEINT ANLÄSSLICH DER AUSSTELLUNG /
THIS CATALOGUE IS PUBLISHED ON THE OCCASION OF THE EXHIBITION
BERNHARD MARTIN, VILLA ARSON, NICE

HERAUSGEBER / EDITOR
VILLA ARSON, NICE

REDAKTION / EDITING
RENÉ SCHMITT

GRAFISCHE GESTALTUNG UND SATZ / GRAPHIC DESIGN AND TYPESETTING
SURFACE, FRANKFURT AM MAIN / BERLIN

FOTOGRAFIEN / PHOTOGRAPHIES
OLAF HACKL

REPRODUKTIONEN / REPRODUCTIONS
HIGH END DIGITALE LITHOGRAPHIE GMBH

GESAMTHERSTELLUNG / PRINTED BY
DR. CANTZ'SCHE DRUCKEREI, OSTFILDERN-RUIT

ERSCHIENEN IM / PUBLISHED BY
HATJE CANTZ VERLAG
SENEFELDERSTRASSE 12
73760 OSTFILDERN-RUIT
DEUTSCHLAND / GERMANY
TEL. +49 711 44050
FAX +49 711 4405 220
WWW.HATJECANTZ.COM

HATJE CANTZ BOOKS ARE AVAILABLE INTERNATIONALLY
AT SELECTED BOOKSTORES AND
FROM THE FOLLOWING DISTRIBUTION PARTNERS:

USA/NORTH AMERICA D.A.P., DISTRIBUTED ART PUBLISHERS, NEW YORK,
WWW.ARTBOOK.COM
UK ART BOOKS INTERNATIONAL, LONDON, SALES@ART-BKS.COM
AUSTRALIA TOWERBOOKS, FRENCH FOREST (SYDNEY),
TOWERBKS@ZIPWORLD.COM.AU
FRANCE INTERART, PARIS, COMMERCIAL@INTERART.FR
BELGIUM EXHIBITIONS INTERNATIONAL, LEUVEN,
WWW.EXHIBITIONSINTERNATIONAL.BE
SWITZERLAND SCHEIDEGGER, AFFOLTERN AM ALBIS, SCHEIDEGGER@AVA.CH

FOR ASIA, JAPAN, SOUTH AMERICA, AND AFRICA,
AS WELL AS FOR GENERAL QUESTIONS,
PLEASE CONTACT HATJE CANTZ DIRECTLY AT SALES@HATJECANTZ.DE,
OR VISIT OUR HOMEPAGE WWW.HATJECANTZ.COM FOR FURTHER INFORMATION.

ISBN 3-7757-1555-X
PRINTED IN GERMANY

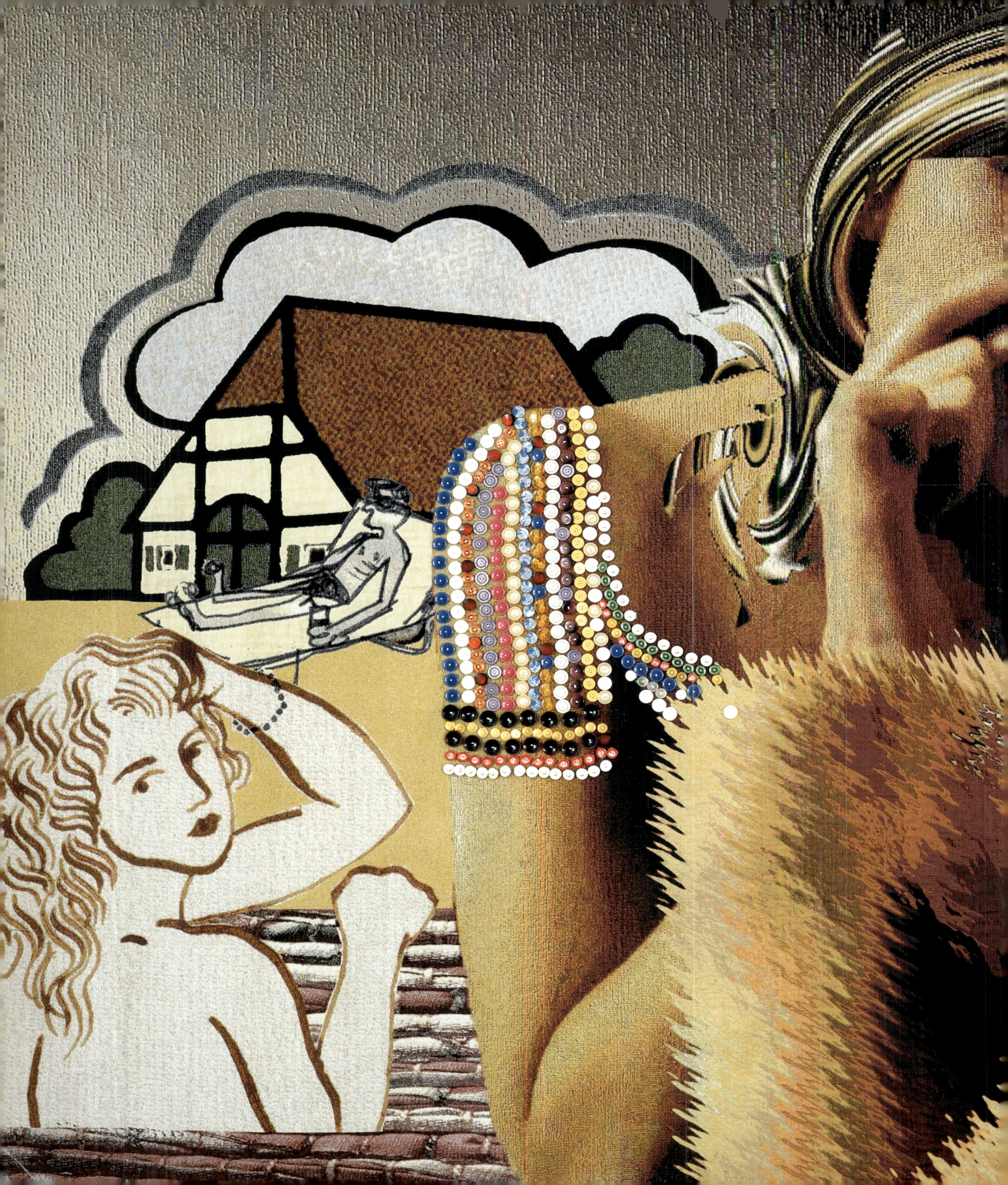